# Inhalt



### Zeichenerklärung
★★★ nicht verpassen
★★ besonders sehenswert
★ wichtig für speziell interessierte Besucher

### Planquadrat im Kartenmaterial
[A1] Planquadrat im Kartenmaterial. Orte ohne diese Angabe liegen außerhalb unserer Karten. Ihre Lage kann aber wie die von allen Ortsmarken mithilfe der begleitenden Web-App angezeigt werden (s. S. 264).

### Der Schmetterling …
… zeigt an, wo man Angebote im Bereich des nachhaltigen Tourismus findet.

### Updates zum Buch
www.reise-know-how.de/citytrip-plus/amsterdam23

### Vorwahlen
- **Vorwahl Deutschland:** 0049
- **Vorwahl Österreich:** 0043
- **Vorwahl Schweiz:** 0041
- **Vorwahl Niederlande:** 0031
- **Vorwahl Amsterdam:** 020

Nach dem Wählen der Landesvorwahl entfällt die 0 der Ostvorwahl. Für Amsterdam wählt man also 0031 20 und die Teilnehmernummer.

*◁ Das rote Stadtwappen mit schwarzem Pfahl und drei weißen Andreaskreuzen. Die Krone des Habsburgers Maximilian I. darf die Stadt seit dem Jahr 1484 tragen. (Foto: 306am Abb.: bs)*

# Amsterdam auf einen Blick

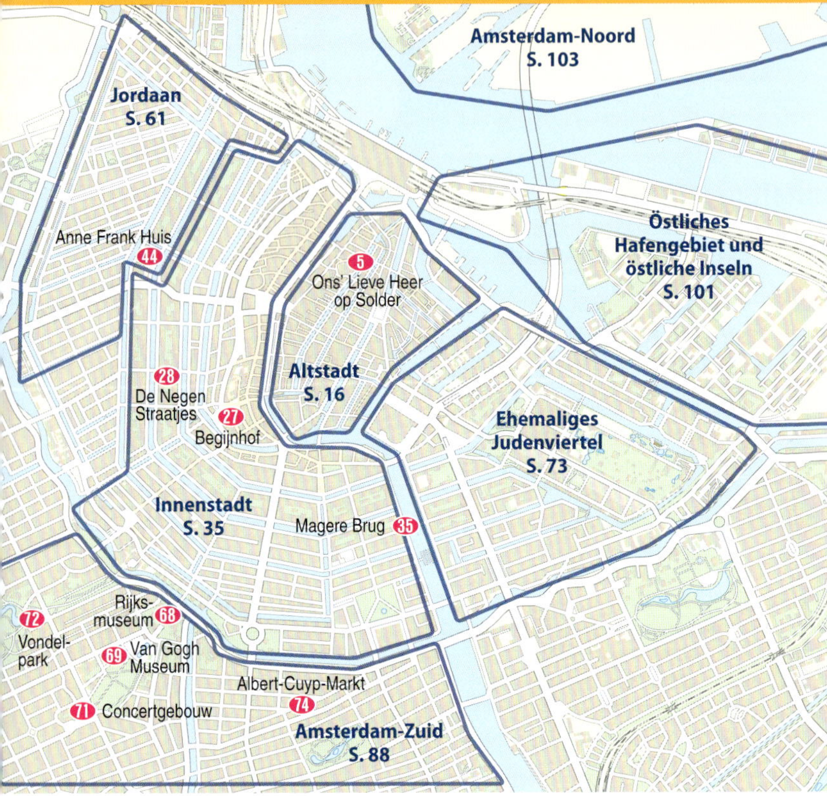

Sabine Burger, Alexander Schwarz

CITY|TRIP PLUS

# AMSTERDAM

## Nicht verpassen!

Karte S. 4

**5 Ons' Lieve Heer op Solder [J5]**
In dem ehemaligen Kaufmannshaus ist eine versteckte Kirche zu besichtigen: Ons' Lieve Heer op Solder („Unser Lieber Herr auf dem Speicher"), die Gottesdienste wurden im oberen Stockwerk gehalten (s. S. 24).

**27 Begijnhof [G7]**
Der liebevoll gepflegte Innenhof ist umschlossen von hübsch hergerichteten, typisch holländischen Häusern und Vorgärten und stellt eine Oase der Ruhe mitten in der Innenstadt dar (s. S. 44).

**28 De Negen Straatjes [F6/F7]**
Typische Amsterdamer Häuser und kleine Geschäfte und dazwischen Cafés, Restaurants und Bars – ein Amsterdamer Kosmos auf kleinstem Raum (s. S. 45).

**35 Magere Brug [J9]**
Die berühmteste und meistfotografierte der 1281 Brücken der Stadt wird nachts romantisch beleuchtet (s. S. 54).

**44 Anne Frank Huis [F5]**
Hier erfährt man alles über ein Einzelschicksal, das exemplarisch für die Geschichte zahlreicher Juden während der Besatzungszeit steht (s. S. 60).

**68 Rijksmuseum [F10]**
Hier kommen Besucher den Alten Meistern des 17. Jahrhunderts wie Vermeer, Rembrandt und Hals ganz nah (s. S. 90).

**69 Van Gogh Museum [E11]**
Kraftvoll in Ausdruck, Pinselführung und Farbwahl: Van Goghs Lebenswerk, das innerhalb von zehn Jahren entstand, ist hier zu sehen (s. S. 91).

**71 Concertgebouw [E11]**
Eine Konzerthalle von Weltrang und ein Orchester, das Ohren und Seele verzaubert (s. S. 93).

**72 Vondelpark [D10]**
Die grüne Lunge der Stadt, die Sportbegeisterten, aber auch Spazier- und Müßiggängern Entspannung bietet (s. S. 95).

**74 Albert-Cuyp-Markt [H11]**
Kalter Hering und südamerikanische Rhythmen: der Markt und die umliegenden Cafés, Bars und Restaurants als Spiegel des multikulturellen Lebens (s. S. 96).

### Leichte Orientierung mit dem cleveren Nummernsystem

Die Sehenswürdigkeiten sind im Text und im Kartenmaterial mit derselben **magentafarbenen ovalen Nummer** 1 markiert. Alle anderen Lokalitäten wie Geschäfte, Restaurants usw. tragen ein **Symbol und eine fortlaufende rote Nummer** (1). Die Liste aller Orte befindet sich auf Seite 256, die Zeichenerklärung auf Seite 261.

## Stadttouren

Wie in vielen Großstädten ist auch in Amsterdam günstiger Wohnraum ein hart umkämpftes Gut. Alte Industrieanlagen und ungenutzte Bürogebäude will die Stadt in neuen Wohnraum umwandeln. Dies ist ein Thema, das die Politiker der Stadt beschäftigt. Des Weiteren soll der Verkehr in neue Bahnen geleitet werden, weshalb an vielen Ecken und Enden der Innenstadt gebaut wird. Fußgänger und Radfahrer sollen es leichter haben und sich auf schnellen, sicheren und angenehmen Routen durch die Stadt bewegen können. Für Autofahrer wird es dagegen komplizierter. Man möchte sie lieber auf dem Rad oder im ÖPNV sehen.

## Einkaufsvergnügen

Das Viertel De Pijp befindet sich gerade weit oben auf der Beliebtheitsskala der Stadtbewohner. Rund um den Albert-Cuyp-Markt findet man daher viele interessante Einkaufsmöglichkeiten und Schlemmerziele (s. S. 96).

## Gutes Essen, gute Taten

Bei Dignita Hoftuin (s. S. 129) kann man den ganzen Tag lecker brunchen und damit sogar Gutes tun. Dort arbeiten Menschen mit besonderen Bedürfnissen, deren Reintegration in den Arbeitsmarkt gefördert wird.

## Berühmte Meister

Wegen des Rijksmuseums (s. S. 90) und des Van Gogh Museums (s. S. 91) besuchen täglich zahllose Menschen den Museumplein. Doch auch diejenigen, die einfach ihre Mittagspause oder einen Kaffee in der Sonne genießen wollen, lieben den Platz bei den berühmtesten Museen der Stadt.

250am Abb.: bs

# AMSTERDAM ENTDECKEN

# Willkommen in Amsterdam

Ein guter Start ist eine **Grachtenrundfahrt**, die beim Hauptbahnhof 1, Rokin oder dem Rijksmuseum 68 beginnen kann. Die einzelnen Unternehmen fahren mehr oder weniger die gleichen Routen und mit der ca. 75 Minuten dauernden Fahrt verschafft man sich einen guten Überblick darüber, was es zu sehen gibt und welche Orte man besuchen möchte. Die **Innenstadt** Amsterdams ist recht kompakt und daher gut **zu Fuß** zu bewältigen. Es gibt aber auch zahlreiche **Fahrradverleihstellen**, **Busse** und **Straßenbahnen**, wenn die Füße mal eine Weile ausruhen sollen.

217am Abb.: bs

⌃ *Entspannen und die Sonne genießen vor dem Nationaldenkmal auf dem Dam [G6]*

‹ *Vorseite: Im Frühling und späten Herbst hat man freien Blick auf die Grachtenhäuser*

Der Bahnhof mit dem besonderen Gebäude von 1889 wird durch den **Damrak** 22, auf dem sich jede Menge Menschen tummeln, mit dem **Dam** [G6] verbunden, wo das **Nationaldenkmal** und der **Königspalast** 25 stehen. Hier befindet sich die kommerzielle Innenstadt mit den Geschäften und Ladenketten, die man mittlerweile in so vielen Städten wiederfindet. Von Damrak, Kalverstraat und Rokin bis zum Muntplein gibt es also Einkaufsrummel pur, aber abzweigend von der Kalverstraat erreicht man die grüne Oase **Begijnhof** 27, die wiederum eine Atempause bietet.

Vom Muntplein aus geht es entweder zum Rembrandtplein 33, wo zu jeder Tageszeit etwas los ist, oder man geht über den Blumenmarkt mit seinen Souvenirständen zur Leidsestraat, die zum **Leidseplein** führt, der mit seinen Cafés, Restaurants, Bars, Clubs, Theatern und Kinos ein guter Ausgangspunkt ist, um sich in das Nachtleben zu stürzen. Von hier ist es ein Katzensprung zum **Vondelpark** 72. Als englischer Landschaftsgarten angelegt, zieht er die Leute zum Spazierengehen, Joggen und Picknicken an. Im Sommer locken die Freilichtbühne oder die Terrasse des Lokals De Vondeltuin.

Gar nicht weit davon entfernt liegt der **Museumplein** 67, der Platz, an dem sich das **Rijksmuseum** 68, das **Van Gogh Museum** 69 und das **Stedelijk Museum** 70 befinden. Auch ohne Großveranstaltungen ist der Platz sehr belebt, vor allem im Sommer.

Natürlich sind die **Grachten** unerlässlicher Bestandteil eines Amsterdambesuchs. Wer keine Lust hat, viele Kilometer entlang der Grachten zu laufen, konzentriert sich auf das Gebiet der **Negen Straatjes** 28. Die kleinen Straßen verbinden die drei großen Grachten und dort haben sich eine Menge kleiner Geschäfte niedergelassen, die Besonderes, Schönes und Witziges bieten und zum ausgiebigen Einkaufsbummel einladen. Zahlreiche kleine Lokale sorgen für das leibliche Wohl.

An der Prinsengracht, fast neben der Westerkerk 42, liegt das **Anne Frank Huis** 44, in dessen Versteck Anne Frank ihr berühmtes Tagebuch schrieb, und hier beginnt mit dem **Jordaanviertel** auch eines der bekanntesten Viertel der Stadt, das zwar nicht ganz so romantisch ist, wie in vielen Liedern besungen, aber lebendig, vielseitig und abwechslungsreich.

Amsterdam pur mit all seinen Schönheiten und Gegensätzen zeigt das **Altstadtviertel:** viele historische Gebäude, Geschäfte, Restaurants, Bars, Cafés und natürlich das **Rotlichtviertel.** Hier liegen die ersten Wurzeln der Stadt, da um den Seehafen die erste Niederlassung zu wachsen begann.

## Amsterdam an einem Tag

Wer an Amsterdam denkt, der denkt an **Grachten.** Ein Spaziergang sollte auf jeden Fall an der Herengracht an dem Stück vorbeiführen, an dem die schönsten und teuersten Grachtenhäuser stehen (zwischen Leidsestraat und Vijzelgracht, gerade Hausnummern). Schon damals blätterten die zukünftigen Besitzer unglaubliche Summen für ihre prächtigen Villen gehobenen Standes an der sogenannten Gouden Bocht **(Goldenen Kurve)** 38 auf den Tisch. Überall an den Grachten findet man die typischen Treppen-, Glocken- und Halsgiebel mit ihren aufwendigen Verzierungen. Eine weitere Sehenswürdigkeit sind die **Negen Straatjes** 28, neun kleine Straßen, die Heren-, Keizers- und Prinsengracht miteinander verbinden. Dort gibt es viele kleine Geschäfte und Restaurants, Bars und Cafés, wodurch dieses Stück der Grachten beliebt und voller Leben ist. Danach ist es Zeit, einigen (al-

032am Abb.: bs

> *Hollandse Nieuwe (frischer Hering) und verschiedene frittierte Fischsorten sind bei Jung und Alt beliebt*

ten) Meistern einen Besuch abzustatten. **Rijksmuseum** 68, **Van Gogh Museum** 69 und das **Stedelijk Museum** 70 gehören zu Recht zu den absoluten Publikumsmagneten der Stadt.

Außer mit Grachten verbindet man Amsterdam und die Niederlande natürlich mit Blumenzwiebeln. Über 600.000 werden alljährlich in den Parks der Stadt eingepflanzt. Doch auch wenn man nicht im Frühjahr unterwegs ist, um die Farbenpracht der Frühlingsblüten zu genießen, verspricht ein Spaziergang im **Vondelpark** 72 Entspannung, prächtige Pflanzen- und Blumenbeete, Teiche sowie ein vielfältiges gastronomisches Angebot. Besonders im Sommer wird an vielen Tagen auch kulturell etwas geboten.

Durch die Kolonien hat die niederländische Küche an Vielfalt und Geschmack hinzugewonnen. Man sollte sich wenigstens einmal das Vergnügen einer **indonesischen** *rijsttafel* gönnen. Serviert werden viele verschiedene kleinere Gerichte, sodass eigentlich immer etwas für jeden Geschmack dabei ist.

Um den Tag romantisch abzuschließen, kann man bei Sonnenuntergang, wenn die letzten Strahlen die Grachten in sanftes Licht tauchen, einen kleinen Spaziergang zu einem gemütlichen Restaurant unternehmen.

# Amsterdam in zwei Tagen

*Mit einem breit gefächerten Angebot von Kunst bis Mode, von klassisch bis cool bietet die Stadt alle Voraussetzungen für ein unvergessliches Wochenende.*

## 1. Tag

Der Tag beginnt mit einem Rundgang durch das **älteste Viertel** der Stadt. Vom **Hauptbahnhof** 1, der 1889 nach einem Entwurf des Architekten P. J. H. Cuypers fertiggestellt wurde, gelangt man über den **Zeedijk** zu den ältesten Grachten, die ursprünglich an den Hafen anschlossen. Die **Oude Kerk** (Alte Kirche) 6 gehört zu den ältesten Gebäuden der Stadt. Ihre Ursprünge gehen zurück bis ins Jahr 1300. 1369 wurde sie Sint Nicolaas, dem Schutzheiligen der Seeleute und Bäcker, geweiht. Mehr über das katholische Leben, nachdem Amsterdam protestantisch geworden war, erfährt man im Museum **Ons' Lieve Heer op Solder** 5, wo man eine versteckte Kirche und das Kaufmannshaus besichtigen kann. Das **Waaggebouw** 7, ursprünglich als Teil der Stadtmauer erstellt, dann als Stadtwaage in Gebrauch genommen (daher der Name) und später Unterkunft der Zünfte, bietet heute einer Brasserie Platz. Bei gutem Wetter kann man auch draußen sitzen und das Treiben auf dem **Nieuwmarkt** 8 verfolgen. Auch die Vereenigde Oostindische Compagnie, ein Zusammenschluss konkurrierender Handelskompanien für den südostasiatischen Raum, hat in diesem Viertel ihre Spuren hinterlassen. Außerdem liegt hier das **Rotlichtviertel:** Wenn man sich alles in Ruhe ansehen möchte, hat man am Vormittag normalerweise keine Probleme. (Wei-

*Reges Treiben auf der Amstel mit Sicht auf die Magere Brug* 35

tere Tipps für einen Spaziergang durch Amsterdams ältestes Viertel samt Streckenbeschreibung s. S. 18.)

Auf dem **Waterlooplein** werden auf dem bekannten Trödelmarkt noch immer Trödel, Kleidung und Schnickschnack verkauft (s. S. 143).

Auf dem **Rembrandtplein** 33 gibt es auf den Terrassen direkt auf dem Platz zahlreiche Gelegenheiten für eine leichte Mahlzeit zwischendurch. Ein Vorschlag für einen Spaziergang durch die Innenstadt findet sich auf S. 36.

Um sich einen ersten Eindruck von den Grachten zu verschaffen, ist eine **Grachtenrundfahrt** sehr geeignet. Los geht's beim Hauptbahnhof 1, Rokin oder beim Rijksmuseum 68. Alle Unternehmen zeigen die wichtigsten Sehenswürdigkeiten und fahren durch die schönsten Grachtenabschnitte. Und in etwas mehr als einer Stunde weiß man, was man sich nochmal aus der Nähe ansehen möchte.

Amsterdam lockt mit einer großen Auswahl an internationaler Küche, sodass man sich an einem Abend die Zeit gönnen sollte, diese zu genießen – europäisch, südamerikanisch, asiatisch oder aus der Karibik. Auch vegane Restaurants bieten eine immer größere Vielfalt.

## 2. Tag

Das **Jordaanviertel** wird in Liedern besungen oder in Reimen beschrieben und ist zweifellos eines der am stärksten romantisierten und verkitschten Viertel der Stadt. Es ist ein beliebter Stadtteil für Studenten, Jungunternehmer und Künstler. Glücklicherweise sind hier noch nicht alle Häuser im Besitz großer Unternehmensketten, daher findet man interessante kleine Geschäfte, die ebenso wie Cafés, Bars, Restaurants und Galerien zum Stöbern und Genießen einladen.

280am Abb.: bs

Nach einer Pause ist eines der großen Museen an der Reihe: Das **Rijksmuseum** 68 für die Meister des 17. Jh., das **Van Gogh Museum** 69 mit Werken des Künstlers und seiner Zeitgenossen oder das **Stedelijk Museum** 70 mit moderner Kunst. Ist man mit Kindern unterwegs ist **Nemo** (s. S. 121), das Wissenschaftsmuseum, die Gelegenheit, einen interessanten, spannenden und unterhaltsamen Tag zu erleben, weil es dort vieles anzufassen und auszuprobieren gibt.

Ein Abendspaziergang im **Vondelpark** 72 lässt den Tag auf angenehme Weise ausklingen. Wer mehr Bewegung braucht, stürzt sich ins Nachtleben in einem der zahlreichen Clubs.

214am Abb.: bs

# Mehrere Tage

*Die meisten Touristen verbringen nicht sehr viel länger als ein Wochenende in der Stadt, obwohl gerade ein längerer Aufenthalt die Möglichkeit bietet, etwas mehr als das typische Programm zu erleben und so zu etwas ganz Besonderem werden kann.*

Außer dem genannten Wochenendprogramm lohnt sich der Besuch des **Anne Frank Huis** (Anne-Frank-Hauses) 44. Zu besichtigen sind das Haus und der Dachboden, der der Familie als Versteck diente. Das Museum und das Informationszentrum bieten zudem Wechselausstellungen zu den Themen Faschismus, Krieg und Rassismus.

Wer sich für Architekturgeschichte interessiert, genießt sicher den Besuch eines der **Grachtenmuseen** (Huis Willet-Holthuysen, s. S. 120, Museum Van Loon, s. S. 121) und schlendert dort durch elegante Salons, prächtige Interieurs und schöne Grachtengärten. Die Ausstellung im **Grachtenhuis** (s. S. 119) veranschaulicht die Bauweise von Grachtenhäusern und des Grachtengürtels.

Mittags isst man eine kleine Mahlzeit in einem *Surinaams eethuis,* das sind kleine und sehr einfache surinamische Restaurants, in denen man zu einem günstigen Preis satt wird. *Soto*-Suppe (eine kräftige, klare Geflügel- bzw. Rinder- oder Fischbrühe, die mit Geflügel, Fleisch, Kräutern, Kohl, Reis und Ei zu einer nahrhaften Mahlzeit wird), *Mok-*

*Das innen und außen eindrucksvolle frühere Hauptpostamt hinter der Nieuwe Kerk wurde zum Einkaufszentrum Magna Plaza (s. S. 144)*

*si Meti* (verschiedene Fleischsorten, die mit Gemüse und Reis, Nasi oder Bami serviert werden), *Pom* (ein geschichtetes Ofengericht aus Tanniaknollen und Geflügel, das alleine auf einem Stück Weißbrot oder als Beilage zu weiteren Gerichten gegessen wird) oder *Roti* (eine Art dicke Pfannkuchen, die manchmal auch eine Füllung von Kartoffeln oder gelben Erbsen haben können und zu Fleisch, Geflügel oder Gemüse gereicht werden) sollte man einfach mal probiert haben. Eine ganze Reihe dieser **eethuisjes** findet man in der Nähe des **Albert-Cuyp-Markts** 74, weshalb sich ein Besuch daran leicht anschließen lässt. Auf diesem Multikulti-Markt gibt es fast alles, was man im täglichen Leben braucht und auch wenn man eigentlich gerade nichts braucht, macht es Spaß, das bunte Treiben zu erleben und die unterschiedlichen Marktkaufleute zu beobachten.

Das Viertel **De Pijp**, in dem der Markt liegt, wird immer beliebter und so schießen hier Cafés, Restaurants und trendige Geschäfte wie Pilze aus dem Boden.

**Shoppingmöglichkeiten** bieten sich in verschiedenen Gegenden: Haarlemerstraat, Utrechtsestraat, De Negen Straatjes, Jordaanviertel. Die kleinen Spezialgeschäfte bieten ein besonderes, ungewöhnliches und interessantes Angebot (Lifestyle, Delikatessen, Kleidung, Schuhe, Körperkultur usw.). Dazwischen gibt es gemütliche Cafés, angesagte Restaurants und authentische Bars. Die teuren Marken reihen sich in der Cornelis Schuytstraat, P.C. Hooftstraat und Beethovenstraat aneinander.

037am Abb.: bs

^ *Amsterdamer Verkehrsmittel*

**Moderne, eigenwillige Architektur**, neu angelegte Grachten mit skurrilen Brücken und natürlich zahlreiche Orte zum Shoppen, Entspannen und Ausgehen bietet das östliche Hafengebiet. Es hat einige Jahre gedauert, aber jetzt ist das ganze Gebiet aufgemotzt und zieht vor allem Liebhaber des urbanen Lebensstils zwischen 30 und 50 Jahren an.

**Spielfilme im Originalton** mit holländischen Untertiteln bieten die rund 40 Kinos in Amsterdam. Die echten Stimmen der Hollywoodgrößen! Ein besonderes Erlebnis ist das Tuschinskitheater 32. Alle Stilrichtungen, die Abraham Tuschinski liebte, ließ er in seinem Filmpalast einbauen, um die Zuschauer für kurze Zeit in eine Traumwelt zu entführen. Das aufwendig renovierte Kino bietet Führungen und Spezialangebote wie die „Love Seats", die Ladies Night, die Filmklassikernacht oder diverse Themenabende.

Eine gute Möglichkeit in der Stadt herumzukommen, ist mit dem **Rad zu fahren.** Man kann sich an verschiedenen Orten Räder leihen und selbst drauflosfahren oder sich einer geführten Tour anschließen. Der Verkehr in der Innenstadt ist für Ungeübte vielleicht etwas gewöhnungsbedürftig, aber Radfahrern gegenüber ist man hier doch recht tolerant.

# Altstadt

## Überblick

Das Leben in Amsterdam wurde schon von jeher vom **Wasser** geprägt. Einerseits schuf dieses Element die **Lebensgrundlage für die Fischer,** die sich ungefähr seit dem 12. Jahrhundert an dieser Stelle angesiedelt hatten, andererseits drohte durch das Wasser auch immer **Zerstörung,** denn das **Land** war im wahrsten Sinne des Wortes **„dem Wasser abgetrotzt“.** Manche Straßennamen wie zum Beispiel *Zeedijk* („Seedeich“) erinnern noch daran, dass das Land nach und nach durch Deiche und Dämme dem Meer abgerungen wurde.

Auch heute noch bestimmt das Wasser die Struktur der Stadt. Wer könnte sich Amsterdam schon ohne seine berühmten **Grachten** vorstellen. Diese dienten ursprünglich als Abwassersystem und als Wasserwege zur Bevorratung der Stadt. Erst mit der Erfindung des Automobils entstand eine ernsthafte Konkurrenz, der viele Grachten zum Opfer fallen sollten: Sie wurden zugeschüttet, um Straßen anlegen zu können.

050am Abb.: bs

Für Aktivurlauber gibt es Tretboote

### Entstehung der Altstadt

Die alte Innenstadt entstand **am ehemaligen Hafengebiet** (südlich und östlich des jetzigen Hauptbahnhofs ❶) und dehnte sich zunächst etwas stärker nach Süden und Südosten aus. Die ältesten Grachten, die ungefähr um das Jahr 1340 als **Begrenzung der Stadt** entstanden, sind Oudezijds Voorburgwal und Nieuwezijds Voorburgwal. Um das Jahr 1370 fand eine erneute **Stadterweiterung** statt. Die Grenze bildeten nun Zeedijk, Oudezijds Achterburgwal und Nieuwezijds Achterburgwal. Ungefähr um 1420 umschlossen Kloveniersburgwal, Geldersekade und Singel das Stadtgebiet. Die Lage der Straßen und der vielen kleinen, verwinkelten Gassen in diesem Gebiet geht zum Teil noch auf den mittelalterlichen Stadtplan zurück.

Die **Straßennamen** verweisen häufig auf eine alte Geschichte. Manchmal geben sie Auskunft darüber, wer früher in dieser Straße gewohnt oder gearbeitet hat, zum Beispiel erinnert *Gebed zonder End* (Gebet ohne Ende) an die Zeit, in der sich in dieser Straße mehrere Klöster nebeneinander befanden. Einige Straßen sind **nach Heiligen** oder **bekannten Personen benannt** wie St. Olof oder Rusland (nach Wieden Ruus). Manche Namen geben aber auch die **Form** oder die **Lage** der Straße wieder, beispielsweise *Hoogstraat* (Hochstraße) oder *Oudezijds Armsteeg* (Alte Armgasse). Früher wurden Straßennamen nicht offiziell von der Stadt verliehen, sondern entstanden sozusagen im **Volksmund.** Traf eine Charakterisierung nicht mehr zu, dann wurde auch der Name geändert.

## Änderungen im Stadtbild

Verändert hat sich auch das Gesicht dieser Gegend. Ursprünglich gab es sehr viele **Klöster,** diese wurden jedoch aufgelöst, nachdem die Stadt im Achtzigjährigen Krieg (1568–1648) protestantisch geworden war. Die **begüterten Kaufleute,** die anfangs in dieser Gegend gewohnt hatten, zogen im 17. Jahrhundert an die Herengracht, an der sehr viel mehr Platz für große Gebäude (Wohnhaus und Lagerhallen) war. Danach bauten **Handwerker** und weniger Begüterte im alten Stadtteil ihre Häuser. Aus diesem Grund sind hier auch sehr unterschiedliche Baustile zu finden.

In den 1970er-Jahren sollte der Stadtteil weitgehend saniert werden. Die **Baupläne,** die noch aus den 1950er-Jahren stammten, sahen vor, das Gebiet in großem Stil abzureißen und wiederaufzubauen, um **große Verkehrsadern** durch die Stadt anzulegen. Nachdem man schon mit dem Bau begonnen hatte, wurde der **Protest** gegen den umfassenden Abriss jedoch so stark, dass eine vorsichtigere Politik eingeschlagen wurde. Deshalb konnten doch noch **viele alte Gebäude erhalten werden.** An manchen Stellen hatten die Abrissbirnen jedoch schon ganze Arbeit geleistet, ein weiterer Grund, weshalb in diesem Viertel die unterschiedlichsten Stile nebeneinander existieren. Man versuchte außerdem, alte Gebäude zu erhalten, indem man sie zum Beispiel der Universiteit van Amsterdam (UvA) zur Verfügung stellte.

## Prostitution und Kriminalität

Eine Bedrohung für die Altstadt ist das **Prostitutionsgewerbe,** in dessen Schlepptau sich Drogenmissbrauch und Drogenhandel breitmachen. Die damit verbundene **Kriminalität** schränkt die Lebensqualität im Viertel stark ein. Die Prostitution hat in diesem Stadtteil allerdings eine **lange Tradition.** Im Hafenviertel, in dem sich die Seeleute aufhielten, arbeiteten Frauen schon immer in diesem Beruf. Polizei und Gemeindepolitiker versuchen nun, die Probleme, die vor allem durch die Drogenszene verursacht werden, einzudämmen. So wurde u. a. versucht, den Zeedijk wieder bewohnbar zu machen, obwohl dies in den 1970er-Jahren die berüchtigste Drogenzone Amsterdams war. Stadt und Geschäftsleute kauften Häuser auf, es wurde renoviert und Geschäfte wurden angesiedelt, sodass sich die Atmosphäre dort wesentlich verändert hat. Es entstand eine ganz eigenwillige Mischung, bei der sich der urholländische Fischhändler zwischen chinesischen Restaurants und Massagestuben und anderen Restaurants oder Kneipen befindet. Auch einen **buddhistischen Tempel** (s. S. 27) gibt es hier.

Seit 2007 ist die Stadtverwaltung auch dazu übergegangen, Zimmervermietern und Erotikclubs die **Lizenzen zu entziehen,** und man versucht, andere kleine

## Spaziergang 1: Den Ursprüngen der Stadt auf der Spur

***Dauer:*** *30 Minuten (ohne Besuch der Sehenswürdigkeiten)*

*Zu den interessantesten Vierteln Amsterdams gehört auf jeden Fall die* ***Altstadt.*** *Hier gibt es eine Reihe an Highlights, die man sich unbedingt ansehen sollte.*

*Die Altstadt lag früher direkt am Meer, doch heutzutage befinden sich vor diesem Stadtteil neuere Inseln. Auf einer davon liegt z. B. der* ***Hauptbahnhof*** *1, der 1889 nach einem Entwurf von P. J. H. Cuypers fertiggestellt wurde. Inzwischen nutzen etwa 300.000 Passagiere täglich den Bahnhof.*

*Vom Bahnhof gelangt man über den Zeedijk [J4/5] zu den* ***ältesten Grachten,*** *die ursprünglich an den Hafen anschlossen. Weil es mit den Seeleuten gutes Geld zu verdienen gab, kamen auch die Freudenmädchen, um ihre Dienste in diesem Viertel anzubieten. Das* ***Rotlichtviertel*** *ist noch immer hier zu finden, auch wenn die Stadt daran arbeitet, den Rotlichtbezirk auszudünnen. Der Vormittag eignet sich am besten für einen Spaziergang in dieser Gegend, da es hier dann am wenigsten geschäftig zugeht. Zahlreiche sehenswerte Gebäude sind in den alten Straßen erhalten geblieben.*

*Am Oudezijds Voorburgwal, den man beispielsweise über die Korte Niezel erreicht, bietet das Museum* ***Ons' Lieve Heer op Solder*** *5 anhand einer versteckten Kirche und einem noch original eingerichteten Kaufmannshaus Einblicke in das Leben der Katholiken, nachdem Amsterdam offiziell protestantisch geworden war.*

*Nur ein paar Schritte weiter macht die* ***Oude Kerk (Alte Kirche)*** *6 auf dem Oudekerksplein ihrem Namen alle Ehre, gehört sie doch zu den ältesten Gebäuden der Stadt. Ihre Ursprünge können bis in das Jahr 1300 zurückverfolgt werden.*

*Über den Oudekennissteeg, den Molensteeg und den Zeedijk gelangt man weiter zum* ***Waaggebouw*** *7, das erst Teil der Stadtmauer, dann Stadtwaage für Schiffsanker und Kanonen und später Unterkunft der Zünfte war. Heute kann man auf der Terrasse der Brasserie die Sonnenstrahlen und einen Cappuccino genießen, während andere Leute auf dem* ***Nieuwmarkt*** *8 und im chinesischen Viertel ihren Geschäften nachgehen.*

*Weiter auf dem Kloveniersburgwal führt der Weg am* ***Kleinen und Großen Trippenhaus*** *10 vorbei zum* ***Oostindisch Huis*** *11. Die Vereenigde Oostindische Compagnie (ein Zusammenschluss konkurrierender Handelskompanien für den südostasiatischen Raum), die im 17. und 18. Jh. vielen Amsterdamern Reichtum bescherte, hat in diesem Viertel ihre Spuren hinterlassen.*

*Biegt man vom Kloveniersburgwal nach links in die Nieuwe Hoogstraat (Richtung Anthoniesbreestraat) ab, kommt man an einigen interessanten* ***Geschäften*** *vorbei. Auf der Route zum Waterlooplein mit dem* ***Rembrandthuis*** *55 und dem* ***Stadhuis*** *34 stößt man dann auch auf die erste nach der Reformation gebaute Kirche, die* ***Zuiderkerk*** *17. Hier werden noch einmal die Gegensätze zwischen der alten Stadt und der Umsetzung der Sanierungsplänen der 1950er-Jahre deutlich.*

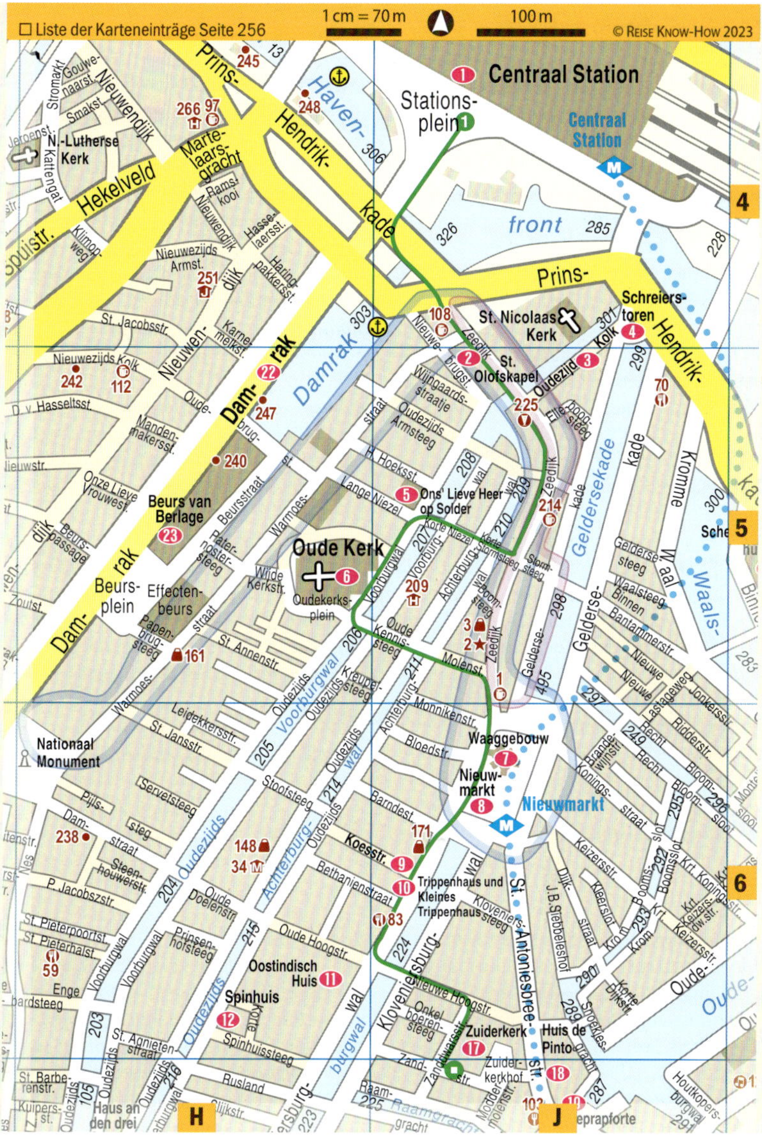

Liste der Karteneinträge Seite 256
1 cm = 70 m
100 m
© Reise Know-How 2023
Centraal Station
Stations-plein
Centraal Station
Prins-Hendrik-Kade
Haven-front
St. Nicolaas Kerk
Schreiers-toren
St. Olofskapel
Oudezijds Kolk
Damrak
Beurs van Berlage
Beurs-plein
Effecten-beurs
Oude Kerk
Oudekerks-plein
Ons' Lieve Heer op Solder
Zeedijk
Geldersekade
Kromme Waal
Waals-eiland
Nationaal Monument
Waaggebouw
Nieuw-markt
Nieuwmarkt
Trippenhaus und Kleines Trippenhaus
Oostindisch Huis
Spinhuis
Zuiderkerk
Huis de Pinto
St. Antoniesbree-str.
Kloveniersburgwal
Oudezijds Voorburgwal
Oudezijds Achterburgwal
N.-Lutherse Kerk
Hekelveld
Nieuwendijk
Warmoesstraat
Raamgracht
Zuider-kerkhof
Nieuwe Hoogstr.
Oude Hoogstr.
Koesstr.
Bethanienstraat
Monnikenstr.
Bloedstr.
Dam-straat
Oude Doelenstr.
Oudeschans
H
J
4
5
6

## Das Rotlichtviertel

*„De rosse buurt" oder „de walletjes", wie das Viertel in Amsterdam genannt wird, ist alljährlich für Tausende von* ***Touristen*** *eine* ***Attraktion*** *und sicherlich einen Umweg wert. Angezogen von Gerüchten über die Freizügigkeit der Holländerinnen, pilgern sie einzeln oder in Gruppen durch das Viertel. Allerdings kann von freizügigen Holländerinnen kaum die Rede sein, schließlich handelt es sich wohl eher um die Freizügigkeit der männlichen Bevölkerung und außerdem stehen vor allem* ***ausländische Frauen*** *(Südamerika, Afrika, Osteuropa) hinter den Fenstern. Nicht alle sind legal eingewandert und immer wieder bringen Razzien der Polizei ans Tageslicht, dass es hier teilweise um Menschenhandel geht, bei dem die Frauen mit schönen Versprechungen in den goldenen Westen gelockt wurden. Deren missliche Lage unterscheidet sich nicht wesentlich von der Situation Prostituierter in früheren Jahrhunderten.*

*Zu allen Zeiten konnte man hier wie in jedem anderen Hafenviertel der Welt Prostituierte finden. Das Gewerbe hat sich jedoch im Lauf der Zeit immer stärker ausgebreitet. In die Häuser reicher Kaufleute zogen erst die Handwerker und als diese in attraktivere Gebiete der Stadt umzogen, wurden die Häuser unter anderem frei für die Prostitution. In der 2. Hälfte des 20. Jahrhunderts war das Viertel reichlich in Verruf geraten, da unter anderem durch den Drogenhandel die Kriminalitätsrate stark gestiegen war. Durch die Legalisierung des Prostitutionsgewerbes erhoffte man sich in den Niederlanden zu Beginn des 21. Jh. eine Verbesserung der Situation der Frauen. Die letzten Jahre haben jedoch gezeigt, dass dies in Wirklichkeit nicht der Fall ist. Die Politik mag große Pläne haben, aber in der Realität ist es nicht einfach, ein legales Unternehmen im Prostitutionsgewerbe aufzubauen. Beispielsweise gibt es keine einzige Bank, die damit in Verbindung gebracht werden möchte, und so bleibt das Gewerbe ein Sumpf aus Abhängigkeiten und dunklen Geschäftspraktiken.*

*Die besondere Art der Prostituierten, sich in den Fenstern zu zeigen, geht auf die Tatsache zurück, dass Prostituierte geduldet wurden, solange sie sich nicht zu auffällig präsentierten. Also saßen die Mädchen erst hinter den Gardinen und wenn die Männer vorbeikamen, tickten sie mit den Fingern und Ringen an die Scheiben, um auf sich aufmerksam zu machen. Die Gardinen sind inzwischen weit geöffnet und lassen kein Geheimnis verhüllt. Außer den Prostituierten hat sich*

Unternehmen und Künstler in diesem Viertel anzusiedeln. Dies geschieht sehr zum Ärger der Erotikindustrie, die der Meinung ist, dass die größten Probleme durch Drogenkriminalität verursacht werden.

Der **Rotlichtbezirk** (*rosse buurt* oder *de walletjes* genannt) befindet sich heute zwischen Damrak **22** und Oudezijds Achterburgwal und reicht im Süden bis zur Oude Hoogstraat. In diesem Gebiet liegen auch einige interessante alte Sehenswürdigkeiten. Am **Vormittag** kann man **einigermaßen ungestört** in diesem Viertel spazieren gehen, der wirkliche Zirkus geht erst gegen Mittag los.

*hier eine ganze **Industrie** niedergelassen, die den unterschiedlichen Kunden auch die außergewöhnlichsten Wünsche bezüglich Kleidung, Lektüre, Videos und sonstiger Vorlieben erfüllen möchte.*

*An dieser Stelle sei betont, dass von den Prostituierten niemand Wert darauf legt, fotografiert zu werden. Nicht selten führen die Frauen ein Doppelleben und möchten daher nicht von Familienmitgliedern oder (öffentlichen) Einrichtungen auf Fotos erkannt werden. Die **No-Pictures-Aufkleber** in allen Fenstern sind absolut ernst gemeint und die Umstehenden schauen schon mal weg, wenn eine wildgewordene Dame oder ihr muskulöser Beschützer einem Touristen die Kamera entreißt. Ebenso wenig schätzt man es, wenn Touristen in großen Gruppen im Viertel auftauchen und die Männer verscheuchen.*

*Im **Prostitutie Informatie Centrum** (PIC; die Abkürzung ist auch ein informelles Wort für das männliche Geschlechtsteil) kann man Infos über das Prostitutionsgewerbe und Antworten auf all die Fragen erhalten, die man immer schon mal stellen wollte (für Gruppen auf Anfrage), oder eine Führung buchen. Außerdem findet man dort Souvenirs und Geschenkartikel.*

› *Enge Kerksteeg 3, Tel. 4207328, www.pic-amsterdam.com*

Die Stadtpolitiker haben es sich zum Ziel gesetzt, die illegalen Geschäftspraktiken und die Kriminalität in diesem Viertel auszurotten. Dazu werden Genehmigungen bestehender Unternehmen eingezogen und neue erst gar nicht vergeben, wenn der Verdacht besteht, dass diese Unternehmen der Geldwäsche dienen. Derzeit verfolgt der Stadtrat den Plan, das gesamte Prostitutionsgewerbe in einem **Erotikcenter** unterzubringen und das Altstadtviertel für andere Unternehmen zu öffnen. Das stößt jedoch auf den Widerstand der Sexarbeiterinnen, die nicht aus einem quirligen Viertel in ein solch ödes Center vertrieben werden wollen, sowie der Bewohner, die in Stadtteilen leben, die als eventuelle Gebiete für das Erotikcenter angedacht wurden. Die Entscheidung darüber soll im Herbst 2023 fallen, doch wird dies noch einige Debatten mit sich bringen.

## 1 Hauptbahnhof ★★ [J4]

Der Hauptbahnhof *(Centraal Station)* ist mit allen öffentlichen Verkehrsmitteln zu erreichen. Entworfen wurde er vom Architekten **P. J. H. Cuypers** (1827–1921), der einer berühmten Architektenfamilie aus der Stadt Limburg entstammte, obwohl derartig funktionelle Gebäude normalerweise von Ingenieuren entworfen wurden. Der Hautbahnhof hatte jedoch einen so hohen Stellenwert, dass ein „echter Architekt" beauftragt wurde.

Der **Bau des Hauptbahnhofs** war aber recht **umstritten.** Der damalige Bürgermeister wollte Amsterdam den Anschluss an das Schienennetz und damit an den Fortschritt sichern. Gegner fanden jedoch, dass dieses Gebäude die Aussicht über das IJ behindert, denn für das 1889 fertiggestellte Gebäude war eigens eine kleine Insel angelegt worden. Warum man sich zu diesem Schritt entschlossen hatte, ist heute nicht mehr ganz nachvollziehbar, denn dadurch wurde außerdem der Zugang zur Hafenanlage und zu den Werften abgeschnitten. Diese Entscheidung ist aber auch ein Spiegel der dama-

## Amsterdammertjes

*Seit vielen Jahren prägen die Amsterdammertjes, die typischen, rotbraunen Abgrenzungspfähle, die viele als Phallussymbol betrachten, das Straßenbild der Stadt. Angebracht sind sie, um den Straßenverkehr in die richtigen Bahnen zu leiten und zu verhindern, dass Autofahrer auf dem Gehweg parken. Meist sind die Straßen gerade so breit, dass man parken kann und dann noch eine Fahrbahn übrig bleibt, man aber auf keinen Fall sein Auto in zweiter Reihe abstellen kann. Die Amsterdammertjes bieten zwar einigen Schutz für Fußgänger, aber an manchen Stellen wird der Gehweg so schmal, dass Fußgänger doch auf die Fahrbahn gedrängt werden. Da die Stadt inzwischen rigoros gegen Verkehrssünder vorgeht und damit beschäftigt ist, die Straßen der Innenstadt neu zu gestalten, werden die bekannten Pfähle in den kommenden Jahren wohl so langsam aus dem Stadtbild verschwinden. Doch in Souvenir- und Süßwarengeschäften findet man sie noch immer in vielen Ausführungen, da sie ein beliebtes Mitbringsel sind. Es gibt sie auch als wiederverwendbare Flasche aus Zuckerrohr im Iamsterdam Shop (www.amstory.nl).*

ligen Zeit, in der die Schifffahrt und der Schiffsbau an Wichtigkeit verloren, andere Industriezweige und der Anschluss an Schiene und Straßen das Modell der Zukunft darstellten.

Auch über den Baustil war man sich uneins. Für Cuypers musste eine Verbindung zwischen der Funktion und der Form des Gebäudes bestehen. Er bevorzugte den **französischen, neogotischen Stil.** Die Gotik war für ihn die rationale Bauweise, zudem ermöglichte sie eine ehrliche und handwerkliche Materialnutzung. Von Cuypers stammen auch noch einige andere Gebäude in Amsterdam, wie das **Rijksmuseum** (68), die **Vondelkerk**, die **Dominicuskerk** und einige Häuser in der Vondelstraat. Ein wesentlicher **Kritikpunkt an Cuypers Architektur** bestand darin, dass man seine Bauweise zu kirchlich fand. Man kritisierte, das Rijksmuseum und auch der Hauptbahnhof ähnelten zu stark einem Priesterseminar oder einem Bischofspalast.

Heute zählt der Hauptbahnhof sicherlich zu den schönsten Gebäuden der Stadt. Auch innen (z. B. in der Brasserie 1e Klas auf Gleis 2b) sind noch Verzierungen und Deckengemälde zu entdecken und blieben an vielen Stellen Originaldetails erhalten, etwa die königliche Wartehalle.

Der Bahnhofsvorplatz ist **einer der belebtesten Plätze in Amsterdam**, da sich hier alle Verkehrswege kreuzen. Bis 2026 soll der Platz komplett neu gestaltet werden, um das Gebiet für Fußgänger und Radfahrer zugänglicher und schöner zu machen.

Dem Haupteingang des Bahnhofs steht das **Noord-Zuidhollands Koffiehuis** (Nord-Südholländisches Kaffeehaus) gegenüber. In diesem Gebäude ist ein Informationsschalter des städtischen Verkehrsverbundes GVB (s. S. 215) untergebracht. Dort erhält man Fahrkarten und Infos zum öffentlichen Verkehrsnetz der Stadt. Im unteren Teil des Gebäudes befindet sich ein Café, von dem man eine schöne Aussicht über das Wasser und auf die vorbeifahrenden Rundfahrt-

KLEINE PAUSE

**Kaffee und Krempel**

Uriges Café mit einer kleinen Speisekarte. Alle Elemente der Inneneinrichtung, die sozusagen nicht niet- und nagelfest sind, kann man auch käuflich erwerben.

①1 [J5] **Latei,** Zeedijk 143,
Tel. 6257485, www.latei.net,
Mo.–Mi. 8–18, Do., Fr. 8–22,
Sa. 9–22, So. 11–18 Uhr

203am Abb.: bs

boote genießen kann. Bei gutem Wetter kann man sich dort auch auf die Terrasse setzen.

## ② St. Olofskapel ★ [J5]

Fast ganz am Anfang des Zeedijk liegt die St. Olofskapel. Die Kapelle ist benannt nach dem **norwegischen Schutzheiligen der Seeleute.** Der Handel mit Norwegen hatte 1433 begonnen, deshalb hielten sich regelmäßig norwegische Kaufleute in Amsterdam auf, für die man dieses kleine Gotteshaus baute. Seit 1602 gehört das Gebäude der evangelischen Kirche. Bis zum Jahr 1608 hatten neben den Gläubigen aber auch Händler noch ihr Unterkommen in der Kapelle: Sie nutzten das ab 1586 leerstehende Gebäude als Börse. Die Kapelle brannte 1966 vollständig aus. Erst 1991 erwarb die Stadt sie für einen symbolischen Gulden, wonach der Wiederaufbau beginnen konnte. Sie wird inzwischen vom Hotel Barbizon als Konferenzsaal genutzt und kann daher leider nicht regulär besichtigt werden.

› Zeedijk 2a, U-Bahn (Centraal Station)

## ③ Oudezijds Kolk ★ [J5]

In der kleinen Straße Oudezijds Kolk kann man noch sehr gut einige **ehemalige Lagerhäuser und Speicherhallen** *(pakhuizen)* sehen. Sie sind an den riesigen Fensterflügeln zu erkennen, durch die früher die Waren über eine Seilwinde am Dach ein- und ausgeladen wurden. In Amsterdam sind sehr viele dieser ehemaligen Lagerhäuser zu Wohn- oder Geschäftshäusern umgebaut worden. Interessant sind in dieser Straße die Häuser Nr. 13, 7, 5 und 3. Beim Haus Nr. 13, D'Blau Hoorn (1720), sind im Vergleich zu den folgenden Häusern aus dem 17. Jahrhundert die Seitenfenster schon etwas höher. Beim Haus Nr. 7 kann man gut erkennen, dass die Ladefläche so hoch gebaut war, dass man leicht einen Karren beladen konnte. Das Haus Nr. 5, Malaga, ist das älteste datierte *pakhuis* in Amsterdam (1617). Das *pakhuis* Nr. 3, D'Korendrager (der Getreideträger), stammt aus der ersten Hälfte des 18. Jahrhunderts.

## 4 Schreierstoren ★ [J4]

Am Ende dieser Straße stößt man rechts auf den Schreierstoren. Dieser **Turm** wurde 1484 als **Teil der Befestigungsanlage** der Stadt gebaut. Heute ist er der letzte noch vollständig erhaltene Verteidigungsturm der damaligen Stadtmauer. Diese verlief vom Turm entlang der heutigen Geldersekade, wo sie durch einen Wassergraben geschützt war.

Es gibt zwei unterschiedliche Erklärungen dafür, wie der Turm zu seinem **Namen** kam. Die erste und auch wahrscheinlichere Erklärung lautet, dass der Turm schräg in einem flachen Winkel *(schrijlings in een scraye hoek)* zur Stadtmauer stand. Eine zweite Erklärung im Gedenkstein des Turms besagt, dass hier die Frauen weinend und jammernd den Seeleuten nachgewunken haben. Damals fing das Wasser direkt hinter dem Turm an. Heute befinden sich in dem Gebäude ein Pub/Café, das eine kleine Karte mittags und am frühen Abend bietet, sowie ein Geschäft für nautische Instrumente und Karten.

› Prins Hendrikkade 94/95, Tel. 4288291, www.schreierstoren.nl, U-Bahn 51, 52, 53, 54 (Centraal Station)

052am Abb.: bs

*Der Schreierstoren war Teil der Befestigungsanlage der Stadt*

## 5 Ons' Lieve Heer op Solder ★★★ [J5]

*Das historisch wichtige Gebäude ist ein wertvoller Zeuge gelebter Toleranz. Denn anders als in anderen Ländern stürzte die Reformation das Land nicht in blutige Auseinandersetzungen, sondern es herrschte eine umsichtige und gemäßigte Politik vor.*

Am Oudezijds Voorburgwal 40 weht die Fahne des Museums, in dem eine **versteckte Kirche**, eine sogenannte *schuilkerk,* zu besichtigen ist. Die Stadt Amsterdam war im Achtzigjährigen Krieg protestantisch geworden. Grundsätzlich war es verboten, öffentlich einen anderen Glauben auszuüben, allerdings wurde anderen Religionen nichts in den Weg gelegt, solange die Glaubensausübung versteckt und hinter geschlossenen Türen stattfand. Es gibt daher in Amsterdam noch einige Kirchen, die von außen nicht direkt als solche zu erkennen sind.

Die Kapelle im Kaufmannshaus aus dem 17. Jahrhundert wurde mit den Jahren über die angrenzenden Häuser zu einer Kirche erweitert. Die Gottesdienste wurden im oberen Stockwerk gehalten, daher der Name „Unser Lieber Herr auf dem Speicher“ *(Ons' Lieve Heer op Solder).* Der Priester konnte zur Not durch eine kleine Luke flüchten. Auch das eigentliche Kaufmannshaus mit seiner für das 17. Jahrhundert typischen Einrichtung ist zu besichtigen.

Da das Museum unter den Besucherströmen zu leiden begann, wurde es vor einigen Jahren gründlich renoviert. Dabei hat man außerdem das gegenüberliegende Eckhaus in ein Besucherzentrum mit Café und Museumsladen umgewandelt.

› Oudezijds Voorburgwal 38, Tel. 6246604, www.opsolder.nl, Mo.-Fr. 10-17, Sa. 10-18, So. 13-18 Uhr, Eintritt inkl. deutscher Audio-Tour 16,50 €, Kinder 5-17 Jahre 7,50 €, Straßenbahn 4, 14, 24 (Dam), U-Bahn 51, 53, 54 (Nieuwmarkt), 51-54 (Centraal Station)

## 6 Oude Kerk ★★★ [H5]

Eines der ältesten Gebäude der Stadt, die alte Kirche, stammt etwa aus dem Jahr 1300. Im Jahr 1369 wurde die Kirche Sint Nicolaas, dem Schutzheiligen der Seeleute und Bäcker, geweiht.

Die **Kapelle**, die hier ursprünglich stand, wurde zunächst in eine gotische Hallenkirche mit drei gleichen Schiffen umgebaut, dann jedoch auch aus Platzgründen ständig **erweitert** und ausgebaut. Es entstanden ein neuer Chor, mehrere Kapellen und das Südportal. Das heutige gotische Bauwerk hat die Form einer Kreuzkirche.

Schon damals gab es **Sponsoren:** So wurde die sogenannte „Hamburgerkapelle" beispielsweise von Bierkaufleuten aus Hamburg gestiftet. Sie konnte im Jahr 1512 fertiggestellt werden. Überhaupt diente die Kirche nicht nur der Gottesverehrung, sondern war gleichzeitig auch Treffpunkt für Händler und Handwerker und Zufluchtsort für Obdachlose. Hier wurden Geschäfte gemacht, Ideen ausgetauscht oder man flanierte während des Orgelspiels durch die Kirche. So hatte die Kirche auch den Namen „Wohnzimmer Amsterdams".

Im 16. Jahrhundert erhöhte man das Mittelschiff, weshalb die Konstruktion mit Holzbalken verstärkt werden musste. Die-

053am Abb.: bs

*Ein imposantes Gebäude: die Oude Kerk*

se **Holzbauweise** ist typisch für die Oude Kerk. Man entschied sich trotz der Brandgefahr hierfür (die Kirche überstand zwei verheerende Stadtbrände), da das Gebäude ansonsten zu schwer für den Boden gewesen wäre.

In der Oude Kerk sind viele berühmte Amsterdamer **begraben**, unter ihnen Saskia van Uylenburg (gestorben 1642), die **erste Frau Rembrandts.** Einmal im Jahr, am 9. März um 8.39 Uhr, fällt ein breiter Lichtstrahl auf ihr Grab. Mit diesem Lichtkuss, der Sonnenwende genannt wird, kündigt sich der Frühling an.

Ursprünglich war die Oude Kerk eine katholische Kirche, sie ging aber nach der Machtübernahme durch die **Calvinisten** in deren Besitz über. Durch den Bildersturm und die Neuerungen der Calvinisten veränderte sich das Aussehen der Kirche radikal. So wurden alle Zeichen des Katholizismus (Altäre, Gemälde, Kanzeln, Bildhauwerke, Orgeln) in der Kirche und in den Kapellen herausgerissen, da für die Calvinisten nur die Verkündigung des Wortes im Vordergrund stand.

Lange Zeit **stritten** die Pfarrgemeinden der **Oude Kerk** und der **Nieuwe Kerk** 24 darüber, welche Kirche denn nun die wichtigste in Amsterdam sei. Nachdem aber auf dem Dam das heutige **Koninklijke Paleis** 25 als Rathaus gebaut wurde, war dieser Streit zugunsten der Nieuwe Kerk entschieden. Besonderheiten der Oude Kerk sind die Gewölbegemälde und die Holzfiguren vom Ende des 15. Jahrhunderts, die Maria-Kapelle mit ihren Glasmalereifenstern von 1555, die holzgeschnitzten Chorbänke und die Vater-Müller-Orgel von 1724.

› Oudekerksplein 23, Tel. 6258284, www.oudekerk.nl, Mo.–Sa. 10–18 Uhr, So. und Feiertage 13–17.30 Uhr, Eintritt inkl. engl. Audiotour 13,50 € (Zuschlag bei Sonderausstellungen), Kinder 6–12 J. 3,50 €. Präzise Beschreibungen der Gräber: www.gravenopinternet.nl, Straßenbahn 4, 14, 24 (Dam), U-Bahn 51, 53, 54 (Nieuwmarkt), 51–54 (Centraal Station).

## 7 Waaggebouw ★★ [J6]

Das Waaggebouw (die Waage) aus dem Jahr 1488 gehörte ursprünglich als „St. Antoniespoort" (St. Antoniustor) zur **Stadtbefestigungsanlage.** Nachdem die Stadtmauer jedoch wieder verschoben und die alte Mauer zwischen 1603 und 1613 abgerissen worden war, legte man 1614 um das Stadttor den Nieuwmarkt an. Durch diese Bauarbeiten liegt die Bodenoberfläche heute höher als zu der Zeit, als das Stadttor gebaut wurde, weshalb der unterste Teil des Tors gar nicht mehr zu sehen ist und es nicht mehr ganz so groß wirkt wie bei seiner Erbauung. 1618 schließlich erhielt das Gebäude andere Funktionen, unter anderem als **Stadtwaage** für schwere Gegenstände wie Schiffsanker oder Kanonen.

Zudem bot das Gebäude Räumlichkeiten für verschiedene **Zünfte.** Jede Zunft hatte einen eigenen Eingang, der durch einen Fassadenstein verziert wurde. Diese Fassadensteine sind noch zu sehen. Schmiede und Steinmetze sind an ihren typischen Arbeitsgeräten zu erkennen. Die Chirurgen hielten seit 1691 in ihrem Operationszimmer, dem **Theatrum Anatomicum**, öffentlich zugänglichen Unterricht ab.

Von Rembrandt gibt es das bekannte Gemälde „De anatomische les van professor Tulp". Die Anatomiestunde von Professor Tulp trägt sich an diesem Ort

## Chinesisches Viertel

*Zwischen Binnen Bantammerstraat und Geldersekade sowie am Zeedijk und am Nieuwmarkt* ❽ *stößt man auf unzählige* ***chinesische Restaurants,*** *die die angebotenen Gerichte im Schaufenster ausstellen. Die Düfte vermischen sich in den kleinen Läden mit dem Geruch verschiedenster exotischer Lebensmittel.* ***Chinesische Ärzte*** *und* ***Heilpraktiker*** *bieten Heilung von allen erdenklichen Qualen und auch wer chinesische Drucksachen herstellen lassen möchte, ist hier richtig. Zahlreiche Händler haben alles im Angebot, was der chinesische Markt exportiert.*

*Die* ***ersten Chinesen*** *kamen zu Beginn des 20. Jh. als Arbeitskräfte mit den Passagierschiffen der großen Linien. Dort arbeiteten sie als Heizer oder in der Wäscherei. Zudem eröffneten Händler kleine Restaurants und Wäschereien in Amsterdam. In den Krisenjahren hielten sie sich mit dem Verkauf von Erdnüssen über Wasser, da sie als Ausländer kein Recht auf Sozialleistungen hatten. Nach dem Krieg wurde die chinesische Küche immer beliebter und die chinesische Gemeinschaft konnte wachsen, wodurch das lebendige chinesische Viertel rund um den Nieuwmarkt entstand.*

*Die chinesische Gemeinschaft führt ein recht* ***geschlossenes Leben,*** *Kontakte mit der übrigen Bevölkerung beschränken sich häufig auf ein Minimum. Sicherlich tragen Kommunikationsschwierigkeiten dazu bei. Gerade ältere Chinesen haben große Schwierigkeiten mit der niederländischen Sprache, weshalb sie Kontakte vermeiden und kaum auf Ämter gehen oder andere Dienste in Anspruch nehmen. Einmal im Jahr jedoch machen die Chinesen lautstark auf sich aufmerksam, wenn nämlich Ende Januar oder Anfang Februar das neue chinesische Jahr mit Drachentanz, Musik und Feuerwerk eingeleitet wird.*

*Eine Brückenfunktion möchte auch der chinesisch-buddhistische* ***Fo Guang Shan He Hua Temple*** *erfüllen. Er zieht nicht nur Buddhisten aus ganz Holland nach Amsterdam, sondern es werden auch Lesungen, Meditationen, und Seminare angeboten.*

★**2** *[J5]* ***Fo Guang Shan He Hua Temple,*** *Zeedijk 106–118, Tel. 4202357, www.ibps.nl, Di.–Sa. 12–17 Uhr, So. 10–17 Uhr*

*Trendigere Dinge als das stereotype Angebot im Asialaden findet man bei* ***Asia Station*** *(Gadgets, Wohnaccessoires, Schmuck, Kleidung):*

**3** *[J5]* ***Asia Station,*** *Zeedijk 98–100, Tel. 3032628, www.asiastation.nl*

zu. Die Maler schmückten ihren Fassadenstein mit dem Schutzheiligen St. Lucas.

1819 stellte die Waage ihre Funktion ein. Seither hat das Gebäude unter anderem als Räumlichkeit für **Museen** gedient. Heute befindet sich hier das Restaurant und Café In de Waag.

› In de Waag, Nieuwmarkt 4, Tel. 4227772, www.indewaag.nl, täglich 9–22 Uhr (Küche 10–22 Uhr), U-Bahn 51, 53, 54 (Nieuwmarkt)

## 8 Nieuwmarkt ★ [J6]

Die Häuserfront Nieuwmarkt 8–20 bietet einen schönen Überblick über die **unterschiedlichen Giebelformen** in Amsterdam. Besonders hervorzuheben sind: Nr. 8 mit einem Glockengiebel vom Ende des 17. Jahrhunderts, der mit Schmuckmotiven in Form von Blumengirlanden und gebogenen Giebeldreiecken versehen ist; Nr. 16 mit einem Halsengiebel (ebenfalls Ende des 17. Jahrhunderts); Nr. 18 mit einem Glockengiebel im Louis-XV.-Stil (Mitte 18. Jahrhundert) und auch das Doppelhaus Nr. 20–22 mit seinem Treppengiebel aus dem Jahr 1605.

Der Platz um die Waage wurde bereits **1614 angelegt** und entwickelte sich zu einem wichtigen und lebendigen Marktplatz. Damals war der Platz in Segmente für jedes Produkt, das dort verkauft wurde, unterteilt. Heute stehen hier noch täglich ein paar Marktleute und im Sommer findet sonntags ein Trödel- und Antikmarkt statt.

Bei den **Sanierungsarbeiten** in diesem Stadtteil wäre der gesamte Nieuwmarkt beinahe den Modernisierungsplänen der Stadt zum Opfer gefallen, denn an dieser Stelle sollte nach dem Willen der Stadtplaner eine breite Straße angelegt werden. Doch durch die vehementen Proteste der Anwohner konnte der Platz erhalten bleiben.

› www.amsterdamnieuwmarkt.nl

## 9 Koestraat ★ [J6]

Der Name der „Kuhstraße" entstand, da die Schwestern des Bethanienklosters von 1450 bis 1578 hier einen Kuhstall hatten. Die Häuser Nr. 7, 9 und 11 haben **renovierte Fassaden**, in denen die Fassadensteine (allerdings lediglich Kopien der Originale) sehr schön herausgearbeitet wurden. Sie symbolisieren Glaube, Hoffnung und Liebe. Genau gegenüber bei Haus Nr. 10–12 steht das Portal der Weinhändlerzunft aus dem Jahr 1633. Fassadensteine dienten anstelle von Hausnummern zur Markierung der einzelnen Häuser. Gerade in diesem Stadtteil sind davon noch einige schöne Exemplare zu finden.

## 10 Trippenhaus und Kleines Trippenhaus ★★ [J6]

Das Haus Nr. 26 auf dem Kloveniersburgwal trägt den Namen Kleines Trippenhaus. Das eigentliche **Trippenhaus** sieht man gegenüber auf der linken Straßenseite, es trägt die Hausnummer 29. Die Gebrüder Louis und Hendrik Trip besaßen in Schweden Eisen- und Kupferminen sowie Schmelzöfen und Gießereien. Zwischen 1660 und 1664 ließen sie von Justus Vingboons für 250.000 Gulden diesen Monumentalbau errichten. Das Gebäude diente nur als Wohnhaus und unterscheidet sich auch dadurch von traditionellen Kaufmannshäusern der Stadt, denn diese waren normalerweise immer eine Mischung aus Wohnhaus, Lagerhalle und Warenmagazin. Familien wie die Trips waren jedoch so reich, dass man es sich leisten konnte, den Bau nur als Wohnhaus zu nutzen.

Besonders auffällig sind die korinthischen Säulen an der Vorderfront. Ur-

*› Das Oostindisch Huis war die Verwaltungszentrale der Vereenigde Oostindische Compagnie*

sprünglich war diese Form fürstlichen Palästen vorbehalten. Und so zeugt dieser Baustil von dem **gewachsenen Selbstvertrauen des Bürgertums** dieser Zeit. Man wollte seinen **Reichtum zur Schau stellen**, und zwar möglichst protzig, auch wenn man dafür ab und zu ein wenig schummeln musste. In Wahrheit handelt es sich bei diesem Gebäude nämlich um ein Doppelhaus, das hinter einer einzigen Fassade versteckt wurde, um dem Ganzen einen monumentaleren Charakter zu verleihen.

Die **klassizistische Bildhauerkunst** an Fassade und Giebel stellt dar, wie wichtig man den Handel für Frieden und Wohlstand hielt. Die Schornsteine haben zum Beispiel die Form von Mörsern.

Das **Kleine Trippenhaus** wurde angeblich von einem der Brüder Trip gebaut. Man erzählt sich, dies sei geschehen, nachdem ein Bediensteter gesagt habe, ihm genüge schon ein Haus, das so breit wäre wie die Eingangstür zum Trippenhaus.

## 11 Oostindisch Huis ★ [H6]

In der Oude Hoogstraat 24 gelangt man durch ein Tor in den Innenhof des Oostindisch Huis. 1602 wurde die **Vereenigde Oostindische Compagnie** gegründet. Die Handelskompanie (eigentlich ein Zusammenschluss konkurrierender Handelskompanien) beherrschte mit dem **Handelsmonopol** für den südostasiatischen Raum den Markt für **Gewürze** (unter anderem Pfeffer), **Porzellan, Zucker, Gummi und Opium.** Im Niederländischen gibt es beispielsweise noch den Ausdruck *peperduur* (gepfefferte Preise), der aus dieser Zeit stammt. Handelsleute konnten sich in die Kompanie einkaufen und wurden dann anteilmäßig an den Gewinnen der Schiffsladungen beteiligt, falls diese wieder wohlbehalten zurückkamen. Lange Zeit konnten in dieser und auch in anderen Handelsgesellschaften große Gewinne erwirtschaftet werden. Im Jahre 1798 musste die zu diesem Zeitpunkt bereits zah-

054am Abb.: bs

## Seeleute bei den Handelskompanien

*Sich finanziell an einer Handelskompanie zu beteiligen, war eine Art Glücksspiel. Nur ein Teil der Schiffe kam tatsächlich wieder von einer Seereise in eine der damaligen Kolonien zurück. War dies der Fall, dann bedeutete dies Reichtum und Glück für die Kaufleute. Für die Seeleute war es jedoch die Hölle auf Erden und so mussten diese* ***mit*** *allen erdenklichen und teilweise* ***fiesen Tricks zum Anheuern gebracht*** *werden.*

*Das leichteste Spiel hatte man mit Personen, die* ***Schulden*** *hatten. Mit diesem Druckmittel konnte manch einer zur Seefahrt gezwungen werden. Ein Teil des Lohns wurde vorab ausbezahlt, womit eventuelle Schulden beglichen werden konnten. Seeleute wurden aber auch* ***regelrecht hereingelegt,*** *etwa wenn sie von einer längeren Reise zurückgekommen waren. Man lockte sie in Gasthäuser und bediente sie so überschwänglich, dass ihr Lohn in kürzester Zeit aufgebraucht war. Bevor sie sich versahen, hatten sie beim Gastwirt bereits wieder so hohe Schulden, dass ihnen nichts anderes übrig blieb, als erneut anzuheuern. Die Seeleute wurden dabei im Suff dazu gebracht, die entsprechenden Verträge zu unterzeichnen, und ehe sie wieder vollständig nüchtern waren, wurden sie auf die Handelsschiffe verfrachtet, sodass sie sich bereits auf hoher See befanden, wenn sie wieder zu sich kamen. Von allen Seeleuten, die auf große Fahrt gingen, kam nur etwa ein Drittel zurück! Der Rest starb an Unterernährung, Krankheiten oder ging mitsamt dem Schiff unter.*

lungsunfähige Gesellschaft allerdings vom Staat übernommen werden.

Die Südseite des Gebäudes (dem Tor gegenüber) entstand 1603. Auch ein Teil des Westflügels wurde schon zu dieser Zeit gebaut. Damals konnte jedoch noch nicht bis an die Oude Hoogstraat herangebaut werden, da an dieser Straße noch weitere Gebäude standen. 1633 wurde der Flügel schließlich an die Straße angeschlossen und auch die Front vollendet. Der ursprüngliche Ostflügel des Gebäudes wurde 1890 abgerissen.

Da die Universität im Gebäudeteil am Kloveniersburgwal, im sogenannten Bushuis, untergebracht ist, sind Teile des ursprünglichen Gebäudes während des Uni-Betriebs frei zugänglich. Es sieht zwar nicht komplett historisch aus, doch gibt es noch einige schöne Details.

› Oude Hoogstraat 24, Mo.–Do. 8–20 Uhr, Fr. 8–19.30 Uhr, Straßenbahn 4, 14, 24 (Dam), U-Bahn 51, 53, 54 (Nieuwmarkt)

### 12 Spinhuis ★ [H6]

Vom Kloveniersburgwal biegt der Spinhuissteeg ab. An dessen Ende (bei Haus Nr. 1) steht das Eingangsportal zum ehemaligen Spinhuis (Spinnhaus), das seit 1595 als **Zucht- und Arbeitshaus für Bettlerinnen, Prostituierte und Diebinnen** diente.

Die Darstellung über dem Eingang zeigt das Wappen mit der Jahreszahl 1645, eine Zuchtmeisterin in der Mitte, die eine Rute schwingt, links ist ein spinnendes Mädchen mit einer Katze (dem Sinnbild für die weibliche Libido) zu sehen und rechts ein Mädchen mit einem Netz. Den Spruch darüber hat Pieter Cornelis Hooft gedichtet: *Schrik niet. Ik wreeck geen quaat maar dwing tot goet, straf is mijn hand maar lieflijk mijn gemoet.* („Erschrick nicht. Ich räche nicht das Böse, sondern zwinge zum Guten. Streng ist meine Hand, doch lieblich mein Gemüt.") Die Frauen sollten durch Zucht und harte Arbeit in der Spinnerei und Weberei wieder auf den Pfad der Tugend geführt werden. Um ins Spinhuis zu kommen, musste man **nicht unbedingt schwere Verbrechen** begangen haben. Es reichte schon, wenn ein Dienstherr sein Dienstmädchen unverschämten Verhaltens bezichtigte oder wenn die liebe Familie unangenehme Familienmitglieder aus dem Weg räumen wollte.

1643 brannte das Gebäude ab, aber schon 1645 konnte das neue Spinnhaus bezogen werden. Dort war auch Platz für **Pensionärinnen**, die von ihren Familien gegen Bezahlung eingewiesen werden konnten. Diese hatten jedoch keinen Kontakt mit den „Verbrecherinnen".

Eine wichtige Einnahmequelle war im Übrigen das **Eintrittsgeld**, das man von Zuschauern, die das Haus als Attraktion besuchten, einnahm. Die Frauen wiederum empfingen die Zuschauer mit obszönen Gebärden oder behaupteten, männliche Zuschauer als Prostitutionskunden zu kennen.

1782 wurde diese Anstalt in das *Nieuwe Werkhuis* (neues Arbeitshaus) in der Roeterstraat verlegt, doch das Zugangsportal ist geblieben.

› Spinhuissteeg 1, Mo.–Fr. 8–18 Uhr, Straßenbahn 4, 14, 24 (Dam), U-Bahn 51, 53, 54 (Nieuwmarkt)

## 13 Haus an den drei Grachten ★ [H7]

Wo Oudezijds Voorburgwal, Grimburgwal und Oudezijds Achterburgwal zusammenkommen, steht das Haus an den drei Grachten *(Huis aan de Drie Grachten)*. Im Jahr 1407 schenkte Jan de Zale das Haus dem **Kloster der alten Nonnen.** Seit der Auflösung des Klosters im Jahr 1578 wurde das Gebäude immer wieder vermietet. Es ist mit seinen drei Treppengiebeln ein schönes Beispiel der **holländischen Renaissance.**

› Oudezijds Voorburgwal 249, Straßenbahn 4, 14, 24 (Rokin), U-Bahn 52 (Rokin), 51, 53, 54 (Waterlooplein)

## 14 Oude Turfmarkt ★ [G7]

An einem Ende des Oude Turfmarkt steht das sogenannte **Amazonenstandbild von Königin Wilhelmina.** Hier war der Platz, an dem Torf (ein wichtiger Brennstoff) gehandelt wurde. In Haus Nr. 127 befindet sich das **Allard Pierson Museum** (s. S. 118). Ursprünglich standen hier zwischen Haus Nr. 127 und Nr. 137 neun Häuser des Architekten Vingboons. 1814 ließ sich die **Nederlandsche Bank**, die Niederländische Zentralbank, in diesen Gebäuden nieder. Aus Platzgründen musste umgebaut werden. Der Architekt Froger entwarf, da aus wirtschaftlichen Gründen möglichst viele alte Teile erhalten bleiben sollten, eine Fassade mit einem Mittelteil und einer Tempelfront.

In der Binnengasthuisstraat befindet man sich dann auf dem **Gelände der ehemaligen Krankenhausanlage.** Überall standen Gebäude, die zu diesem Komplex gehörten. Zunächst hatte man dazu das aufgelöste Nonnenkloster umgebaut, denn das Kloster war, nachdem die Stadt protestantisch geworden war, in den Besitz der Stadt übergegangen. Später ergänzte man das Spital dann um weitere Gebäude.

## 15 Oudemanhuispoort ★ [H7]

Am Ende der Binnengasthuisstraat stößt man wieder auf den Oudezijds Achterburgwal. Gleich rechts gibt es einen Durchgang zu einer **Cafeteria der Universität von Amsterdam (UvA)**, ein kleines Stückchen weiter findet man ein Tor, das ehemalige **Gasthuispoort** (die Krankenhauspforte), aus dem Jahr 1603. Auf dem Relief sind zwei Patienten zu sehen, die sich auf das Wappen von Amsterdam stützen. Der kleine Platz vor der Pforte wird **De Bleyde Hoek** („die frohe Ecke") genannt.

Zwei Häuser weiter steht das **Oudemanhuispoort.** Von 1601 bis 1840 bildete es den Zugang zu einem Altenheim. Die Brille im Portal ist also ein Symbol für das Alter. Durch dieses Tor gelangt man in den **Innenhof der Universität**, die seit 1876 hier ansässig ist. Im überdachten Durchgang haben sich Händler mit antiquarischen Büchern angesiedelt. Während der Vorlesungszeit beleben die Studentinnen und Studenten das Gebäude.

## 16 Saaihal ★ [H7]

Bei Staalstraat Nr. 3–7 steht die **Saaihal.** Das von Pieter de Keyser entworfene Gebäude gehörte im 17. Jahrhundert zu einem größeren Gebäudekomplex der Tuchmacher, wo in verschiedenen Hallen die Qualität der Stoffe durch Prüfmeister kontrolliert wurde. Rembrandt hat 1662 ein Porträt einer Gruppe von Prüfmeistern gemacht (De Staalmeesters), das jetzt im Rijksmuseum hängt. Die Saaihal diente unter anderem als Versammlungsraum für die Sergearbeiter (Serge ist ein Kleider- oder Futterstoff). Seit dem 19. Jahrhundert wird das Gebäude für unterschiedliche Zwecke genutzt. 1919/1920 wurde es restauriert und die alte Pracht wieder herausgearbeitet. Auf dem Dach ist die Krone des Habsburgers Maximilian mit dem Reichsapfel und dem Kreuz zu sehen. Jetzt steht alles im Zeichen von Design, denn hier ist **Droog Design** (s. S. 122) eingezogen.

## 17 Zuiderkerk ★ [J6]

Die Zuiderkerk ist die **erste Kirche**, die **nach der Reformation** gebaut wurde. Sie entstand in den Jahren 1603–1611 unter dem Baumeister Hendrick de Keyser im holländischen Renaissancestil. Der **Turm**, dessen viereckiger Unterbau in einen achteckigen Teil übergeht, wurde 1614 fertiggestellt. Im Turm gibt es eine Glocke aus dem Jahr 1511, die Salvatorglocke aus der **Oude Kerk** 6 und zwei weitere Glocken aus dem Jahr 1659. 1929 wurde der letzte Gottesdienst in der Kirche abgehalten.

Der Platz um die Zuiderkerk ist ein **lebendiges Beispiel für die tiefgreifenden Veränderungen**, die das Viertel erlebt hat. Da 1975 die U-Bahn angelegt wurde, mussten hier alle Häuser abgerissen werden. Um die Schwingungen der U-Bahn auszugleichen, wurden zudem spezielle Fundamente mit dazwischengeschobenen Gummilagen konstruiert. Der Großteil der Gebäude am Zuiderkerkhof stammt aus dem Jahr 1983.

Schräg gegenüber vom Kircheneingang befindet sich ein Tor, das früher den

Eingang zum Friedhof bildete, daher zeigt es einen Totenkopf und eine Tragbahre.

› Zuiderkerk, Zuiderkerkhof 72, www.zuiderkerkamsterdam.nl. Die Kirche selbst kann man normalerweise nicht besichtigen, da sie praktisch nur noch als Eventzentrum dient. Turmbesteigung Do.–Di. April 12–17, Mai/Juni 12–18, Juli/Aug. 11.30–18.30, Sept. 12–18, Okt. 12–17 Uhr, 9 €, 1. Sa. im Monat Glockenspieltour, Reservierung unter www.zuiderkerkstorenamsterdam.nl, U-Bahn 51, 53, 54 (Waterlooplein oder Nieuwmarkt).

## 18 Pintohaus ★★ [J7]

Wenn man durch das oben erwähnte Tor den Kirchplatz an der **Zuiderkerk** 17 verlässt, sieht man gegenüber das Pintohaus. Isaac de Pinto war ein wohlhabender portugiesisch-jüdischer Kaufmann im 17. Jh., der aus einem Geschlecht von wohlhabenden Kaufleuten und Bankiers stammte. Glücklicherweise blieb sein **reich ausgestaltetes Haus**, das **eines der wenigen klassizistischen Gebäude Amsterdams** ist, erhalten, obwohl es einer Verbreiterung der Straße im Zuge der Stadtsanierung buchstäblich im Weg stand. Das schöne Pintohaus bildet heute den Abschluss einer ansonsten architektonisch wenig interessanten Reihe von Häusern. Dank des Engagements der Bewohner und des Stadtteilrats ist im Gebäude ein Literatur- und Kulturzentrum ansässig.

› St. Antoniesbreestraat 69, Tel. 3700210, www.huisdepinto.nl, Mo.–Fr. 10.30–17.30 Uhr, Sa. 13–17 Uhr, U-Bahn 51, 53, 54 (Waterlooplein oder Nieuwmarkt)

204am Abb.: bs

*Designmöbel von Droog Design (s. S. 122) in der Saaihal*

## 19 Leprapforte ★ [J7]

Wo die Antonies Breestraat in die Jodenbreestraat übergeht, befindet sich ein kleiner Platz. Besonders interessant ist hier die Leprapforte *(Leprozenpoortje)*: ein kleines **Portal** aus dem Jahr 1610, durch das **Leprakranke** Zugang zum Pflegeheim bekamen. Unter dem Wappen sind ein leprakranker Mann und eine leprakranke Frau zu erkennen. Leprakranke durften sich wegen der Ansteckungsgefahr nicht innerhalb der Stadttore aufhalten und sich deshalb auch nicht im Krankenhaus innerhalb der Stadtmauer melden. Um Hilfe zu bekommen, mussten sie an dieser Pforte vorsprechen.

## 20 Montelbaanstoren ★ [K6]

An der Oudeschans kann man dann gemütlich am Wasser entlanggehen. Auf der gegenüberliegenden Seite sind einige sehr schöne **Lagerhäuser** zu sehen. Die Straße führt zum Montelbaanstoren. Dieser **Turm** wurde 1512 gebaut und diente ursprünglich zur Verteidigung der Quartiere der Zimmerleute und Schiffbauer, doch schon nach 1591 erfüllte er keine militärischen Aufgaben mehr. 1606 wurde auf Wunsch der anliegenden Bewohner eine Uhr mit Schlagwerk am Turm angebracht. Seit 1878 wird von hier aus die nächtliche Durchspülung und der Wasserstand der Grachten geregelt. Für diese Aufgabe ist heutzutage das Stedelijk Waterkantoor (das Städtische Wasseramt) verantwortlich.

Ganz in der Nähe, an der Binnenkant, liegen eine ganze Reihe von **Wohnbooten.** Ursprünglich waren diese Boote eine Möglichkeit, die Wohnungsnot auf eine kreative Art und Weise zu bekämpfen. Grundsätzlich ist eine Erlaubnis für einen Liegeplatz notwendig, für den auch Liegegeld bezahlt werden muss. Auf einem Wohnboot zu leben, bedeutet einen Lebensstil, der auch ein gewisses Maß an Freiheit der Bewohnerinnen und Bewohner signalisieren soll. Die meisten Schiffe werden liebevoll gepflegt, um ihre Seetüchtigkeit zu erhalten. Es vermittelt das Gefühl, als würde man gleich morgen zur Weltumseglung aufbrechen. Aber mal ganz ehrlich, wer würde schon einen Liegeplatz in Amsterdam aufgeben?

## 21 Scheepvaarthuis ★★ [K5]

Der verantwortliche Architekt für das „Schifffahrtshaus" an der Ecke Binnenkant und Prins Hendrikkade war Johan Melchior van der Mey, der einer der wichtigsten Vertreter der Amsterdamse School (1910–1928) ist. Das Haus war als **Bürogebäude** geplant, in dem die **wichtigsten Schifffahrtsgesellschaften** ihren Sitz hatten. 1913 bis 1916 entstand der Bau, den die Gesellschaften ICJL, KNSM, KPM, KWIM, NRM und SMN in Auftrag gegeben hatten, wie auf der Außenmauer immer noch eingemeißelt zu lesen ist.

Für die Vertreter der **Architekturrichtung Amsterdamse School** stand im Vordergrund, wichtige gesellschaftliche Errungenschaften intuitiv wahrzunehmen und ihnen architektonisch Ausdruck zu verleihen. Plastische Formgebung wurde durch das Formenspiel herausragender und einspringender Fassaden erreicht. Weiche und kantige Formen sollten miteinander verwoben werden. Die Architekten bevorzugten als Material niederländische Backsteine. Das Scheepvaarthuis

056am Abb.: bs

*Amsterdamse School: das Scheepvaarthuis*

sollte den Ruhm der **niederländischen Schifffahrtstradition** widerspiegeln. Die Verzierungen beziehen sich daher auf die Geschichte der niederländischen Seefahrt auf den Weltmeeren. Die aus der Mauer hervorstehenden Blöcke auf der Seite der Binnenkant stellen Begründer der Seefahrt, Gelehrte, Kaufleute, Entdeckungsreisende und Gouverneure von Indonesien dar. Ihre Namen sind jeweils auf der Unterseite der Steine zu finden.

Einen **Gesamtüberblick** über das Gebäude erhält man, wenn man über die Brücke auf der Prins Hendrikkade geht. Im Gebäude ist inzwischen das Grand Hotel Amrâth Amsterdam untergekommen, weshalb das Innere teilweise zugänglich ist. Restaurant und Bar sind mit viel Respekt für die ursprünglichen Stilelemente eingerichtet.

› Prins Hendrikkade 108, U-Bahn 51–54 (Centraal Station), So. Führungen (auf Engl. inkl. Lunch), Tickets unter https://tickets.hetschip.nl/nl/rondleiding-zondagsarrangement-scheepvaarthuis/tickets

# Innenstadt

In diesem Gebiet der Stadt sind die meisten **Einkaufsmöglichkeiten** geboten. Einerseits findet man hier die Filialen und Geschäfte der niederländischen Ketten und international bekannter Marken (Damrak, Rokin und Kalverstraat), andererseits bieten die kleinen Sträßchen zwischen den Grachten viele kleine und besondere Geschäfte.

Zusätzlich befinden sich in diesem Bereich eine Menge der Orte und Sehenswürdigkeiten, die man typischerweise mit Amsterdam verbindet. Die **bekanntesten Grachten** (Heren-, Keizers- und Prinsengracht), der zentrale Platz der Stadt (**Dam** [G6]), die **wichtigsten Muse-**

*Krumm und schief – aber diese Häuser stehen schon seit Jahrhunderten auf dem Singel*

156am Abb.: bs

## Spaziergang 2: Weiter in die Geschichte eintauchen

□ Liste der Karteneinträge Seite 256

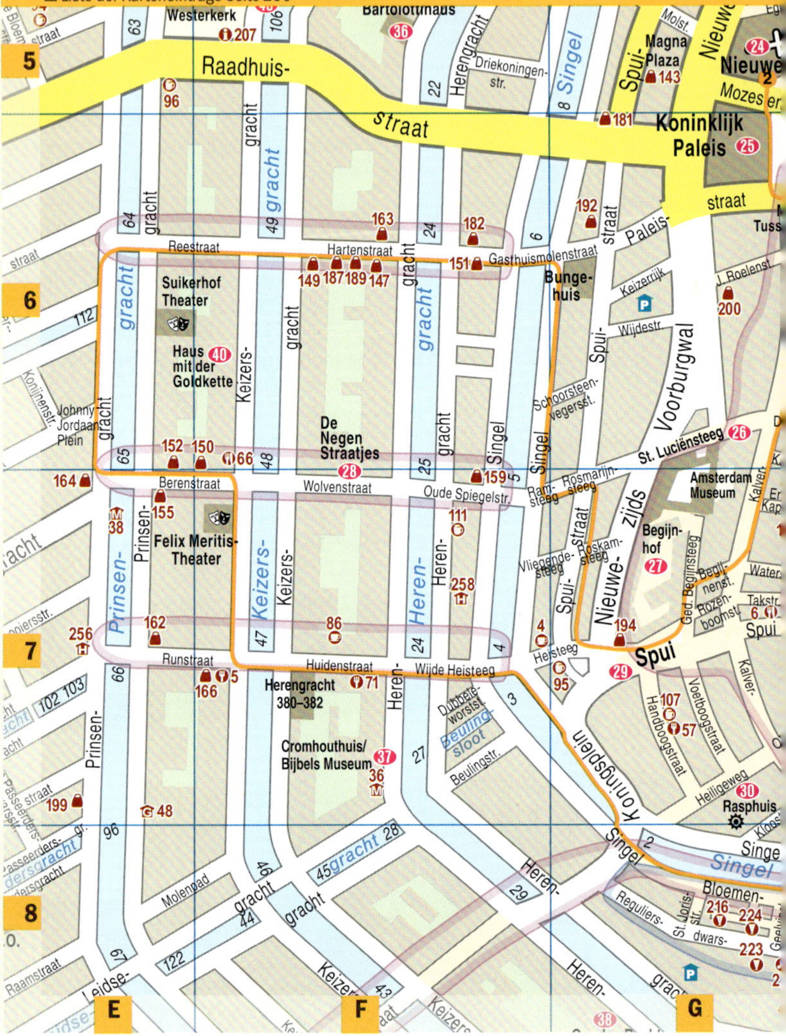

1 cm = 70 m
100 m
© Reise Know-How 2023
5
6
7
8
H
J
Kerk
Dam
Dam-
Nationaal Monument
Beurs
Papenbrugsteeg
161
St. Annenstr.
Oudekerksplein
Warmoes-
Leidekkerssstr.
St. Jansstr.
Servetsteeg
Pijlssteeg
Damstraat
Steenhouwerstr.
238
136
41
Hermitenstr.
Nadorststr.
Nes
P. Jacobszstr.
St. Pieterspoortst.
St. Pieterhalst.
59
Enge
Wijde Lombardsteeg
Rokin
Amsterdam Dungeon
Cellebroerssteeg
Kalfsvelst
91
St. Barberenstr.
Kuipersst.
Gebed Z. End
Rokin
246
202
26
Turfdraagsterpad
Oude Turfmarkt
14
Torture Museum
42
Munttoren
31
Muntplein
Amstel
196
Reguliersbreestr.
Tuschinskitheater
32
49
190
204
Reguliersdwarsstr.
Katten-
markt
Halvemaanssteeg
221
De Kleine Komedie
121
Bakkersstr.
Rembrandtplein
33
104
220
Paardenstr.
265
Amstelstraat
Wagenstr.
39
gracht
Blauwbrug
51
236
Nieuwe
237
Halvemaansbrug
221
220
Nieuwe Doelenstr.
62
Binnengasthuisstr.
Vendelstr.
Oudemanhuispoort
15
Haus an den drei Grachten
13
Grimburgwal
201
105
Oudezijds Voorburgwal
Oudezijds Achterburgwal
216
218
203
204
St. Agnietenstr.
Spinhuis
12
Korte Spinhuissteeg
Rusland
Slijkstr.
Oostindisch Huis
11
Oude Hoogstr.
Prinsenhofsteeg
Oude Doelenstr.
215
148
34
Stoofsteeg
205
206
Oudezijds Voorburgwal
Oudezijds Kolk
Kreupelsteeg
Oude Kennissteeg
211
Achterburgwal
214
Barndest.
Koesstr.
9
Bethanienstraat
10
Trippenhaus und Kleines Trippenhaus
83
171
Kloveniersburgwal
224
223
Kloveniers-
wal
Nieuwe Hoogstr.
Onkelboerensteeg
Zanddwarsstr.
Zuiderkerk
17
Zand-
str.
Zuiderkerkhof
Raamgracht
225
Saaihal
16
46
Staalstraat
Groenburgwal
Groenburg-
Verversstraat
69
74
Zwanenburgwal
229
227
222
's Gravelandseveer
Staalkade
Amstel
Monnikenstr.
Bloedstr.
Molenst.
Zeedijk
3
2
1
Waaggebouw
7
Nieuwmarkt
8
Nieuwmarkt
St. Antoniesbreestr.
Kloveniers-steeg
Gelderse-
495
298
297
249
Recht
Koningsstraat
Keizersstr.
Kleersloot
J.B. Stiebbeleshof
Dijkstraat
Krom
293
292
295
290
289
Korte Dijkstr.
Snoekjesgracht
Huis de Pinto
18
19
Leprapforte
287
103
Moddermolenstr.
Pentagon
230
Jodenbreestraat
55
Rembrandthuis
Houtkopersdwarsstr.
141
Waterlooplein
61
Muziektheater/Stadhuis
34
132
Amstel
Ehemaliges Jungenwaisenhaus
52
Waterlooplein
Huis

***Dauer:*** *75 Minuten (ohne Besuch der Sehenswürdigkeiten und Einkaufsstopps)*

*Ein gutes Gefühl für die Stadt vermittelt ein Spaziergang, der am Dam [G6] beginnt. Auf dem zentralen Platz dominieren die beeindruckenden Bauten der* ***Nieuwe Kerk*** *24 und des* ***Koninklijk Paleis*** *25 die Szene. Der erste Prunkbau wurde Gott gewidmet, der zweite, bei der Fertigstellung das größte öffentliche Gebäude des Landes, dem starken und selbstbewussten Bürgertum der Stadt.*

*Einen interessanten Kontrast zur Geschäftigkeit der Kalverstraat bildet der* ***Begijnhof*** *27, den man z. B. über die Beginenstraat erreicht. Er ist eine beschaulich grüne Oase mit von Vorgärten gezierten kleinen Häuschen sowie einer Kirche und einer Kapelle. Es ist ein wundervoller Ort, um ein bisschen zu verweilen und zu entspannen. Daran anschließend findet man in den* ***Negen Straatjes*** *28 (neun kleinen Verbindungsstraßen zwischen Heren-, Keizers- und Prinsengracht) Amsterdam im Kleinstformat: winzige Läden in alten Gebäuden mit einem vielfältigen Angebot von Schnickschnack bis Design-Juwelen an einem belebten Abschnitt der Grachten. Dazwischen gibt es eine ausreichende Auswahl an Restaurants, Bars und Cafés für erholsame Atempausen.*

*Über den Blumenmarkt schlendert man Richtung Muntplein und Rembrandtplein 33. Zwar findet man hier noch Schnittblumen, Blumenzwiebeln und Topfpflanzen, doch werden an den Ständen inzwischen hauptsächlich Souvenirs verkauft. Die sind eben haltbarer und leichter zu transportieren. Auf dem Rembrandtplein bieten sich zahlreiche Gelegenheiten für eine leichte Mahlzeit zwischendurch oder Kaffee und Kuchen in den umliegenden Cafés und Restaurants. Bei schönem Wetter lassen sich viele aber auch direkt auf dem Rasen nieder, um die Sonne zu genießen.*

*Über Amstelstraat und Blauwbrug gelangt man zur* ***Stopera*** *34 (Muziektheater/Stadhuis), wo im selben Gebäude Oper und Rathaus untergebracht sind.*

*Hinter dem Rathaus wird am* ***Waterlooplein*** *der wohl bekannteste* ***Flohmarkt*** *Amsterdams veranstaltet (s. S. 143), wo um Trödel, Kleidung, Schnickschnack und alles, was die fliegenden Händler sonst noch aufgetrieben haben, gefeilscht und gehandelt werden kann.*

157am Abb.: bs

*Auf dem Koninklijk Paleis 25 trägt Atlas das Himmelsgewölbe, während das Handelsschiff in Gold glänzt*

en, der **Blumenmarkt** sowie **Rembrandtplein** 33 und **Leidseplein.** Vom Hauptbahnhof aus strömen Besucher und Bewohner in die Innenstadt und es ist immer so viel los, dass man sich ab und zu fragt, ob denn hier eigentlich niemand arbeiten gehen muss. Man hört zwar die verschiedenen Sprachen der zahlreichen Touristen, aber es sind auch immer viele Einheimische in der Stadt unterwegs.

Da in der Innenstadt viele Leute Geschäfte und Sehenswürdigkeiten besuchen, gibt es natürlich auch ausreichend Gelegenheit, sich in **Imbissstuben, Cafés** oder **Restaurants** mit einem schnellen Imbiss zwischendurch zu versorgen oder eine ausgiebige Mahlzeit zu genießen.

## 22 Damrak und alter Binnenhafen ★ [H5]

Hier befand sich früher der **alte Binnenhafen,** als der Zugang zum Wasser noch nicht durch die für den Bahnhof angelegten Inseln versperrt wurde. Heute sind davon nur noch einige **Bootsstege der Rundfahrtschiffe** übrig geblieben. Von den Bootsstegen blickt man auf die ursprünglichen Lagerhallen, die vom Wasser aus beladen wurden.

An die alten Zeiten erinnern nur noch die Namen mancher Seitenstraßen, die darauf verweisen, was dort geladen und gelöscht wurde, zum Beispiel die Salzgasse *(Zoutsteeg),* wo die Salzschiffe aus Curaçao oder Venezuela anlegten. Damals waren die kleinen Straßen auch noch Wasserwege und noch nicht zugeschüttet.

Die Straße endet auf dem **Dam** [G6], einem zentralen Platz, an dem sich das **Nationaldenkmal**, die **Nieuwe Kerk** 24 und das **Koninklijk Paleis** 25 befinden.

## 23 Beurs van Berlage ★★ [H5]

Die von Berlage entworfene Börse *(Beurs)* konnte 1903 in Dienst genommen werden. Das Gebäude war zu Beginn als architektonisches Werk nicht besonders geschätzt, denn es zeichnet sich vor allem durch seine Schlichtheit und Harmonie aus, wobei Material und Konstruktion sichtbar bleiben. Die **Brunnen** vor dem Gebäude (Pferdetränken) und die **schmiedeeisernen Laternen** gehören mit zum Gesamtentwurf. Nachdem die Börse in den 1970er-Jahren beinahe abgerissen worden wäre, u. a. weil die Fundamente abgesackt waren, dient sie nach einer gründlichen Renovierung heute als **Konzert- und Kulturzentrum.**

Wo früher mit Kakaobohnen gehandelt wurde, gibt es heute ein hippes Schokoladengeschäft. Im Bistro Berlage sind besonders die aus Fliesen hergestellten Wandmosaike (Vergangenheit, Gegenwart und Zukunft) von Jan Toorop beeindruckend.

› Damrak 243, www.beursvanberlage.nl, Tel. 5304141, Straßenbahn 4, 14, 24 (Dam)
› **Bistro:** Tel. 5304146, www.bistroberlage.com, Di./Mi. 10–18, Do.–So. 10–22 Uhr
› **Tony's Chocolonely Super Store,** Oudebrugsteeg 15, www.tonyschocolonely.com, tägl. 10–19 Uhr

## 24 Nieuwe Kerk ★★ [G5]

1408 erteilte der Bischof die Erlaubnis zum Bau einer weiteren Kirche, da die **Oude Kerk** 6 mit der rasant wachsenden Gemeinde vollkommen überlastet war. Ein Jahr später wurde die der **heiligen Katharina** geweihte Kirche in Gebrauch genommen. Im Volksmund erhielten die beiden Kirchen zur Unterscheidung danach die Namen *Nieuwe Kerk* (Neue Kirche) und *Oude Kerk* (Alte Kirche). Das spätgotische Bauwerk wurde **dreimal von verheerenden Bränden heimgesucht,** die im Inneren große Schäden anrichteten. Die reiche katholische Innenausstattung fiel zudem auch dem Bildersturm zum Opfer. Nach dem letzten Brand 1645 wurde mit umfangreichen Restaurierungsarbeiten begonnen und die Kirche erhielt ihre heutige Form und Ausstattung. Das Gotteshaus diente schon immer als Kirche, Begräbnisstätte, kultureller Treffpunkt und Repräsentationsraum. Auch heute noch wird sie als **Kirche** sowie als **Ausstellungs- und Kulturzentrum** genutzt. Hier finden große und publikumswirksame Wechselausstellungen zu den unterschiedlichsten Themen statt. So war es möglich, das Gebäude nach umfangreichen Renovierungsarbeiten zwischen 1959 und 1980 für die Öffentlichkeit zu erhalten. Seit 1814 wurden alle **Könige und Königinnen** hier **in ihr Amt eingesetzt.** Besondere Höhepunkte der Kirche sind die prunkvolle, **holzgeschnitzte Kan-**

## Berlage – der radikale Erneuerer der Architektur

*Der Architekt Hendrik P. Berlage gehört untrennbar zu Amsterdam. Ihm hat die Stadt* ***eine neue Blütezeit*** *zu verdanken, nachdem der Architektur Amsterdams jahrelang keine Beachtung geschenkt worden war. Berlage hat einen neuen Impuls gegeben und nachkommende Architektengenerationen wesentlich geprägt. Seine Börse* 23 *sorgte auch für internationales Interesse. Obwohl er heute nicht mehr aus der Stadtentwicklung wegzudenken ist, war das Verhältnis zwischen dem Stadtrat und Berlage häufig recht gespannt.*

*Berlages* ***Architektenlaufbahn*** *begann 1881 bei einem Ingenieur, der sich auf Stadtplanung spezialisiert hatte. In den 1890er-Jahren waren seine stadtplanerischen Kenntnisse für ihn von großem Nutzen. Ab 1885 erschütterte eine Krise das Baugewerbe und 1889 machte Berlage sich selbstständig, nachdem das Büro seines Arbeitgebers aufgelöst worden war.*

*In den darauffolgenden Jahren versuchte er, sich als Architekt einen Namen zu machen. Zunächst konnte er sich allerdings nur halten, weil er über Beziehungen der Familie seiner Frau* ***Aufträge*** *erhielt. Er nahm an mehreren Ausschreibungen der Stadt teil und schickte Entwürfe ein. Bis Mitte der 1890er-Jahre entwarf er mehrere Probelokale für den Spirituosenhersteller Bols und einige Gebäude für eine Versicherungsgesellschaft, die als Geldanlage dienen sollten. In dieser Zeit erhielt er auch den Auftrag für die Börse* 23*, da er nach Meinung der sozialdemokratischen Stadtpolitiker deren Vorstellungen mit seinen radikalen Ideen am besten umsetzen konnte. Zwischen 1897 und 1899 entwickelte er auf Wunsch Henri Polaks auch den Hauptsitz des Niederländischen Diamantschleiferbundes.*

*Berlage grenzte sich mit seinen* ***Ansichten zur niederländischen Architektur*** *deutlich gegen die herrschende Meinung ab. Er fürchtete nämlich um deren Status, da seiner Meinung nach die Fantasie durch die zunehmende Bürokratisierung, die sich unter anderem in der Erlassung einer Unmenge neuer Bauverordnungen*

**zel** von Albert Vinckenbrinck, die **Hauptorgel** (1655) mit einem Umbau von Jacob van Campen und **steinernen Ornamenten** von Artus Quellinus, das **Prachtgrab von Admiral Michiel de Ruyter** (1681), die **Herrenbänke** (verziertes Chorgestühl, das den Bürgern von Rang und Namen vorenthalten war) und das gelbkupferne Gitterwerk, das den Chorraum abtrennt.

› Dam, Tel. 6268168, www.nieuwekerk.nl, unregelmäßige Öffnungszeiten. Der Eintrittspreis für die Ausstellungen variiert. Straßenbahn 2, 4, 11, 12, 13, 14, 17, 24 (Dam).

## 25 Koninklijk Paleis ★★ [G6]

Der **Königspalast** auf dem Dam, der manchmal auch *Paleis op de Dam* heißt, wurde in den Jahren 1648 bis 1655 durch Jacob van Campen zunächst als Rathaus gebaut. Dazu mussten **13.659 Pfähle** in den Boden geschlagen werden, um ausreichende Stabilität zu erreichen. Die verwendeten Steine waren ursprünglich **strahlend weiß** und das Gebäude muss außergewöhnlich eindrucksvoll gewesen sein. Mit diesem Palast sollte deut-

*äußerte, sowie durch Zeitdruck und Geldmangel bedroht wurde. Desweiteren plädierte er für einfache, klare Linien, deren Pracht sich durch Zurückhaltung von der Betriebsamkeit und Hektik auf den Straßen abheben sollte. Er war gegen die sogenannten Neo-Stile und fand, dass „ehrliche" Materialnutzung und funktionale Dekoration wieder eine Verbindung zwischen Architektur und den angewandten Künsten herstellen sollten. Für das Bauvorhaben der Börse 23 engagierte er deshalb auch bekannte Künstler für die Ausgestaltung und entwarf selbst die Inneneinrichtung. Das Gebäude – das er im Übrigen so gestaltete, dass die Räume auch noch nutzbar waren, sollte der internationale Börsenhandel durch den Sozialismus abgeschafft werden – wurde ihm allerdings nicht in Dank abgenommen. Letztendlich durfte er, obwohl er inzwischen Stadtarchitekt geworden war, nur noch seine bereits begonnenen Projekte abschließen, jedoch keine neuen Bauvorhaben mehr in Angriff nehmen.*

*Berlage hatte zu allen Zeiten nicht nur Entwürfe für Aufträge oder Wettbewerbe gezeichnet, sondern auch eine ganze Reihe von **Plänen für verschiedenste Gebiete der Stadt** entwickelt, die nach seiner Vorstellung verändert werden sollten. Den konservativen Stadtpolitikern ging dies jedoch häufig zu weit. Berlage vertrat nämlich unter anderem die Meinung, dass es durchaus sinnvoll wäre, statt immer wieder neue Gebäude in leere Räume zwischen andere zu flicken, ganze Häuserfronten abzureißen und neu zu errichten, um ein einheitliches Bild zu schaffen. Dies fanden viele nicht nur in Hinsicht auf den finanziellen Aufwand übertrieben. Da sich seit 1905 auch die wirtschaftliche Situation verschlechterte, ging Berlage 1913 schließlich nach Den Haag. Unter dem Stadtratsmitglied Wibaut, der für den sozialen Wohnungsbau zuständig war, wurde in Amsterdam ab 1914 doch noch der von Berlage entworfene **Plan Zuid** mit seinen Erweiterungen **realisiert.***

254am Abb.: bs

lich gemacht werden, welch wichtige Stellung die Stadt erreicht hatte, denn nach dem Ende des Achtzigjährigen Kriegs sah man mit viel Zuversicht in die Zukunft.

Auf der **Fassade** erkennt man eine Reihe von Seeungeheuern und allegorischen Figuren, die die Friedensgöttin verehren. Besonders beeindruckend war in der damaligen Zeit der **Bürgersaal.** Ludwig Napoleon, der Bruder des französischen Kaisers, machte das Gebäude im Jahre 1808 zu seiner Residenz und hinterließ eine einzigartige **Sammlung von Möbeln im Empirestil.**

Inzwischen gehört das Koninklijk Paleis offiziell dem Staat, steht der königlichen Familie jedoch zur Verfügung und dient von Zeit zu Zeit repräsentativen Zwecken, etwa bei Staatsbesuchen, offiziellen Empfängen des Königs oder Preisverleihungen.

› Dam, www.paleisamsterdam.nl, Tel. 5226161, Besichtigungstage siehe Website, Eintritt 12,50 €, Kinder unter 18 J. frei, Straßenbahn 2, 4, 11, 12, 13, 14, 17, 24 (Dam)

*Das Koninklijk Paleis wurde auf unzähligen Holzstämmen aus dem Schwarzwald errichtet*

## 26 Sint Luciënsteeg ★★ [G6]

Im St. Luciënsteeg hängt eine Sammlung von **Fassadensteinen** aus der ganzen Stadt. Fassadensteine sind eine Art **Visitenkarte eines Gebäudes.** Früher hatten die Häuser der Stadt nämlich keine Hausnummern, sondern waren nach dem Besitzer bzw. dessen Beruf, ihrer Bestimmung oder einem besonderen Merkmal benannt. Beispiele sind: der Kornträger, das Milchmädchen, die Standhaftigkeit, der Storch.

**Hausnummern** wurden erstmals nach 1795 verwendet. Der Dozent Van Swinden erhielt damals die Aufgabe, eine Volkszählung vorzunehmen. Zu diesem

## Amsterdam Museum

*Für die Zeit der umfassenden **Renovierungsarbeiten** im ehemaligen Waisenhaus der Stadt (Kalverstraat 92, [G7]) ist das dort ansässige Amsterdam Museum als **Amsterdam Museum aan de Amstel** in einem Flügel des **Hermitage Museums** untergebracht.*

*Auch im **Huis Willet-Holthuysen** und im öffentlichen Raum (z. B. Dam) werden zeitweilig Wechselausstellungen aus der reichhaltigen Sammlung sowie neue Projekte gezeigt.*

*Die ursprünglichen Gebäude des Museums werden in den kommenden Jahren gründlich renoviert. Es soll eine besser verständliche Wegführung durch das Museum entstehen und neue Räume werden hinzugefügt, sodass Ausstellungen, aber auch Lesungen und Workshops in angenehmer Atmosphäre präsentiert und durchgeführt werden können. Außerdem soll der Umbau die Bauten offener, energieeffizienter und nachhaltiger machen.*

*Die **Hauptausstellung „Panorama Amsterdam“** im Hermitage Museum beleuchtet die Fragen: Was macht Amsterdam aus? Was hat sich bisher in der Stadt verändert und welche weiteren Prozesse stehen an? Dabei werden Geschichten von Bürgern aus der Vergangenheit und Gegenwart einander gegenübergestellt, um so einen Einblick in die Entwicklung Amsterdams zu geben. Zudem setzen sich Künstler der heutigen Zeit in ihren Werken kritisch mit verschiedenen Aspekten der Stadtgeschichte auseinander.*

*Neben der Hauptausstellung erhalten verschiedene wechselnde Themenschwerpunkte (z. B. die Kolonialgeschichte oder die heutige Wahrnehmung der Stadt durch ihre Bewohner) Raum. Live-Interviews, Postcasts und Lesungen sollen Bürger und Besucher der Stadt dazu anregen, ihre Meinung zu Amsterdam vorzutragen.*

*Das neue Amsterdam Museum soll im Jahr 2025 zum 750-jährigen Stadtjubiläum eröffnet werden.*

› ***Amsterdam Museum aan de Amstel,** im Hermitage Museum (s. S. 119), Amstel 51, www.amsterdammuseum.nl, Tel. 5231720, tägl. 10–17 Uhr, ab 18 J. 18 € (inkl. Audiotour), 32,50 € (inkl. Eintritt Hermitage), Straßenbahn 14, U-Bahn 51, 53, 54 (Waterlooplein)*

› ***Wechselausstellungen** im Huis Willet-Holthuysen (s. S. 120)*

Zweck wurden in allen Straßen Schilder mit dem Straßennamen angebracht und die Häuser wurden fortlaufend nummeriert. An der einen Straßenseite begon-

309am Abb.: bs

□ *Bevor es Hausnummern gab, trugen Häuser Namen, die auf Fassadensteinen kundgetan wurden, hier: „Der Ring in die Tiefe“*

nen, wurde auf dem Rückweg an der anderen Straßenseite weitergezählt, sodass sich die niedrigste und die höchste Nummer gegenüberlagen.

1852 entschied man sich jedoch für ein **anderes System**, bei dem jedem Wohnviertel eine Buchstabenkombination zugeteilt wurde, der die Nummer des Hauses folgte, wodurch in einer Straße die gleiche Hausnummer, allerdings dann mit unterschiedlicher Wohnviertelkennzeichnung, vorkommen konnte.

› St. Luciënsteeg, Straßenbahn 2, 11, 12 (Spui), www.gevelstenenvanamsterdam.nl

## 27 Begijnhof ★★★ [G7]

*Der liebevoll gepflegte, geschlossene Innenhof ist eine Zeitkapsel des Mittelalters, die Besuchern und Einheimischen mitten in der umtriebigen, modernen Innenstadt einen Ruhepol bietet.*

Den Begijnhof erreicht man über den Durchgang beim **Spui** 29 (durch das rote Haus gegenüber vom Maagdenhuis). Diese **Oase der Ruhe** lädt mit ihren kleinen Gärten, der Wiese und den Bäumen zum Verweilen ein. Obwohl man sich mitten in der hektischen Innenstadt befindet, herrscht hier eine beschauliche Atmosphäre.

Gebaut wurde der Hof im 14. Jahrhundert als Wohnmöglichkeit für Frauen, die ihr Leben dem Glauben widmen, aber nicht ins Kloster eintreten wollten. Sie konnten sich hier ein Haus kaufen. Auch die mittelalterliche Kirche, die die Beginen den englischen Protestanten über-

*Historischer Ruhepunkt im Herzen der Stadt: der Begijnhof*

255am Abb.: bs

EXTRATIPP

**Für Naschkatzen**

Wer der Frage auf den Grund geht, warum hier Leute Schlange stehen, entdeckt Van Stapele Koekmakerij. Nur eine Sorte Cookies, alle 15 Min. frisch aus dem Ofen.

4 [F7] **Van Stapele Koekmakerij,** Heisteeg 4, www.vanstapele.com, Tel. 7779327, tägl. 10 Uhr bis ausverkauft ist

lassen mussten, und die katholische Kapelle aus dem 17. Jh. können besichtigt werden. In diesem Innenhof steht außerdem ein **Holzhaus** aus dem Jahr 1475. Es gehört somit zu den ältesten Gebäuden Amsterdams und ist eines der wenigen erhaltenen Holzhäuser (ein weiteres steht am Zeedijk und auch die **Oude Kerk** 6 besitzt ein Holzgerüst). Das Bauen mit Holz war nämlich 1521 nach einigen verheerenden Bränden für die Innenstadt verboten worden.

› Eingang Spui, https://begijnhofkapelamsterdam.nl, www.erc.amsterdam (englische Kirche), tägl. 9–17 Uhr, Eintritt frei. Die Öffnungszeiten können sich ändern, da der Begijnhof in Privatbesitz ist. Straßenbahn 2, 12 (Spui).

## 28 De Negen Straatjes ★★★ [F6/F7]

Die neun kleinen Straßen, die **Heren-, Keizers-** und **Prinsengracht** miteinander verbinden, heißen Gasthuismolensteeg, Hartenstraat, Reestraat, Oude Spiegelstraat, Wolvenstraat, Berenstraat, Wijde Heisteeg, Huidenstraat und Runstraat. Diese neun Straßen vereinigen auf engstem Raum die schönen Seiten Amsterdams. Da die Ladenflächen viel zu klein für die großen Ketten sind, finden sich hier viele kleine und besondere Geschäfte für Kleidung, Schmuck, Lifestyleprodukte, Kosmetika und vieles mehr.

KLEINE PAUSE

**Schlemmerparadies**

300–400 Sorten (Bio-)Käse und Leckereien wie Tapenades, Oliven, Schinken, Salate, Nüsse, frisch belegte Baguettes und Wein aus den Niederlanden und Europa locken die Kunden zu De Kaaskamer. Die Mitarbeiter helfen gut gelaunt und freundlich bei der Auswahl.

5 [F7] **De Kaaskamer van Amsterdam,** Runstraat 7, Tel. 6233483, www.kaaskamer.nl, Mo. 12–18, Di.–Fr. 9–18, Sa. 9–17, So. 12–17 Uhr

307am Abb.: bs

## Von Provos, Krakers und Kabouters

*Wie auch in anderen Städten im Europa der 1960er-Jahre konnte man in Amsterdam nicht von einer einheitlichen* ***Demokratiebewegung*** *sprechen. Es handelte sich vielmehr um* ***mehrere Gruppierungen,*** *die zeitweise ihre Aktionen bündelten, um gemeinsame Ziele zu erreichen. So protestierten beispielsweise Studenten und Provos anlässlich der Hochzeit von Prinzessin Beatrix und Prinz Claus lautstark mit dem Slogan „Ohne Haus kein Claus" gegen den Mangel an bezahlbaren Mietwohnungen in der Stadt.*

*Die sogenannten* ***Provos*** *(deren Name sich von „provozieren" ableitet) waren eigentlich nur ein recht kleiner Club mit relativ wenigen Mitgliedern im harten Kern. Da sie aber mit ihrer Kritik einen Nerv der Zeit berührten und sie sehr wohl etwas davon verstanden, sich im richtigen Moment in Szene zu setzen, sollten sie das Gesicht der Zeit wesentlich mitprägen. Die Gruppe hat es immer wieder verstanden, die Polizei zu übertrieben strenger und scharfer Vorgehensweise zu bringen, wodurch sie Medienaufmerksamkeit und Sympathie von Seiten der Bevölkerung gewinnen konnte.*

*Die Provos fühlten sich als* ***moralische Instanz der Nation,*** *wobei sie einerseits dagegen stritten, dass die Veränderungen und der Wohlstand, die nach dem Krieg erreicht wurden, nicht begleitet waren von einer konsumkritischen Haltung, die diesen neuen Entwicklungen entsprach, und andererseits gegen eine Einstellung, die dem Fortschritt im Wege stand. Sie entwickelten eine Reihe von sogenannten „Weißen Plänen", von denen vor allem der* ***witte fietsen plan (der weiße Fahrradplan)*** *bekannt wurde. Um die Innenstadt für Autos zu schließen, sollten überall weiße Fahrräder zur Verfügung gestellt werden. Jeder Bürger sollte die Räder zu einer Fahrt nutzen und dann am Ende der Fahrt wieder abstellen können. Ein abgestelltes Fahrrad hätte so danach wieder von einer anderen Person benutzt werden können. Die ersten 50 Fahrräder, die die Provos für diesen Plan zur Verfügung stellen wollten, wurden sofort aus dem Grund beschlagnahmt, dass dies Leute dazu ermutigen würde zu stehlen. Heute stehen viele der Ideen, die damals noch eine echte Provokation darstellten, wie etwa autofreie Innenstädte, Kampf gegen die Umweltverschmutzung, kostenlose Kinderbetreuung und medizinische Versorgung und Probleme durch Häuserspekulanten wieder ganz oben auf der politischen Agenda.*

*Auch gründeten Mitglieder der Provos das „Buro de Kraker", das sich zu einer flächendeckenden Hausbesetzerszene auswachsen sollte.* ***Hausbesetzerbüros*** *informierten darüber, ob es sinnvoll sei, ein bestimmtes Haus zu besetzen. Besetzungen wurden durch die Stadtverwaltungen in der Regel geduldet, wenn Gebäude mind. ein Jahr ohne konkrete Pläne für eine erneute Ingebrauchnahme leer standen. Ende 2009 wurde aber ein Gesetz verabschiedet, das Hausbesetzungen unter Strafe stellt. Regelmäßig führten* ***Räumungen*** *in Amsterdam zu größeren* ***Krawallen,*** *bei denen die Polizei mit großem Aufgebot anrückte, um die Besetzer zu entfernen, die sich in den Häusern verschanzt hatten. 1980 erreichte die Bewegung dann ihren traurigen Höhepunkt, als der* ***Haus-***

*besetzer **Hans Kok** in einer Zelle **verstarb**, weil er ein Röhrchen Tabletten geschluckt hatte. Wahrscheinlich hätte er eine Überlebenschance gehabt, wenn sich die Polizei oder ein Arzt in dieser Nacht um ihn gekümmert hätten. Hans Kok wurde somit zum Märtyrer der Hausbesetzerbewegung, da er das Opfer von staatlicher Gewalt und Willkür geworden war. Dieses Ereignis führte zu einem erneuten Auflodern der Gewalt.*

*Die Bewegung, die für Wohnraum für alle gekämpft hatte, hatte sich zu diesem Zeitpunkt wegen teilweise gewalttätiger Aktionen etwas ins **gesellschaftliche Abseits** manövriert und wurde nicht mehr von ganz so breiter Sympathie getragen.*

*Noch heute sind Häuserspekulationen ein heißes Eisen in der Stadt, allerdings gibt es inzwischen mehrere Arten, damit umzugehen. Die Hausbesetzerszene ist noch immer springlebendig und aktiv. Immobilieneigentümer schützen sich mit „Anti-Hausbesetzungsbewohnern", indem sie die Objekte für relativ geringe Preise vermieten. Diese Bewohner haben allerdings nicht die normalen Rechte von Mietern und können nur so lange bleiben, bis deutlich ist, was mit einer Immobilie geschehen soll.*

*Aus den basisdemokratischen Bewegungen heraus entstand auch eine politische Partei. 1970 machte Roel van Duijn seinen Plan einer alternativen Stadt in Amsterdam bekannt. Seine neu gegründete **Partei Amsterdam Kabouterstad** (Amsterdam Zwergenstadt) erlangte im Stadtrat sofort fünf Sitze, existiert heute allerdings nicht mehr.*

286am Abb.: bs

Von billigem Krimskrams bis zu echten Sammlerstücken wird dem Besucher eine große Auswahl geboten. Außerdem gibt es Restaurants, Bars und Cafés, wodurch dieses Stück der Grachten beliebt und voller Leben ist.

› www.de9straatjes.nl

## 29 Spui ★ [G7]

Auch das Spui ist ein Beispiel für all jene Plätze, die ursprünglich sehr großzügig angelegt waren, deren Größe allerdings dem Fortschrittsdenken des 19. Jahrhunderts zum Opfer fiel. Im 15. Jahrhundert markierte das Spui ein Stück der Stadtgrenze, allerdings wurde Amsterdam schon gegen Ende desselben Jahrhunderts an dieser Stelle erweitert. Erst nach und nach wurden Teile des Platzes bebaut.

*De Negen Straatjes sind immer für eine Einkaufsüberraschung gut*

Lange war jedoch das **Maagdenhuis** (Nr. 21), das von 1783 bis 1787 gebaut wurde, das überragende Gebäude auf dem Platz. Bis ins Jahr 1953 befand sich hier das Waisenhaus für Mädchen, das schon 1570 eingerichtet worden war. Das Maagdenhuis kam an die Stelle des früheren Waisenhauses. Bekannt wurde das Gebäude allerdings 1969. Seit 1961 ist es nämlich im Besitz der Universiteit van Amsterdam, die dort einen Teil ihrer Verwaltung untergebracht hat. Im Mai 1969 besetzten Studenten das Haus, um von hier ihrer Forderung nach mehr Demokratie Nachdruck zu verleihen.

310am Abb.: bs

Eine ebenso aktive Geschichte hat das **Standbild Het Lieverdje** vor der Buchhandlung Athenaeum. Das Geschenk der Zigarettenfabrik Hunter wurde 1961 enthüllt. Im Frühjahr 1964 versuchte der grafische Künstler Aat Veldhoen, erotische Drucke von einem Lieferrad aus, das er vom prominenten „Antiraucher" Grootveld geliehen hatte, zu verkaufen. (Grootveld hatte ungefähr 1962 damit angefangen, magische Zusammenkünfte gegen das Rauchen durchzuführen und für ihn war das Geschenk einer Zigarettenfabrik ein Symbol für die Verkommerzialisierung der Gesellschaft.) Die Polizei beschlagnahmte einige der Drucke Veldhoens als sittenwidrig. Von diesem Augenblick an wurde Het Lieverdje das **Zentrum des Widerstands gegen die Obrigkeit.** Diese ließ sich ihrerseits durch die witzigen Aktionen der unterschiedlichen Bewegungen, die zu Beginn samstagnachts stattfanden, zu hartem Durchgreifen provozieren, sodass aus recht harmlosen Einzelaktionen ein richtiger Aufruhr entstand. Es kam zu Verhaftungen und Gefängnisstrafen. Die Niederlande befanden sich mitten in der Studentenrevolte.

◁ *Bar und Restaurant in historischem Gebäude mit Treppengiebel aus dem frühen 17. Jahrhundert in der Spuistraat*

KLEINE PAUSE

**Nachhaltig und stilvoll**

Das Gartine ist bis hin zum Besteck stilvoll mit Antiquitäten ausgestattet. Hier wird für Frühstück, Lunch und High Tea soweit möglich mit nachhaltig angebauten und biologischen Produkten gearbeitet - sogar aus dem eigenen Kräutergarten.

6 [G7] **Gartine,** Taksteeg 7, Tel. 3204132, www.gartine.nl, Mi.-Fr. 9.30-17 Uhr, Sa./So. 9.30-16 Uhr

## 30 Rasphuis ★ [G7]

*Eines der Eingangstore zum Einkaufszentrum Kalverpassage ist ein Überbleibsel einer ehemaligen Zuchtanstalt.*

Das Rasphuis war die **Zuchtanstalt für „männliche Verbrecher und asoziale Elemente“**. Ende des 16. Jh. kam die Überzeugung auf, dass es besser sei, junge Straffällige zu einem anständigen Leben zu erziehen, statt diese zum Tode zu verurteilen, also wurde ein Zuchthaus eröffnet, um die jungen Männer mit Strenge und Religionsunterricht zu einem arbeitsamen Leben zu führen. Da sich die Institution aber durch die Arbeit der Gefangenen selbst unterhalten musste, wurden die großen Ziele bald aufgegeben und das Zuchthaus letztendlich zu einer Anstalt, in der die Gefangenen **Zwangsarbeit** zu verrichten hatten.

Der Name „Rasphuis“ entstand, weil die Männer Tropenholz raspelten, das für die Färbeindustrie gebraucht wurde. Wie aus dem **Portal** hervorgeht, wurden die Einsitzenden mit wilden Tieren verglichen, die man züchtigen und zähmen musste. Es zeigt einen Wagen, der durch von der Peitsche gezähmte Löwen gezogen wird, darüber sitzt auf einem Sockel eine Frau mit dem Stadtwappen von Amsterdam („Züchtigung“), neben ihr zwei Gefangene in Lendentüchern.

› Heiligeweg 19, Straßenbahn 2, 11, 12 (Spui)

## 31 Munttoren ★ [G8]

Bis zum 16. Jahrhundert war **Rokin** ausschließlich eine **Wasserstraße.** An der Westseite standen die Häuser mit ihrer Rückseite direkt am Wasser, während die Ostseite noch nicht bebaut war, denn das Gelände gehörte verschiedenen Klöstern. Ein Großteil der früheren Gracht ist **inzwischen zugeschüttet** und eine breite Straße ist entstanden.

Schon früh stand das Rokin für das **finanzielle Zentrum** der Stadt. Lange Jahre waren hier zahlreiche Geld- und Finanzinstitute ansässig. Nach den Bauarbeiten für die U-Bahn-Station hat sich die Straße jedoch wieder in eine angenehme Flaniermeile mit Cafés und Restaurants verwandelt. Sie mündet auf den Muntplein, bei dem es sich eigentlich nicht um einen Platz, sondern um eine breite **Brücke über die Amstel** handelt, an der Rokin, Kalverstraat, Singel, Vijzelstraat, Reguliersbreestraat und Amstel aufeinandertreffen.

Der **Münzturm** (Munttoren) aus dem Jahr 1620 war ursprünglich einmal Teil der Stadtbefestigung. Den Namen Münzturm erhielt er, da seit 1672 in einem Gebäude neben diesem Turm Gold- und Silbermünzen geprägt wurden. Zunächst sollte der Munttoren durch seine Höhe den Platz dominieren, der damals noch an einer viel schmaleren Brücke lag. Da die Brücke allerdings 1915 und 1939 wesentlich verbreitert wurde und am Singel 16 m und an der Vijzelstraat 21 m hoch gebaut werden durfte, kann der Turm inzwischen nicht mehr die Silhouette bestimmen. Im Turm befindet sich ein **Glockenspiel** der Gebrüder Hemony, das jede Viertelstunde automatisch aktiviert wird. Samstags (14 Uhr) wird das Glockenspiel auch live gespielt.

Berlage hätte den gesamten Platz gerne neu gestaltet, erhielt dazu jedoch keine Möglichkeit. Der Platz gehört heute zu den Verkehrsknotenpunkten der Stadt.

*Holztulpen aus Amsterdam blühen garantiert ganzjährig und halten lange*

287am Abb.: bs

EXTRATIPP

### Blumenzwiebelkauf

Blumenzwiebeln haben eigentlich nur eine kurze Verkaufssaison. Frühjahrsblüher (Tulpen, Krokusse etc.) werden im Herbst etwa von Ende August bis Mitte November verkauft. Sommerblumen können im frühen Vorjahr erworben werden. Am besten kauft man lose Zwiebeln, die knackig, kräftig und gesund aussehen. Bei unterschiedlichen Tulpensorten sehen auch die Zwiebeln immer etwas anders aus (Größe, Farbe der Haut, Form). Diese liegen meist in offenen Holzkisten. Bei Zwiebeln in Tüten kommt es vor, dass ausgetrocknete oder schimmlige Exemplare darunter sind, die später nicht aufgehen. Es passiert immer wieder, dass Käufer mit den vorverpackten Zwiebeln schlechte Erfahrungen machen, da am Schluss aus verschiedenen Packungen die gleichen Tulpen herauskommen.

## 32 Tuschinskitheater ★★ [H8]

Dieses Kino gehört sicherlich zu den außergewöhnlichsten in Amsterdam. Der Auftraggeber, Abraham Tuschinski, wollte seine Gäste in eine andere Welt entführen und dafür war ihm nur das Beste gut genug. Bei der Eröffnung 1921 erregte die **extravagante Inneneinrichtung** dann auch einiges Aufsehen. Wollteppiche, elektrische Lampen, unterschiedliche Marmorsorten, bleigefasste Fenster, Kunstgegenstände und die Kombination unterschiedlicher Stile wie Jugendstil, Art déco und Amsterdamse School fielen ins Auge.

› Reguliersbreestraat 26–34. Neben dem aktuellen Programm gibt es auch **Spezialangebote:** Filmklassiker, spezielle Logen- oder

Balkon-Arrangements, Führungen. Tickets an der Kasse oder online: www.tuschinski.nl. Straßenbahn 4, 14, 24 (Rokin), 4, 14 (Rembrandtplein).

288am Abb.: bs

## 33 Rembrandtplein ★★★ [H8]

In seinen Anfängen diente der Rembrandtplein als **Wagenpark**, der Platz lag nämlich direkt außerhalb der Stadtmauer. Da man mit den Pferdewagen nicht in die Stadt hineinfahren durfte, mussten die Wagen hier geparkt werden.

Nach der Stadterweiterung 1662 lag der Platz dann allerdings innerhalb der Stadtmauern. Fortan nutzte man ihn als **Marktplatz**, wodurch auch der alte Name „Buttermarkt" entstand. Man muss sich vorstellen, dass zu dieser Zeit der Platz einen monumentalen Eindruck machte, weil nicht alles drumherum zugebaut war. Es gab recht unterschiedliche Pläne, was mit der freien Fläche geschehen sollte – zum Beispiel sollte eine enorme Kirche gebaut werden.

1876 wurde das **Standbild von Rembrandt** in die Mitte des Platzes gestellt, wodurch er seinen endgültigen Namen erhielt. Um das Standbild hat man eine kleine Grünfläche angelegt, auch Bänke und Sitzplätze, auf denen sich Touristen wie Einheimische ausruhen, sind hinzugekommen. Nach und nach entstanden die großen Hotels und Cafés, die nun den Platz umsäumen. In den 1920er-Jahren war vor allem das Café Schiller Treffpunkt für Künstler. Der Platz ist bis heute einer der wichtigsten Treffpunkte, wenn man ausgehen und sich amüsieren möchte.

Der **Thorbeckeplein** schließt direkt an den Rembrandtplein an und bildet die Verbindung zwischen Rembrandtplein und Reguliersgracht. Leider sind heute viele der sehenswerten Fassaden hinter den Reklameschildern und Neonbeleuchtungen der Nachtclubs und Bars versteckt, die sich hier angesiedelt haben. Die Brücke über die Herengracht heißt übrigens die **„Brücke der 15 Brücken"**, denn überquert man die Brücke über die Herengracht, dann sieht man nach vorne, nach rechts und nach links die Brücken über die Reguliersgracht und Herengracht. Und man muss die Brücke, auf der man steht, natürlich auch mit dazurechnen.

*Der wohl bekannteste Sohn der Stadt auf hohem Sockel: Über welches neue Gemälde Rembrandt van Rijn wohl angesichts des Treibens auf dem nach ihm benannten Platz gerade sinniert?*

### 34 Muziektheater/ Stadhuis ★★ [J7]

Die Kurzform für das zweifach genutzte Gebäude lautet **Stopera** (von *stadhuis en opera* bzw. für die Gegner des Baus *stop de opera,* also „Stoppt die Oper"). Entworfen wurde dieses multifunktionale Bauwerk von Wilhelm Holzbauer und Cees van Dam. Seit es im Jahre 1987 in Gebrauch genommen wurde, gehört es sicherlich zu den umstrittensten Bauten der Stadt.

Seit Louis Napoleon das bisherige Rathaus auf dem Dam im Jahre 1808 für sich gefordert hatte, war der Stadtrat immer nur vorübergehend an verschiedenen Orten untergebracht. Mehrmals wurden Pläne geschmiedet und Architektenwettbewerbe für ein **neues Rathaus** ausgeschrieben. Der Stadtrat konnte oder wollte jedoch nie eine Entscheidung treffen, entweder hatte man kein Geld oder es wurde ein anderer Ort angewiesen, an dem das Rathaus entstehen sollte. 1969 wurde Wilhelm Holzbauer die Ausarbeitung eines endgültigen Plans zugewiesen.

1971 entstand zudem die Idee, ein **neues Opernhaus** zu bauen. Jedoch fehlte auch hierzu wieder einmal das Geld. 1979 machte Holzbauer schließlich den Vorschlag, **beides in einem Gebäude** unterzubringen, sodass die Räumlichkeiten teilweise doppelt benutzt werden konnten. Er konnte den Stadtrat letztendlich mit der erwarteten Ersparnis von 80 Milionen Gulden überzeugen. 1981 wurden die Pläne bewilligt.

Die Meinungen über den **architektonischen Wert des Bauwerks** sind geteilt. Kritiker finden, dass sich das Gebäude nicht in seine Umgebung einfügt. Auch stehen die abendlichen Opernbesucher im vollen Rampenlicht, da man von außen leicht in die beleuchteten Fenster sehen kann. Andere halten den Bau für eine gelungene Kombination und Besucher genießen den Ausblick über das Wasser. Wie man diesen Bau auch finden mag, auf jeden Fall werden im Opernhaus Aufführungen von Weltrang geboten.

Im Rathaus kann man den **Normal-Nullpunkt des Wasserspiegels** besichtigen. Ein Bronzeknopf zeigt exakt an, wie hoch das **Normaal Amsterdams Peil (NAP)** liegt. In den meisten europäischen Ländern werden Höhenangaben auf diesen Normal-Null-Punkt bezogen. Zwei der drei zur Schau gestellten Wassersäulen geben den aktuellen Wasserstand von IJmuiden und Vlissingen wieder. Der Wasserstand der dritten Säule kann bis auf beinahe 5 Meter steigen und zeigt somit den Höchstwasserstand während der Flutkatastrophe in Zeeland (1953) an.

An der Wand ist mit Mosaiksteinen aus Glas ein Querschnitt zwischen dem IJsselmeer und der Nordsee ausgestaltet, in dem auch der Wasserhaushalt der Niederlande erläutert wird.

Beim Bau der U-Bahn führte das Absenken des Wasserspiegels zu wesentlichen Problemen, da die Holzbalken, auf denen die Stadt gebaut ist, Jahrhunderte überstehen können, solange sie luftdicht abgeschlossen im Wasser stehen, jedoch sofort morsch werden, wenn sie der Luft ausgesetzt sind. Die Pfähle mussten durch Betonpfeiler ersetzt werden, sonst wäre die halbe Stadt abgesackt.

› Waterlooplein 22, Tel. 6255455,
www.operaballet.nl,
U-Bahn (Waterlooplein)

# Amsterdams Grachten

*Wer an Amsterdam denkt, denkt an Grachten. Sie bestimmen zu einem Großteil das Gesicht der Stadt. Die* ***drei größten und wichtigsten Grachten*** *(Heren-, Keizers- und Prinsengracht) umschließen in drei Halbkreisen die Innenstadt. Die* ***Reihenfolge der Namen*** *sagt durchaus etwas über die Wertigkeit der Personen aus, nach denen man die Grachten benannte. Die wichtigste Gracht, die Herengracht, an der auch die schönsten Gebäude zu finden sind, haben die durch den Handel zu Reichtum gekommenen Bürger der Stadt sich selbst gewidmet. Denn die wichtigsten Bürger in Amsterdam nannten sich „heren" (Herren), um sich deutlich vom Adel abzusetzen. Die zweite Gracht ist nach Kaiser Maximilian I. benannt, der die Stadt unter seinen persönlichen Schutz stellte, daher durfte man im Stadtwappen die kaiserliche Krone tragen. Die geringste Affinität hatte man zum Hause Oranien, weshalb deren Prinzen erst an dritter Stelle standen.*

*Glücklicherweise sind nicht alle Grachten* ***dem Verkehr zum Opfer gefallen.*** *Es gab in den 1960er- und 1970er-Jahren nämlich Pläne, einen Großteil der Grachten zuzuschütten, um den Verkehr leichter durch die Stadt fließen lassen zu können. Amsterdam wäre sicherlich ein gutes Stück öder ohne die Grachten mit ihren Baumalleen und ohne seine chaotischen Verkehrsverhältnisse. Inzwischen gibt es sogar Pläne, zugeschüttete Grachten wieder offen zu legen. Aber auch dieses Vorhaben ist sehr umstritten.*

177am Abb.: bs

EXTRATIPP

**Herengracht [G8]**

Bei **Herengracht Nr. 390–392** sind an den gegenüberliegenden Seiten der Halsengiebel in **holländischem Klassizismus** ein Mann und eine Frau in der traditionellen Kleidung des 17. Jahrhunderts zu sehen. Sie stellen den Herrn und die Dame des Hauses dar, die mit einem Seil verbunden sind. Die Legende besagt, dass bei Nr. 392 das Seil weggehackt wurde, als die Ehe zerbrochen war.

Bei **Herengracht Nr. 502** befindet sich die **Dienstwohnung des Bürgermeisters.** Das Erdgeschoss und den ersten Stock nehmen die Räumlichkeiten für Repräsentationszwecke ein, im zweiten Stock liegen die Gästezimmer und die Wohnung des Hausmeisters, im dritten Stock befinden sich dann die Privatgemächer des Bürgermeisters. Der kleine Balkon über dem Eingang wird von zwei Säulen getragen. Ursprünglich befanden sich hier zu beiden Seiten des Eingangs große Lagerhallentüren (der erste Besitzer war Leiter der Westindischen Handelskompanie), diese wurden jedoch im Jahre 1791 entfernt.

## 35 Magere Brug ★★★ [J9]

Diese Brücke, die die Kerkstraat mit der Nieuwe Kerkstraat 62 verbindet, ist eines der berühmtesten Fotomotive der Stadt. Die **Holzbrücke** wurde 1672 über die Amstel gebaut und kann noch mit der Hand bedient werden, wobei sie dann nach oben aufklappt. Während der Touristensaison ist die Brücke nachts beleuchtet.

Es gibt mehrere Erklärungsversuche dafür, wie die Bezeichnung **„mager“** entstanden sein soll. Demnach soll die Brücke nach den Schwestern Mager benannt sein. Diese ließen die Brücke angeblich bauen, um sich leichter besuchen zu können, da sie zu beiden Seiten der Amstel wohnten. Weniger romantisch ist die Erklärung, dass die Brücke zu Beginn so schmal war, dass zwei Leute kaum aneinander vorbeigehen konnten. Inzwischen wurde die Brücke verbreitert, sodass dies keinerlei Schwierigkeiten mehr bereitet.

## 36 Bartolottihaus ★ [F5]

Das Haus Herengracht 170 wurde um 1617 für den Bierbrauer und Händler **Willem van den Heuvel** gebaut, der zu seiner Zeit einer der reichsten Amsterdamer war. Damaliger Mode entsprechend veränderte er seinen Namen ins Italienische und es wurde Guillelmo Bartolotti daraus. An dem Haus ist zu sehen, wie er seinen großen Reichtum erworben hat: durch Vernunft und unermüdlichen Fleiß einerseits und Gottesfurcht und Rechtschaffenheit andererseits. Der Entwurf des Hauses wird dem Architekten Hendrick de Keyser zugeschrieben, die Ausführung seinem Sohn Pieter. Der Treppengiebel ist reich verziert mit unterschiedlichen Figuren und Ornamenten und ein Beispiel für den barocken Amsterdamer Renaissancestil.

## 37 Herengracht 380–382 ★ [F7]

**Jacob Nienhuys**, ein reicher Tabakplantagenbesitzer, hatte 1887 das stattliche Grachtenhaus Nr. 382 erworben. Doch kurz vor der Fertigstellung der Umbaumaßnahmen wurde das Gebäude in einer bitterkalten Nacht von einem verhee-

renden Brand getroffen. Bei den Löscharbeiten gefror sogar das Löschwasser und hinterließ auf den Hausresten bizarre Eisfiguren. Nach diesem Schlag entschied sich Nienhuys für den radikalen Abriss und Neubau und er ließ dabei auch gleich noch das Haus Nr. 380 mit einreißen.

Zu dieser Zeit waren gerade die sogenannten **Neo-Stile** beliebt, wobei man gern auf alte Stilrichtungen zurückgriff. Als **Vorbild** dienten hier zwei schöne Loire-Schlösser der französischen Renaissance des 16. Jahrhunderts. Zahlreiche Verzierungen und Bildhauwerke schmücken die Häuserfront. Merkur und Minerva, die Handel und Wissenschaft personifizieren, lehnen sich an den Giebel.

Die Kosten waren Nienhuys weniger wichtig als die Tatsache, dass es ein besonderes Haus werden sollte, eines, das man nicht überall zu sehen bekommt. Eine **Besonderheit** ist zum Beispiel der ursprüngliche Zugang zum Haus. Im Haus Nr. 382 befand sich ein Durchgang, der von der Straße zum Kutschhaus hinter dem Haupthaus führte. Statt einer Treppe vor dem Haus entwarf der Architekt einen Zugang in der Durchfahrt, wodurch man wetterunabhängig das Haus von der Seite betreten konnte. Als weitere Besonderheit konnte das Haus mit Hilfe eines Motors **elektrisch beleuchtet** werden. Auch die **Inneneinrichtung im Fin-de-siècle-Stil** war überschwänglich und eklektisch. Nach jahrzehntelangen Anpassungen der verschiedenen späteren Eigentümer wurde 1993 der ursprüngliche Charakter der Einrichtung wiederhergestellt. Hier befindet sich das **Niederländische Institut für Kriegsdokumentation (NIOD).**

⌃ *Äußerst beliebtes Fotomodell: die Magere Brug*

## 38 Gouden Bocht ★ [G8]

*Gouden Bocht* (Goldener Bogen) heißt das Stück Herengracht zwischen Leidsestraat/Koningsplein und Vijzelstraat, da die Häuser hier besonders groß und reich gestaltet sind.

Im 17. Jahrhundert entstand eine **Finanzelite,** die nicht mehr selbst im Warenhandel tätig war und sich daher von den eigentlichen Kaufleuten absetzen wollte. Der neu erreichte Status sollte mit **Häusern aristokratischer Ausmaße** dargestellt werden. Geld konnte jetzt in Amsterdam in luxuriösen Gebäuden und Grundstücken angelegt werden. Wer an dieser Stelle der Herengracht wohnen wollte, war aus Statusgründen zu Investitionen, die selbst die Reichsten nicht so einfach aufbringen konnten, verpflichtet.

Wer ausreichende Reichtümer erwirtschaftet hatte, erstand hier nicht ein, sondern **zwei Grundstücke.** Wobei an der Vorderseite die großartigen Herrenhäuser entstanden und am dahinterliegenden Grundstück, das von der Keizersgracht aus erreichbar war, Kutschhäuser, Stallungen und kleinere Wohngebäude. Aus diesem Grund ist dieses Stück der Keizersgracht weniger attraktiv.

Das **einheitlichste Bild** ergibt sich an der Südseite der Herengracht (also bei den geraden Nummern), denn hier konnte man erst ab 1664 mit dem Bau beginnen und große monumentale Gebäude errichten, während an der Nordseite bereits einige Gebäude vorhanden waren. An der Südseite sieht man dann auch sehr viele Doppelhäuser. Das **teuerste Grundstück,** weil es die Mittelachse dieses Teilstückes bildet, lag, wo heute das Haus Nr. 450 steht. Zu den beiden Seiten hin wurden die Preise etwas niedriger.

Die unterschiedlichen Gebäude signalisieren einen **neuen Baustil** in Amsterdam, der geprägt wurde von strengen, klaren Linien. Üppige Ausschmückungen an den Häuserwänden waren aus der Mode geraten, stattdessen bestimmten gerade Linien und leere Flächen das Bild. Man strebte nach Symmetrie im Bau, der Treppenaufgang wurde daher in die Mitte gesetzt, mit zwei Treppen in beide Richtungen und einem zentralen Eingang. Dadurch konnte man auch eine ungerade Zahl von Fenstern einsetzen. Die **Außenverzierung** der Häuser war in dieser Zeit normalerweise sehr schlicht. Man verwendete vor allem verschiedene Sorten Naturstein, die häufig von sehr weit her importiert werden mussten. Die Inneneinrichtung dagegen war oft prunkvoll.

## 39 Haus mit den Köpfen ★ [F4]

Das Haus an der Keizersgracht Nr. 123 mit dem prächtig verzierten **Renaissancegiebel** wird dem Architekten Hendrick de Keyser zugeschrieben, wobei sein Sohn Pieter de Keyser wahrscheinlich für den eigentlichen Bau verantwortlich zeichnete. Die geschickte Ausführung und reiche Ausgestaltung verdeckt das eigentliche Dach, wodurch das Haus größer wirkt, als es in Wirklichkeit ist. Es trägt den Namen *Huis met de Hoofden,* da von links nach rechts die folgenden **Götterbilder** angebracht sind: Apollo, Ceres, Mars, Minerva, Bacchus und Diana.

## 40 Haus mit der Goldkette ★ [F6]

Um das Haus mit der Goldkette *(Huis met de Gouden Ketting)* an der Keizersgracht Nr. 268 ranken sich **viele Geschichten,** wie diese Kette an das Haus kam.

## Besonderheiten Amsterdamer Wohnhäuser

*An den Fenstern kann man erkennen, dass die* ***Räume*** *in den meisten Häusern* ***nach oben hin niedriger*** *werden. Früher wohnten nämlich oben die Angestellten oder man benutzte die Räumlichkeiten als Lagerplatz, weshalb man es nicht für nötig hielt, diese Räume ebenso hoch zu bauen oder zahlreiche Fenster einzusetzen. Die Berechnung der Steuern nach der Zahl der Fenster und der* ***Breite der Häuser*** *führte mit dazu, dass Häuser recht schmal, dafür aber sehr tief sind.*

*Typisch für die Amsterdamer Häuser sind zudem die* ***Flaschenzüge an der Spitze der Giebel.*** *Da die Treppenaufgänge in den Häusern meistens sehr schmal und steil ausfallen, müssen alle größeren Möbelstücke über Flaschenzüge in die oberen Stockwerke befördert werden. So wie man früher die Lasten auf die Speicher hievte.*

*Zu dem Zweck stehen die Häuserfronten auch leicht vornübergebeugt, damit die Lasten nicht gegen die Wand schlagen. Übrigens gibt es noch eine andere Erklärung für den* ***Neigungswinkel der Häuservorderseiten.*** *So bewirken die leicht gekippten Wände nämlich, dass der Betrachter in vollen Zügen die Architektur der Grachten genießen kann, da die Gebäude sich optisch nicht nach oben verjüngen, sondern alle Linien gerade bleiben, obwohl der Betrachter nach oben blickt. Ob allerdings ästhetische Motive zwingender als praktische Gründe waren, sei dahingestellt.*

*Ein weiteres typisches Merkmal Amsterdams sind die* ***Treppenaufgänge,*** *die außen an die Eingangstüren angebaut sind. Vielfach bieten sie einen doppelseitigen Aufgang zur eigentlichen Eingangstür und zusätzlich einen Zugang zum ausgebauten Keller oder Souterrain. Natürlich konnte man mit der Größe der Treppe wieder den eigenen Reichtum zur Schau stellen. Da man aber nach und nach immer mehr Raum von den Bürgersteigen abzwackte, also von Grund und Boden, der rechtlich Eigentum der Stadt war, musste schließlich im Zuge der Stadterweiterungen im 17. Jahrhundert rechtlich festgelegt werden, wie breit eine solche Treppe sein durfte und wie viel Platz für den Bürgersteig übrig bleiben musste.*

162am Abb.: bs

Einer **Erzählung** zufolge wurde das Haus von einem Kapitän zur See bewohnt, der, nachdem sein Vermögen aufgebraucht war, wieder zur See musste. Er schwor, eine Goldkette mitzubringen, wenn das Glück ihm hold sein sollte, und eine Eisenkette, sollte dies nicht der Fall sein. Wie die Kette beweist, hatte er Glück, was er verdeutlichte, indem er die Kette vor seinem Haus aufhing.

Eine **zweite Geschichte** erzählt von einem Tuchhändler, der um 1615 mehrere Ballen Tuch auf die Reise schickte, von denen allerdings nur einer (mit einer Eisenkette versehen) in Amsterdam ankam.

Eine **dritte Legende** will es, dass ein Dienstmädchen entlassen wurde, weil sie verdächtigt wurde, ihrer Herrin eine goldene Kette gestohlen zu haben. Nachdem allerdings die Dachrinne repariert werden musste, wurde das gute Stück wiedergefunden.

Tatsache ist jedenfalls, dass die Kette bereits 1643 an diesem Haus hing, weil ein Goldschmied dort wohnte.

## 41 De Bazel ★ [G9]

An der Ecke von Keizersgracht und Vijzelstraat drängt sich unübersehbar das Bürogebäude der *Nederlandsche Handel-Maatschappij* (Niederländische Handelsgesellschaft) ins Bild, das im Jahr 1926 fertiggestellt wurde. Der **Architekt De Bazel** machte bei seinem Entwurf von einem ausgeklügelten Proportionensystem Gebrauch und entwarf nicht nur das Gebäude selbst, sondern auch zahlreiche Elemente der Inneneinrichtung sowie Arbeitsmaterialien, wovon vieles erhalten geblieben ist. Im Gebäude befindet sich das **Stadtarchiv**, dessen Schatzkammer mit alten Drucken und dessen Filmsaal mit einer durchlaufenden Show alter Filme über die Stadt frei zugänglich sind. Regelmäßige Fotoausstellungen vermitteln ein Bild der Veränderungen in der Stadt.

Ein Buchladen bietet zahlreiche besondere Bücher und Karten zur Stadtgeschichte.

Café De Bazel sorgt für das leibliche Wohl der Besucher und das Catering in den Konferenzräumen.

› Vijzelstraat 32, Führungen: Tel. 2511511, www.amsterdam.nl/stadsarchief, Di.–Fr. 10–17 Uhr, Sa./So. 12–17 Uhr, Café-Restaurant: Tel. 3376589, www.caferestaurantdebazel.nl, tägl. 8–22 Uhr, Straßenbahn 24 (Muntplein)

EXTRATIPP

### Leidseplein [E9]

Hier ist **immer etwas los.** Im Sommer ist ein Großteil des Platzes mit Stühlen und Tischen übersät, an denen man sich einen Drink genehmigen oder auch etwas essen kann. Und das ganze Jahr über findet man hier Straßenmusikanten, Kleinkünstler und Pantomimen, die mit ihren Darbietungen das Publikum unterhalten. Auch zum **Ausgehen** ist dieser Platz ein **guter Startpunkt.** Dort befinden sich verschiedene Kinos, das Stadttheater (Stadsschouwburg) und jede Menge Restaurants, Grand Cafés, Eetcafés, Bars und Kneipen.

*Der Kirchturm der Westerkerk, deren Glocken schon Anne Frank hörte*

## (42) Westerkerk ★★ [F5]

**Hendrik de Keyser** hat die Kirche entworfen, die, als sie 1631 in Gebrauch genommen wurde, die **größte protestantische Kirche** des Landes war. Ihre Größe war auch nötig, denn die Stadt wuchs ab der Mitte des 16. Jh. von ca. 30.000 Bewohnern auf 200.000 an, weshalb neue Stadtviertel wie der Jordaan und der Grachtengürtel angelegt wurden. Die Fertigstellung der Kirche hat Hendrik de Keyser nicht mehr erlebt, doch sein Sohn trat nach seines Vaters Tod 1621 als Stadtbaumeister dessen Nachfolge an und vollendete den Bau.

Die Kirche ist ein wundervolles Beispiel für den **holländischen Renaissancestil.** 36 Fenster durchfluten die weiß und hellgrau bemalten Mauern und Bögen aus Holz und Stein mit Sonnenlicht. Erst dadurch kommt die harmonische Komposition des Haupt- und der Seitenschiffe richtig zur Geltung und das Kreuzgewölbe erscheint leicht und hell. Große Teile der ursprünglichen Ausstattung sind noch erhalten geblieben. Eine Besonderheit ist die **Orgel** mit ihren von Lairesse bemalten Orgelflügeln.

Der Turm wurde erst 1638 vollendet. Mit 85 m ist es **der höchste Kirchturm der Stadt.** Weithin sichtbar diente er schon immer als Orientierungspunkt. Die Krone stellt die Krone von Kaiser Maximilian von Österreich dar, der der Stadt Amsterdam im Jahre 1489 das Recht verlieh, die Krone im Stadtwappen zu führen, was bedeutete, dass die Stadt unter kaiserlichem Schutz stand. Der Standort des Turms diente als Eichpunkt der „Amsterdamer Zeit“, die von 1909 bis 1938 die offizielle Zeit der Niederlande war.

Das **Glockenspiel** enthält Glocken von François Hemony und wird regelmäßig für Konzerte bespielt.

1669 wurde **Rembrandt** in der Kirche in einem Armengrab beerdigt. Da man nicht mehr weiß, wo sich das Grab befand, erinnert ein Gedenkstein an ihn.

› Ecke Prinsengracht/Rozengracht, www.westerkerk.nl, Mo.–Fr. 11–15 Uhr, Glockenspiel Mo. 19–19.15 Uhr für alle auf der Welt, die unter einem Krieg leiden, Orgelkonzerte siehe Website, Straßenbahn 13, 17 (Westermarkt)

273am Abb.: bs

- Turmbesteigung: Ein beeindruckender Ausblick über die Innenstadt, sehr steile Treppen. Da jeweils nur maximal sechs Personen für den Aufstieg zugelassen sind, sollte man früh seine Karten erwerben. April–Oktober Mo.–Sa. 10–20 Uhr, 9 €, www.westertoren amsterdam.nl. **Wegen Renovierung bis Mitte 2024 geschlossen.**

## 43 Homomonument ★ [F5]

Das Denkmal von Karin Daan bei der **Westerkerk** 42 wurde 1987 eingeweiht. Die drei übereinandergelegten rosa Dreiecke reichen bis ins Wasser der Keizersgracht hinein. In der Nazizeit mussten schwule und lesbische Häftlinge der Konzentrationslager rosa Dreiecke tragen. Das Denkmal erinnert an die **Verfolgung und Unterdrückung von Schwulen und Lesben** und macht deutlich, dass auch heute noch Diskriminierung stattfindet. So findet am Gedenk- und Trauertag (4. Mai) hier ebenfalls eine Gedenkfeier statt, um an die im Zweiten Weltkrieg Ermordeten und auch an die heute noch wegen ihrer Sexualität Verfolgten zu erinnern.

- www.homomonument.nl
- Gleich daneben steht der **Pink-Point-Kiosk** (s. S. 193) mit Souvenirs, Ansichtskarten, Informationen zum Homomonument und über die Gay-Szene in Amsterdam: Mo.–Sa. 10–18, So. 12–18 Uhr, Straßenbahn 13, 17 (Westermarkt).

## 44 Anne Frank Huis ★★★ [F5]

*Bei Prinsengracht Nr. 263 steht das Anne-Frank-Haus. Von 1942 bis 1944 versteckten sich hier im Hinterhaus die aus Frankfurt am Main geflüchtete Familie Frank, die Familie Van Pels (im Tagebuch „Van Daan") und Fritz Pfeffer (im*

069am Abb.: bs

*Tagebuch „Herr Van Dussel“) vor den Nationalsozialisten.*

Der Aufgang zum Versteck auf dem Dachboden war hinter einem Bücherschrank verborgen, doch im August 1944 wurde das Versteck verraten und die Untergetauchten wurden in das Konzentrationslager Auschwitz-Birkenau verschleppt. Von dort brachte man Anne Frank später in das Konzentrationslager Bergen-Belsen, wo sie im Alter von nur 15 Jahren im Februar 1945 starb. Das **Tagebuch**, das Anne Frank in der Zeit im Versteck führte, ist erhalten geblieben und weltberühmt geworden.

Otto Frank kehrte 1945 aus Auschwitz zurück. Er erwarb Anfang der 1950er-Jahre das Haus und setzte sich mit einem Bürgerkomitee für die Gründung einer Stiftung ein, um das Hinterhaus zu sanieren und für Besucher zu öffnen. 1957 ging das Haus durch eine Schenkung an die **Anne-Frank-Stiftung** über, die hier seither ein Museum und Informationszentrum unterhält. Außer dem Versteck beherbergt das **Museum** wechselnde Ausstellungen rund um die Themen Faschismus, Rassismus und Krieg.

› Prinsengracht 263–267, Tel. 5567105, www.annefrank.org, tägl. 9–22 Uhr, Eintritt 16 €, Kinder 10–17 J. 7 €, bis 9 J. 1 €. Eintrittskarten nur online für ein bestimmtes Zeitfenster ab sechs Wochen im Voraus, Straßenbahn 13, 14, 17 (Westermarkt).

*Das Anne-Frank-Haus gehört zu den meistbesuchten Museen*

# Jordaan

## Überblick

Das Gebiet westlich des Hauptbahnhofs ❶ zwischen der Brouwersgracht im Norden, der Lijnbaansgracht im Westen, der Leidsegracht im Süden und der Prinsengracht im Osten gehört sicherlich zu den bekanntesten Stadtteilen Amsterdams, denn das Jordaan-Viertel verkörpert in den Augen vieler, was typisch ist für die Stadt. Dadurch entsteht oft ein in den Kitsch verzogenes Bild des Lebens in diesem ursprünglich von armen Arbeitern bewohnten Viertel.

### Jordaanschnulzen

In unendlich vielen *smartlappen,* herzzerreißenden Schnulzen, wobei die Sängerin oder der Sänger möglichst viel Herzschmerz und vor allem Vibrato in die Stimme legt, wird der Stadtteil Jordaan und das **besondere Zusammengehörigkeitsgefühl seiner Bewohner** besungen. Auch junge Niederländer haben ein ungebrochenes Verhältnis zu diesen Heimatschnulzen und so hört man diese in einigen der typischen braunen Cafés (vor allem im Jordaanviertel) nicht nur aus dem Lautsprecher, sondern auch aus den gut geschmierten Kehlen der Kneipenbesucher oder vielleicht sogar der Stars selbst. Dann kommt genau die Atmosphäre auf, die einen Kneipenbesuch in Amsterdam zu einem richtigen Erlebnis werden lässt.

› www.jordaanweb.nl (auf Niederländisch und Englisch)

### Namensgebung

Ursprünglich hieß dieses Stadtviertel **Het nieuwe Werk (die neue Arbeit)**, bereits im 18. Jahrhundert kam aber die

Bezeichnung **Jordaan** auf. Woher diese heute offizielle Bezeichnung eigentlich stammt, weiß niemand so recht. Die beiden diesbezüglich am weitesten verbreiteten Geschichten gehen wie folgt:

1685 wurde in Frankreich ein bis dahin geltender Schutz der katholischen Machthaber für die reformierte Minderheit aufgegeben. Ein großer Teil des daraufhin einsetzenden Flüchtlingsstroms ließ sich im calvinistischen Amsterdam nieder. Und da in dem Stadtviertel, in dem sich viele **französische Hugenotten** ansiedelten, viele Straßen nach Blumen benannt waren, nannten sie dieses Gebiet *jardin* (**Garten**). Dieses Wort wurde schließlich im Lauf der Zeit durch die Amsterdamer Mundart verballhornt zu *Jordaan.*

067am Abb.: bs

*Marco Alexander van Vliet und Hannie Pastor verschönern den Johnny Jordaan Plein (s. S. 72)*

Die zweite Erklärung meint, dass die bibelfeste Bevölkerung der drei alten Grachten diesen Gürtel auch als das Ende des geordneten Stadtlebens empfand und alles, was sich hinter der Prinsengracht abspielte, für so anarchisch und chaotisch hielt, dass dieses Leben ihrer nicht würdig sei. Wenn jemand in dieses Viertel ging, dann sprachen sie davon, dass **jemand über den Jordan** (Jordaan) **ging.** Ein altes niederländisches Sprichwort, mit dem man eigentlich andeutet, dass jemand gestorben ist. So gab der Name Jordaan also die deutliche Trennung der Klassen an, das Diesseits der Bürgerlichen und das Jenseits der ausgestoßenen Arbeiter und Handwerker.

## Entstehung des Viertels

Zu Beginn des 17. Jahrhunderts wurde die Stadt nach Westen hin erweitert und so lag der Stadtteil Jordaan gemeinsam mit dem ältesten Teil des Grachtengürtels von nun an innerhalb der Stadtmauern. Ein Blick auf die Karte macht aber bereits deutlich, dass hier von vornherein eine andere Schicht gewohnt haben muss als an den Grachten, an denen große stattliche Häuser auf riesigen Grundstücken stehen, denn im Gegensatz dazu herrschte im Stadtteil Jordaan **städtebauliche Anarchie.** Da man nicht genug Geld hatte und Raum schaffen musste für unterschiedliche **Gewerbebetriebe,** die niemand mitten in der Stadt haben wollte (wer setzt sich schon freiwillig dem Gestank einer Gerberei aus), wurden hier die Bauvorschriften recht großzügig interpretiert. Man verzichtete darauf, einen Straßenplan umzusetzen. Die **Straßen und Gassen** ergaben sich einfach von selbst aus den Wegen und Schleichwegen, auf denen die Eigentümer auch früher ihre Grundstücke erreicht hatten. Auch war der Wasserstand in den Grachten im Jordaanviertel ein anderer als der in den übrigen Grachten der Stadt.

Die Investoren versuchten, mit einem Minimum an Investitionen ein Maximum an Gewinn herauszuziehen. Also wurden **billige, schlechte Häuser möglichst dicht aneinander** gebaut, sodass man sehr viel mehr Wohnraum zu vermieten hatte als in anderen Teilen der Stadt. Berüchtigt war das Gebiet dafür, dass man hier Häuser „Rücken an Rücken“ errichtete, alle Innenhöfe vollbaute und außerdem jede Menge **Kellerwohnungen** einrichtete. Im 17. und 18. Jahrhundert waren diese noch bewohnbar und sogar gesucht. Da sich der Grundwasserspiegel mit der Zeit jedoch anhob, konnte man ein Durchdringen des Wassers nur verhindern, indem man den Boden ständig erhöhte. Natürlich war dies nur eine begrenzte Zeit möglich. Da auch die Straßen erhöht werden mussten, lagen die Kellerwohnungen mit ihren Fenstern, in die bald kein Licht mehr kam, buchstäblich im Dunkeln.

Mit der **Industrialisierung** im 19. Jahrhundert wurde die **Armut**, die im Stadtteil Jordaan schon immer herrschte, da hier vor allem Immigranten wohnten, noch schlimmer. Die brandgefährdeten, stinkenden, lärmenden, mit ungesunden Stoffen hantierenden Betriebe, das Fehlen von Wasserleitungen und vor allem einer Abwasserkanalisation, das fast stillstehende Wasser in den Grachten und die große Bevölkerungsdichte führten dazu, dass Kinder hier buchstäblich

EXTRATIPP

### Jordaan Festival

Wie stark das **Liedgut des Viertels** noch in der Bevölkerung verwurzelt ist, kann man seit 1974 jedes Jahr etwa Mitte September erleben, wenn zum Jordaan Festival zahlreiche Sänger und Tausende von Besuchern strömen, die sich auch nicht durch Regen von diesem musikalischen Höhepunkt abhalten lassen. Da treten echte Originale auf und alle tanzen und singen mit (www.jordaanfestival.nl).

Auf Youtube gibt es unter dem Stichwort „jordaanfestival“ zahlreiche Clips zu sehen.

zwischen den Ratten spielten, sich alle möglichen **Krankheiten** schnell verbreiteten und viele die Situation nur im Suff ertragen konnten. Aus medizinischen Gründen wurden deshalb einige der stinkenden, verschmutzten Grachten zugeschüttet. So kommt es auch, dass es heute Straßen gibt, die „Gracht“ heißen, obwohl kein Wasser durch sie fließt (z. B. die Lindengracht).

Der **Zusammenhalt der Menschen** und die *gezelligheid* des Viertels, die heute in den Jordaanschnulzen so gerne besungen werden, haben in diesen erbärmlichen Umständen ihren Ursprung. Die Menschen lebten so dicht aufeinander, und da es an Wohnraum fehlte auch wortwörtlich auf der Straße, dass es schlicht und ergreifend keinen Raum für Privatsphäre gab. Ein gemeinsames Schicksal und ein von Unbill durchtränktes Leben führten zu einem starken Zusammengehörigkeitsgefühl und „Familieninstinkt“. Mit Musik und Festivitäten versuchte man, so gut es ging, den Zuständen zu trotzen und das Leben so an-

## Spaziergang 3: Aus der Not eine Tugend gemacht

☐ Liste der Karteneinträge Seite 256

1 cm = 70 m
100 m
© Reise Know-How 2023
Haarlemmer Houttuinen
Buiten-straat
Brouwers-
Westindisch Huis
45
Herenmarkt
Binnen Wieringer-straat
Binnen Vissers-
Buiten straat
Droogbak
Brouwersgracht
Singel
Roomolenstr.
Korsjespoortst.
Lange-
Blauw-burgwal
Multatuli-museum
Oude Nieuwstr.
Lijnbaansstr.
Nwe. Spaarpotstr.
Mosterdpotst.
Nieuwezijds Voorburgwal
Stromarkt
Gouwenaarst.
Smakst.
Nieuwendijk
Jeroenst.
Kattengat
N.-Lutherse Kerk
Koggestr.
Teerketelstr.
Spuistr.
Hekelveld
Klimopweg
Krt. Korsjespoortst.
Krt. Lijnbaanstr.
Panaalst.
Prins-Hendrik-kade
Open Haven
Martelaarsgracht
Ramskooi
Hasselaerssst.
Haringpakkersst.
Nieuwezijds Armst.
St. Jacobsstr.
Nieuwezijds Kolk
D. v. Hasseltsst.
Zuikerbakkersst.
Nwe. Nieuwstr.
St. Gertruidenst.
St. Nicolaasstraat
Zwarte Handst.
Eggert
Gravenstr.
Molst.
Nieuwe Kerk
24
Mozes en Aäronstr.
Nieuwendijk
Zoutst.
Damraksteeg
Valkensteeg
Beurspassage
Onze Lieve Vrouwest.
Mandenmakerssst.
Oudebrug-
Karnemelkst.
Damrak
Beurs van Berlage
23
Beursplein
Effectenbeurs
Papenbrugsteeg
Paternostersteeg
Beursstraat
Warmoes-straat
Wilde Kerkstr.
Oude Kerk
6
Oudekerksplein
St. Annenstr.
Oudezijds Voorburgwal
Oudezijds Kreupelsteeg
Oude Kennissteeg
Achterburgwal
Molenst.
Zeedijk
Lange Niezel
Korte Niezel
Ons' Lieve Heer op Solder
5
H. Hoeksst.
Oudezijds Armsteeg
Wijngaardsstraatje
Nieuwe brugst.
St. Olofskapel
St. Nicolaas Kerk
2
Centraal Station
Stationsplein
1
Centraal
3
4
5
G
H
J

*Dauer: 50 Minuten (ohne Besuch der Sehenswürdigkeiten und Einkaufsstopps)*

*Über das Jordaan-Viertel würden viele sagen, dass es das authentischste Amsterdam-Gefühl vermittelt. Das Viertel der armen Arbeiter hat sich seit den 1980er-Jahren zu einem beliebten und angenehmen Stück der Stadt entwickelt.*

*Die **Westerkerk** 42 und das **Anne Frank Huis** 44 bilden einen guten Startpunkt für einen Spaziergang durch das Jordaan-Viertel. Geht man von hier nach links über die Leliesluis-Brücke, trifft man auch gleich auf zwei typische Dinge: das **Tulpenmuseum** (Amsterdam Tulip Museum, s. S. 118) und das **Café De 2 Zwaantjes** (s. S. 134), wo das Herz-Schmerz-Liedgut ein Zuhause hat. An der Ecke Egelantiersgracht und Eerste Egelantiersdwarsstraat befindet sich das **Café 't Smalle,** das noch einige authentische Details aus seiner Gründungszeit aufweist (s. S. 73). Folgt man der Eerste Egelantiersdwarsstraat, findet man dort den unscheinbaren Zugang zu einem der für den Jordaan typischen „hofjes". Weiter auf derselben Straße trifft man an der Kreuzung mit der Westerstraat erneut auf eine typische Jordaankneipe, das **Café Nol** (s. S. 134). In der **Westerstraat** 48 gibt es dann diverse interessante Geschäfte wie die Moooi Gallery (s. S. 122) oder Cafés und Restaurants zu entdecken.*

*Über die Tweede Boomdwarsstraat kommt man in die **Karthuizersstraat** 47, wo sich früher ein Klosterkomplex befand, zu den **Jahreszeitenhäusern** (Nr. 13–19). Die Tweede Lindendwarsstraat führt weiter zur Lindengracht, wo es nach rechts weitergeht. Bei den Hausnummern 149 bis 163 bietet das **Suykerhofje** (s. S. 71) erneut einen schönen Innenhof und gegenüber (Nr. 206–220) stehen die von Van der Pek entworfenen Wohn- und Geschäftshäuser, die einen Anfang machen sollten, um das Elend im Jordaan in den Griff zu bekommen (s. S. 71).*

*Von der Lindengracht über die Noorderkerkstraat wird man von der **Noorderkerk** (s. S. 70) empfangen, deren zugehöriger Platz von verschiedenen Cafés und Restaurants gesäumt wird. Über zwei Brücken kommt man zur **Haarlemmerstraat** [G3], wo es unzählige Spezialgeschäfte gibt. Hier findet wirklich jeder etwas Interessantes.*

*Von der Haarlemmerstraat zweigt die Straße Herenmarkt ab, wo man auf das **Stammhaus der Westindische Compagnie** 45 stößt, die in guten Zeiten viel zum Reichtum der Stadt beigetragen hat.*

*Die Brouwersgracht, die ihren Namen tatsächlich den in früheren Zeiten ansässigen Brauereien verdankt, gehört noch immer zu den Grachtenabschnitten mit vielen **sehenswerten Häuserfassaden**. Über die Straße Singel und die Prins Hendrikkade gelangt man von hier zum **Hauptbahnhof** 1.*

206am Abb.: bs

genehm *(gezellig)* wie nur eben möglich zu machen.

Erst in der zweiten Hälfte des 19. Jahrhunderts interessierten sich **aufgeschlossene Bürger für die Situation der Armen** in diesem Stadtviertel. Dabei spielten eigene Interessen eine nicht unwichtige Rolle, da man fürchtete, es könnte durch die Zustände zu einem Aufruhr kommen. Daneben meinte man, der heruntergekommenen Arbeiterschaft Zivilisation und Kultur bringen zu müssen.

Mehrere **philantropische Baugesellschaften** entstanden, die auch der armen Bevölkerung menschenwürdigen Wohnraum ermöglichen wollten. So sorgte man dafür, dass von zwei Seiten Licht in die Häuser eindringen konnte, dass es im Innenhof eine Wasserpumpe gab, dass Wäsche getrocknet werden konnte und, um den Gesundheitszustand der Bevölkerung zu heben, dass die Häuser eine Toilette besaßen und nicht nur einen Eimer, der in der Küche stand. Aber obwohl diese Baugesellschaften keinen Gewinn abwerfen mussten, konnten sich nur wenige der Arbeiter derartige Wohnungen leisten.

Seit dem Zweiten Weltkrieg hat das Viertel **drastische Veränderungen** durchgemacht. Nach einigem Hin und Her entschlossen sich die Stadtväter letztendlich, den Jordaan unter Beibehaltung seines ursprünglichen Charakters zu renovieren und zu **sanieren.**

Hier trat allerdings der gleiche Effekt ein wie schon bei den gutgemeinten Versuchen der philantropischen Baugesellschaften. Die Arbeiter und ursprünglichen **Bewohner** der Stadt zogen weg, unter anderem in die neu gegründeten Städte am IJsselmeer. In das Viertel kamen Intellektuelle, Künstler, Lebenskünstler und „Freaks". Heute hat Jordaan ungefähr ein Fünftel (!) der Einwohnerzahl wie noch zu Beginn des 20. Jh.

Das **echte Jordaan-Gefühl** ist mit der Zeit verloren gegangen. Bleibt nur noch die verklärende Erinnerung in den Liedern und Geschichten.

## Sehenswertes

Im Stadtteil Jordaan gibt es viele nette, kleine Straßen mit einer ganzen Reihe von Spezialgeschäften, dazwischen liegen Kneipen, Cafés und Restaurants. Alte Häuser stehen zwischen Neubauten, Fassadensteine, interessante Häuserfronten und Häusergiebel sind zu entdecken. Man sollte auf jeden Fall einfach mal mit offenen Augen drauflos laufen.

*Typischer als im Jordaan-Viertel mit seinen Grachten, Brücken und historischen Fassaden ist Amsterdam nirgendwo sonst*

274am Abb.: bs

*Historische Grachtenhäuser umsäumen den Herenmarkt*

## 45 Westindisch Huis ★ [G3]

Die **Brouwersgracht**, die ihren Namen den vielen **ehemaligen Brauereien** verdankt, die dort ansässig waren, gehört mit den alten Häusern noch immer zu den schönsten Grachtenstücken der Stadt. Bier war durch den Gärungsprozess wesentlich gesünder als Wasser, allerdings hatte das damalige Bier nur wenig Alkohol.

An der Ecke Brouwersgracht und Herengracht steht auf dem Herenmarkt das **Westindisch Huis**, das Stammsitz der Westindischen Compagnie war. 1621 gegründet, lief über diese Gesellschaft der Handel mit Westindien, dem heutigen Surinam und den Antillen.

1624 beschloss man bei der Compagnie, auf der Insel Manhattan im Hudson River den Handelsposten **Neu Amsterdam** zu gründen, der sich zu einer der größten Städte der Welt, dem heutigen New York, entwickeln sollte. Übrig geblieben sind dort noch einige Namen von Stadtteilen wie Harlem oder Brooklyn, die von Orten in der Nähe Amsterdams (Haarlem, Breukelen) abgeleitet sind. Im Innenhof des Hauses (Herenmarkt 93/99, vor dem Spielplatz rechts in die Straße abbiegen) steht ein Brunnen mit einem Standbild des ersten Gouverneurs von Neu Amsterdam: **Peter Stuyvesant.** Der Hof befindet sich in Privatbesitz und ist daher nur manchmal offen, man kann ihn aber für Feste und Hochzeiten mieten.

Mit der Gründung der **Westindischen Compagnie** (WIC) 1621 sollten der transatlantische Handel gesichert und die Vormachtstellung der Spanier und Portugiesen in diesem Gebiet gebrochen werden. Von Nordamerika wurden hauptsächlich Pelze importiert und über Mittel- und Südamerika Gold, Elfenbein, Salz und Zucker eingeführt. Um den Zucker auf den Plantagen in Brasilien und Surinam verarbeiten zu können, sorgte die WIC für einen regen Handel mit Sklaven aus Afrika – hauptsächlich aus Ghana, Benin, Togo und Nigeria.

Dabei ging man nicht sehr zimperlich vor, der Profit stand im Vordergrund. Dass **viele Sklaven** auf der Überfahrt sterben würden, war einkalkuliert. Der Handel war lukrativ und die WIC hatte bis 1730 das Monopol auf den Sklavenhandel. Die Compagnie handelte seit ihrem Bestehen mit etwa 300.000 Sklaven. Dabei nahmen die Teilhaber in Amsterdam eine prominente Rolle ein. Ein nicht unwesentlicher Teil des Reichtums der Stadt gründet sich auf dem Geschäft mit Sklaven. Nachdem die WIC 1674 bankrott gegangen war, gab es aufgrund der anhaltend großen Nachfrage nach Produkten aus Südamerika einen weiteren Neustart. Letztendlich wurde die Compagnie 1792 wegen erneuter großer Finanzprobleme aufgelöst.

Die Brouwersgracht führt bis in den letzten Zipfel des Stadtteils Jordaan. Al-

EXTRATIPP

### Hofkonzerte

Auf der Website www.jordaanweb.nl findet man unter dem Menüpunkt „Hofjesconcerten“ Informationen zu kleinen Konzerten, die über die Sommermonate in den verschiedenen Innenhöfen im Jordaan veranstaltet werden. Die Website ist zwar auf Niederländisch, aber auch ohne Kenntnisse der Sprache lassen sich Zeit und Ort der Konzerte relativ leicht herausfinden.

## De Palingoproer („der Aalaufstand“)

*Das **Aalziehen** war von jeher ein Brauch, mit dem sich die Bewohner im Jordaanviertel amüsierten. Dazu wurde ein lebendiger Aal mit Seife eingerieben und an einem Seil befestigt, das über die Gracht gespannt wurde. Männer versuchten nun aus fahrenden Booten heraus, ein möglichst großes Stück von dem zappelnden, glitschigen Aal zu erhaschen.*

*Im Juli 1886 verlustierten sich mal wieder einige Menschen mit dem „palingtrekken“, obwohl das Aalziehen bereits seit einiger Zeit **verboten** war. Ein herbeigeeilter Polizist befahl den Beteiligten daher auch, dass sie sofort damit aufhören sollten. Da sich aber niemand um diese **Anweisung** kümmerte, forderte er Verstärkung von der Dienststelle am Noordermarkt an. Der Polizist schnitt daraufhin das Seil über der Lindengracht durch. Das Seil traf nun einen der Umstehenden am Kopf, woraufhin dieser den Polizisten angriff und ihn mit Unterstützung anderer Umstehender verprügelte. Da jetzt aber auch die Verstärkung anrückte, entwickelte sich eine große **Straßenschlacht**, bei der den Polizisten Pflastersteine, Ziegel usw. entgegenflogen. Letztendlich konnte erst die Armee den Aufruhr nach zwei langen Tagen bezwingen. Bis zu diesem Zeitpunkt hatte es bereits 26 Tote und einige Hundert Verletzte gegeben.*

EXTRATIPP

**Süße Verführung**

Ausgefallene Schokoladenkreationen und Eiscreme, die auf der Zunge zergeht: Jeden Tag werden im Jordino (s. S. 146) abwechselnd 24 der 100 hausgemachten Eissorten angeboten.

lerdings ist hier von der alten Bebauung nicht viel übrig. Sie stößt hier auf die **Lijnbaansgracht,** in der die **Seilmacher** lebten. Diese brauchten lange und gerade Strecken, um ihre Seile drehen zu können.

### 46 Palmgracht ★★ [E3]

In der Palmgracht sind noch zwei Reihen *hofjes* („Höfchen“) erhalten geblieben: das **Bossche Hofje** (Nr. 20–26) und das **Raepenhofje** (Nr. 28–38), die beide aus dem Jahr 1648 stammen und einen gemeinschaftlichen Innenhof umschließen. Normalerweise kann man sich die Höfe unter Rücksichtnahme auf die Bewohner auch von innen ansehen. Es kommt allerdings doch manchmal vor, dass die Zugangstüren geschlossen sind und das sollte man dann respektieren.

### 47 Karthuizerstraat ★ [E4]

Die Karthuizersstraat verweist auf das frühere Kloster von 1394. Es ist etwas schwierig vorstellbar, aber im Mittelalter lag der **Klosterkomplex** ein gutes Stück außerhalb der Stadt. So wurde es im 16. Jahrhundert auch von den Geusen verwüstet. Das Gelände der Anlage reichte von der Goudsbloemstraat bis an die Westerstraat. In der Karthuizerstraat stehen bei Nr. 13–19 die **Häuser mit den Namen der Jahreszeiten.**

## 48 Westerstraat ★★ [E4]

Durch das Zuschütten der Gracht ist die Westerstraat optisch etwas aus der Fasson geraten, denn die Straße ist dadurch viel zu breit geworden. Die Gesamtkomposition mit den Häusern wirkte harmonischer, als die Gracht noch hier durchführte und es noch Bäume gab. Besonders belebt ist die Straße an den **Markttagen.** Montagvormittags verwandelt sich die Westerstraat durch die Stoffhändler in ein Meer aus bunten Tüchern.

KLEINE PAUSE

### Spannende Küche

Im Daalder Atelier entwickelt Chefkoch Dennis Huwaë seine neuesten Kreationen. Er stand bereits mehrmals in der Top-100-Liste der Best Chef Awards.

7 [F3] **Daalder Atelier,** Lindengracht 90, Tel. 6248864, https://daalderamsterdam.nl/daalder-atelier, Mo. 18.30–24, Fr./Sa. 12.30–24 Uhr

Die Straße endet im Osten am **Noordermarkt**, wo sich der gesellige Handel an den Ständen fortsetzt. Zwischen 1620 und 1623 wurde die **Noorderkerk** gebaut. Die Kirche war nötig geworden, da die Bevölkerung in diesem Stadtteil rasend schnell zunahm. Der Entwurf in Form eines griechischen Kreuzes stammt von Hendrick de Keyser, dessen Werk nach seinem Tod durch seinen Sohn Pieter weitergeführt wurde.

Durch ihren Grundriss, die klassischen Ornamente und die Verzierung stellt sich De Keyser als Handwerksmann in die Tradition des Mittelalters. Leider ist die Kirche nicht hoch genug, als dass man sie von verschiedenen Punkten des Viertels aus sehen könnte. Die Gebäude rund um die Kirche herum sind allerdings sehr schön anzusehen.

*Das Suykerhofje (s. S. 71) ist eine der vielen Grünflächen in den Hinterhöfen*

## Sozialer Wohnungsbau anno dazumal

*Eine Art der **Sozialfürsorge** waren „hofjes“ (wörtlich übersetzt „Höfchen“). Reiche Leute bauten eine Reihe von kleinen Häusern um einen Innenhof, die **Armen und Alten frei als Wohnraum zur Verfügung gestellt** wurden. Manchmal waren an diese Unterkunft **Bedingungen** geknüpft, beispielsweise bestimmte Tätigkeiten, die man noch zu verrichten hatte, dass man keine Personen des anderen Geschlechts einladen durfte oder dass man einen guten Ruf haben musste. Teilweise bauten begüterte Bürger diese Wohnungen auch als Altersruhesitz für ihre ehemaligen Bediensteten. Der Kauf von „hofjes“ im Jordaanviertel war beliebt, da die Grundstückspreise hier wesentlich niedriger lagen als in anderen Teilen der Stadt.*

*Die Willemsstraat war eine der ersten Straßen, die von den **philantropischen Wohnungsbaugesellschaften** als Projekt ausgewählt wurde. Auch in der Palmstraat und in der Goudsbloemstraat waren diese Gesellschaften tätig, um Arbeitern **einfachen, jedoch qualitativ guten Wohnraum** zur Verfügung stellen zu können. Da man kein Geld zu verschwenden hatte, fielen die Häuserfronten in ihrer Formgebung meist auch recht einfach aus. Für heutige Ansprüche mussten bei späteren Renovierungsarbeiten allerdings einige Anpassungen wie größere Fenster, größerer Wohnraum o. Ä. vorgenommen werden.*

*Nach dem Jahr 1880 stellte die Stadt etwas mehr Geld zur Verfügung, sodass die **Wohnsituation auch für die Ärmsten der Armen verbessert** werden konnte. Louise Went (die später mit dem Architekten Van der Pek verheiratet war) und Hélène Mercier setzten sich in der „Bouwonderneming Jordaan“ für diese Ziele ein. Van der Pek wurde auch für die Realisierung von Bauplänen herangezogen, wobei die Gestaltung des Wohnraums am tatsächlichen Leben und den Bedürfnissen der Menschen dort orientiert war (Goudsbloemstraat 125–139). Allerdings waren auch diese Wohnungen für die meisten ehemaligen Mieter wieder zu teuer.*

***Johanna ter Meulen** gründete die „Bouwmaatschappij Oud Amsterdam“. Als Direktorin der Wohnungsbaugesellschaft sorgte sie dafür, dass neue und gute Arbeiterwohnungen gebaut wurden und diese dem Zweck entsprechend genutzt wurden. Desweiteren unterhielt sie eine Beratungsstelle für die Anwohner. Heute würde man sie wohl als Sozialarbeiterin bezeichnen. Ihr Büro hatte sie in der Anjelierstraat 149.*

*In der **Lindengracht** (206–220) entwarf Van der Pek Häuser, die gleichzeitig als Geschäft und Lagerhalle genutzt werden konnten. Diese waren teurer und daher auch vielfältiger ausgestaltet. Durch die Reliefs und in Schriftzügen sind verschiedene Baugewerbe abgebildet. Diesen Häusern gegenüber (bei Nr. 149–163) liegt das **Suykerhofje**, das nach seinem Stifter Pieter Jansz. Suykerhoff benannt ist. In der entgegengesetzten Richtung, bei Nr. 94–110, ist das **Lindenhofje** aus dem Jahr 1614 zu sehen.*

EXTRATIPP

**Johnny Jordaan**

Wo die zugeschüttete Elandsgracht auf die Prinsengracht stößt, wurde ein Teil als **Johnny Jordaan Plein** eingerichtet. Johnny (ausgesprochen als „Schonnie") Jordaan (1924–1989) war die Verkörperung des Jordaanliedes schlechthin. Aufgewachsen und geprägt von schwierigen und erbärmlichen Verhältnissen, verlieh er in seinen Liedern der armen Bevölkerung eine Stimme. Das sogenannte Amsterdamer Lebenslied besingt die einfachen Leute, die sich durchkämpfen müssen, kleine Gauner, treue Freunde, Nachbarn, die zusammenhalten. Anfangs weigerten sich fast alle Radiosender, seine Platten zu spielen, da ihnen der Kulturgehalt zu niedrig erschien. Rau, doch kitschig und mit viel Vibrato gesungen, prägen seine Interpretationen auch heute noch dieses Genre, das sich immer einer treuen Hörerschaft versichert weiß.

Bei Haus Nr. 9 ist noch ein **Trinkwasseranschluss** der Stadt zu entdecken. Da das Grachtenwasser für den Verzehr unbrauchbar war, musste das gesamte Frischwasser mit Booten herangeführt werden. Da man allerdings Belagerungen zu fürchten hatte, legte die Stadt mehrere Frischwasserreservoirs an.

★8 [F3] **Noorderkerk,** Noordermarkt 48, geöffnet (falls nicht anderweitig besetzt) Mo./Sa. 10.30–12.30 Uhr, Eintritt frei, www.noorderkerk.org

## 49 Egelantiersstraat ★★ [E4]

Von der Westerstraat führt die 1e Anjeliersdwarsstraat über die 1e Tuindwarsstraat in die 1e Egelantiersdwarsstraat, wo man (recht unscheinbar) den Zugang zum **Claes Claesz. Anslo Hofje** entdecken kann. Hierbei handelt es sich um eine Wohnhausanlage mit Innenhof, die von einem Tuchhändler aus Norwegen in Auftrag gegeben worden war.

An der Egelantiersstraat Nr. 52 ist im Giebel eine Hand zu sehen, die mit einer Feder schreibt. Der Fassadenstein ist eine Kopie eines berühmten Werks von Cornelis Anthonisz, gestorben 1554, der damals so berühmt war, dass er von Kaiser Karl V. den Auftrag erhielt, Amsterdam zu malen. Dieses sehr detaillierte Gemälde des damals noch wesentlich kleineren Amsterdam hängt heute im **Amsterdam Museum** (s. S. 43). Den **Fassadenstein mit der schreibenden Hand** gab im 17. Jahrhundert ein Lehrer namens Wient in Auftrag. Er war Eigentümer dieses Hauses und verdiente mit dem Schreiben und Vorlesen von Schriftstücken sein Geld. Die Giebelzeichnung diente wohl, außer zur üblichen Namensgebung für ein Haus (die Häuser hatten damals keine Nummern sondern Namen), auch als Reklameschild – schließlich musste jedem Vorbeigänger deutlich werden, dass in diesem Haus ein Schriftgelehrter seiner Arbeit nachging.

Auf der Egelantiersgracht begann bei **Café 't Smalle** die Brennerlaufbahn von Pieter Hoppe. Hoppe-Jenever ist auch heute noch sehr bekannt. (Jenever ist der niederländische Wacholderbranntwein und gleichzeitig das Nationalgetränk.)

Im Café gibt es als besonderes Überbleibsel aus diesen Anfangszeiten noch eine sogenannte **„drankorgel"** (Trankorgel) zu sehen. Weil zu früheren Zeiten im Ausschank nicht genügend Flaschen und Krüge zur Verfügung standen, wurde eine Zapfsäule installiert, die direkt mit

EXTRATIPP

**Typische Jordaancafés**

› **Café Nol** (s. S. 134). Das rot ausgestattete Café wurde 1966 gegründet und bleibt dem niederländischen Liedgut verschrieben.

9 [F3] **Café Thijssen,** Brouwersgracht 107, Tel. 6238994, www.caféthijssen.nl. Eine entspannte Atmosphäre für einen Kaffee, ein Bier oder eine kleine Mahlzeit.

einem Fass Schnaps etc. verbunden war. Mit einer Pumpe konnte in den Glaskolben, der wie eine Orgelpfeife aussieht, eine bestimmte Menge Alkohol hochgepumpt und dann von dort in mitgebrachte Flaschen oder Krüge umgefüllt werden.

10 [E4] **Café 't Smalle,** Egelantiersgracht 12, www.t-smalle.nl

## 50 Bloemgracht ★ [E5]

Die 2e Leliedwarsstraat, in der bei Nr. 17 ein Haus in holländischem Renaissancestil von Berlage steht, führt zur Bloemgracht. Die Bloemgracht und Rozengracht gehörten im 17. und 18. Jahrhundert zu den angeseheneren Adressen im Stadtteil Jordaan. In der Bloemgracht steht noch eine ganze Reihe dieser Häuser. Bei Nr. 87–91 stehen die **Häuser Stadtmann, Landmann und Seemann,** die von der Stiftung Hendrik de Keyser renoviert und wieder vermietet wurden. Allerdings haben die Mieter jede Menge Auflagen bekommen, da an dem ursprünglichen Zustand der Häuser (auch innen) nichts verändert werden darf. Die Klappen an den unteren Fenstern dienten früher als Verkaufstheke.

# Ehemaliges Judenviertel

## Überblick

Ein Rundgang durch das jüdische Viertel ist genau genommen eigentlich nicht möglich, da es **so nicht mehr existiert,** denn während der Besatzungszeit im Zweiten Weltkrieg wurden aus Amsterdam beinahe alle Juden in **Konzentrationslager** deportiert und nur ein sehr kleiner Teil überlebte. Das ehemalige jüdische Viertel wurde bei den Wiederaufbauarbeiten nach dem Krieg grundlegend verändert. Dennoch sind bei genauerem Hinsehen noch **Spuren der reichen und vielfältigen jüdischen Kultur** zu entdecken.

Das ehemalige Judenviertel der Stadt erstreckt sich zwischen Oude Schans und Amstel im Westen über die Sarphatistraat im Süden und Osten und die Prins Hendrikkade, Kattenburgergracht und Wittenburgergracht.

### Die Juden in Amsterdam

Die ersten jüdischen Einwanderer kamen wohl **um das Jahr 1600 aus Portugal** nach Amsterdam. Als in Europa die Auseinandersetzungen mit den Spaniern zunahmen, hatte das einen wahren Strom jüdischer Einwanderer zur Folge. Zunächst aus Portugal und Spanien geflüchtet, verließ bei der Besetzung Antwerpens der Großteil der (jüdischen) Einwohner die Stadt, da die Spanier die Bevölkerung zwangen, zum katholischen Glauben überzutreten.

Viele jüdische Kaufleute kamen nach Amsterdam und **verhalfen der Stadt zu Wohlstand und Ansehen.** Zwar hatte man bei der Union von Utrecht (1579) beschlossen, dass niemand wegen seines Glaubens verfolgt werden durfte, aber auch hier bestanden starke Vorbehalte gegen Juden. Letztendlich siegte jedoch der Handelsgeist, da man einsah, dass die portugiesischen Juden mit ihrem **Reichtum** und ihren **Handelskontakten** in die ganze Welt ihren Teil dazu beitragen konnten, Amsterdam einen wichtigen Platz auf dem Weltmarkt zu erobern.

Die meisten portugiesischen Juden hatten einen hohen Bildungsstand, waren in Kultur und Kunst bewandert, beherrschten mehrere Sprachen, unterhielten Handelskontakte zu anderen jüdischen Niederlassungen in Venedig, Saloniki, Konstantinopel und Amerika und waren ihrer nichtjüdischen Umgebung ebenbürtig.

Außer der kleinen Gruppe mehrheitlich begüterter, portugiesischer Juden lebte in Amsterdam auch eine sehr viel größere, ebenfalls im siebzehnten Jahrhundert zugewanderte Gruppe **aschkenasischer Juden aus Mittel- und Osteuropa (Polen, Litauen, Deutschland)**, die im Gegensatz zu den Portugiesen sehr **arm** waren. Aus den Steuereintragungen von 1674 geht hervor, dass das Pro-Kopf-Vermögen bei der aschkenasischen Gemeinde bei 3,48 Gulden und bei der portugiesischen Gemeinde bei 1448,72 Gulden lag. Erst Ende des 18. Jahrhunderts erreichten einige wenige reiche aschkenasische Juden einen Lebensstandard, der mit dem der portugiesischen Juden vergleichbar war.

Ein weiterer Unterschied war, dass die portugiesischen Juden durch Vertreibung und Scheinübertritte zum Katholizismus mit der hebräischen Sprache und den **jüdischen Gebräuchen** nicht so gut **vertraut** waren wie die aschkenasischen Juden, deren Umgangssprache Jiddisch war.

## Wirtschaftslage

Die reichen Juden profitierten wie die übrigen Amsterdamer im 17. Jh. vom Aufschwung der Stadt. Während der daran anschließenden wirtschaftlichen Flaute zehrte ganz Amsterdam über ein Jahrhundert lang von den Reichtümern, die man im „Goldenen Jahrhundert" angesammelt hatte.

Die **armen Juden** blieben im Gegensatz dazu auch während der Blütezeit arm und lebten jahrhundertelang am Rande des Existenzminimums. Dass die Juden als Gesamtgruppe **zu den ärmsten Teilen der Bevölkerung gehörten**, ist auch daran sichtbar, dass 1795, als es mit der Amsterdamer Wirtschaft sehr schlecht stand, 36,7 % der Amsterdamer auf eine Unterstützung der Stadt angewiesen waren, bei den portugiesischen Juden waren dies jedoch 54 % und bei den aschkenasischen Juden sogar 87 %.

## Rechte und Pflichten

Obwohl in Amsterdam **relative Glaubensfreiheit** herrschte und die Juden nicht gezwungen waren, in einem Getto zu leben oder Erkennungszeichen zu tragen, die sie als Juden auswiesen, waren sie auch hier **bei ihren wirtschaftlichen Betätigungen Einschränkungen unterworfen.** So konnten sie nicht Mitglied einer Zunft werden und durften keinen Laden besitzen. Übrig blieben daher der Straßenhandel und nicht geregelte Tätigkeiten wie die Diamantverarbeitung, die Seiden, Tabak und Zucker verarbeitende Industrie und das Druckhandwerk, da man in Amsterdam in der Herstellung hebräischer Bücher keine Konkurrenz fürchtete. Des Weiteren hatten Juden **keine Bürgerrechte.** Diese konnten zwar einzelnen Personen verliehen

werden, aber die Bürgerrechte wurden nicht in die nächste Generation vererbt. Erst 1796 wurden Juden diese Rechte zuerkannt.

Beide jüdischen Gemeinden hatten **Selbstverwaltungsorgane,** die juristische Befugnisse über die eigene Gemeinde hatten. Die Armensorge war eine der Hauptaufgaben dieser Organe. Für die jüdischen Bewohner bedeutete dies, dass sie ihren eigenen Regeln und Gesetzen entsprechend leben und weiterhin ihre eigene Sprache sprechen konnten. Auch zogen es die meisten Juden vor, in Gebieten zu leben, in denen auch andere Juden wohnten.

*Das Denkmal des „Dokwerker" 65 erinnert an den einzigen Streik, der je gegen die Nazis geführt wurde*

### Die Stadterweiterungen von 1592 und 1662

Bei den Stadterweiterungen von 1592 und 1662 entstand das Gebiet, in dem sich später die Juden ansiedelten.

Da die an der Oude Schans angesiedelten **Schiffsbau- und Industriebetriebe mehr Platz benötigten,** entschloss man sich 1591, die Stadt **nach Osten hin zu erweitern.** Siebzig Jahre später verschob man die Betriebe nochmals von den Inseln Uilenburg, Marken und Rapenburg ein weiteres Stück nach Osten, sodass sie sich schließlich auf den östlichen Inseln Kattenburg, Wittenburg und Oosterburg einrichteten. Heute macht man sich häufig nicht mehr klar, dass all diese Gebiete im Grunde genommen **kleine Inseln** sind, die zum Teil nur an wenigen Stellen mit dem Rest verbunden waren oder sind. (Manche Grachten wurden für den immer wichtiger werdenden Straßenverkehr zugeschüttet.) Sieht man sich jedoch die Karte an, so kann man dies noch genau erkennen. Auch das Gebiet, auf dem heute das Musiktheater und das Rathaus 34 liegen, war ursprünglich eine solche Insel. Mit der zweiten Stadterweiterung hatte die Stadt ihre charakteristische halbrunde Form erhalten.

## 51 Blauwbrug ★ [J8]

Die blaue Brücke über die Amstel erhielt ihren Namen, da das Holz der ersten Brücke blau gestrichen war. Die **jetzige Überführung** ist **angelehnt an** die großartigen **Brücken in London, Wien oder Paris.**

Die Brücke bildete den wichtigsten Zugang zum Judenviertel, denn die zur Bewohnung freigegebenen Inseln waren hauptsächlich für arme Bewohner bestimmt. Vor allem die aschkenasischen Juden konzentrierten sich in diesen Stadtteilen.Die Wohnverhältnisse waren größtenteils so erbärmlich, dass sich die Stadt einige Male gezwungen sah, ganze Viertel abzureißen und das Gelände neu zu bebauen.

*Markante Leuchte auf der Blauwbrug*

071am Abb.: bs

## 52 Ehemaliges Jungenwaisenhaus ★ [J8]

Von der Blauwbrug hat man einen guten Blick auf den Rundbogen des **Muziektheaters 34**, das im Kapitel „Innenstadt" beschrieben ist.

Rechts vom Theatereingang sieht man in den Boden eingelassen die **Umrisse des Jungenwaisenhauses Megadle Jethomiem.** Dieses konnte Mitte des 19. Jahrhunderts durch eine Schenkung eröffnet werden. Im März 1943 wurden alle Kinder ins Konzentrationslager Sobibor deportiert.

## 53 Oudezijds Huiszittenhuis ★ [K7]

An der Ostseite des **Muziektheaters 34** bei Haus Nr. 211 stößt man auf das Oudezijds Huiszittenhuis von 1654, von wo aus hauptsächlich **alte Menschen**, die zwar noch ein Dach über dem Kopf hatten, sich jedoch nicht mehr selbst versorgen konnten, eine Art **Sozialhilfe** erhielten. Auch **Saisonarbeiter**, die im Winter keine Einkünfte mehr hatten, konnten diese Unterstützung in Anspruch nehmen. Allerdings musste man dem exzessiven Trinken abschwören, man durfte nicht fremdgehen und musste sich um Arbeit bemühen, um die Unterstützung zu erhalten. Spenden wurden auf dem Hinterhof ausgeteilt. Das Grundstück war über eine Pforte an der Nieuwe Amstelstraat erreichbar.

› Waterlooplein 211. U-Bahn (Waterlooplein)

## 54 Moses-und-Aaron-Kirche ★ [K7]

Wo Nord- und Ostseite des **Rathauskomplexes 34** aufeinandertreffen, trifft man auf die Moses-und-Aaron-Kirche. Man sieht es der reich gestalteten Außenfassade nicht mehr an, dass auch diese Kirche einst aus einer *schuilkerk* (versteckte Kirche) entstanden ist.

Die **Franziskaner**, die diese Kirche zunächst betreuten, durften ihren Glauben zwar behalten, jedoch musste dies in einer Form geschehen, die nach außen nicht sichtbar war. Mitte des 17. Jahrhunderts hielt man seine Gottesdienste zunächst im Haus Moses an der Jodenbreestraat ab. Später konnte dann das danebenliegende Haus Aaron dazuerworben werden.

1686 begann man mit dem **Bau der großen Kirche**, die heutige Kirche entstand 1837–1841. Da man seit dieser Zeit die Straßenführung wesentlich verändert hat, steht das Gebäude etwas verloren am Ende des Waterloopleinmarktes. Auch machen die fehlenden Verzierungen an der rechten Seite deutlich, dass die Kirche ursprünglich zwischen zwei Gebäuden stand.

Das Vorhandensein dieser **christlichen Kirche** mit dem heiligen Franziskus über dem Eingang mitten im Judenviertel beweist, dass das Wohnviertel nie ausschließlich für Juden bestimmt und nur von ihnen bewohnt war. Der **Waterloopleinmarkt** war ab 1886 der Marktplatz des jüdischen Viertels. Hier spielte sich der gesamte Handel der Juden ab, da es ihnen – wie bereits erwähnt – nicht erlaubt war, einen Laden zu besitzen. Der Markt auf dem Waterlooplein löste den Markt auf der St. Antoniesbreestraat und der Jodenbreestraat ab, da die Gemeinde in dieser Zeit beschlossen hatte, die Breestraat zu einer breiten Straße zu erweitern, um den Verkehr in die Stadt zu leiten. Bis heute findet man hier viel Außergewöhnliches, Neues und Altes.

› Waterlooplein 205. U-Bahn (Waterlooplein)

## 55 Rembrandthaus ★★★ [J7]

An der Jodenbreestraat 4–6 steht das Rembrandthaus, in dem der Künstler von 1639 bis 1658 lebte und arbeitete. Obwohl sich Rembrandt 1639 bereits einen Namen als Künstler erarbeitet hatte, konnte er das Haus nicht auf einmal kaufen, sondern musste eine Hypothek aufnehmen. Dass er das Haus nicht abbezahlte, obwohl er viele Jahre als Künstler gute Geschäfte machte, sollte sich letztendlich rächen, denn 1658 wurden sein Besitz und sein Haus aus Geldmangel versteigert, wonach er in ein kleineres Miethaus in der Rozengracht umzog.

In den verschiedenen Zimmern des Rembrandthauses sind beinahe alle **Radierungen** des Künstlers zu besichtigen und es finden wechselnde **Ausstellungen** über seinen Lehrmeister, seine Zeitgenossen und Schüler statt. Im ehemaligen Nachbarhaus (Nr. 2) wohnte von 1627 bis 1647 der Kunsthändler Hendrick Uylenburgh, dessen Tochter Saskia Rembrandt später heiratete. Im Rembrandthaus wurde der gemeinsame Sohn Titus geboren und Saskia starb hier. Durch Rembrandt weiß man, dass es zwischen jüdischen und christlichen Künstlern auch einen regen Austausch gab. Er porträtierte beispielsweise die Bewohner des Wohnviertels und fertigte Radierungen zu jüdischen Büchern an.

Schräg gegenüber vom Rembrandthaus findet man die **Leprapforte** 19, auf der Kranke abgebildet sind, die um Einlass in die Stadt bitten.

› Jodenbreestraat 4–6, Tel. 5200400, www.rembrandthuis.nl, täglich 10–18 Uhr, Eintritt 17,50 €, Kinder 6–17 Jahre 6 €, Straßenbahn 14 (Mr. Visserplein), U-Bahn (Waterlooplein)

## 56 Diamantschleiferei Gassan Diamonds BV. ★ [K7]

Von der Jodenbreestraat geht der Uilenburgersteeg ab, der in die Nieuwe Uilenburgerstraat übergeht. **Uilenburg** war eine der **Inseln**, die zur **Lagerung von Schiffsladungen** dienten. Ursprünglich verliefen zwei Straßen in Längsrichtung auf der Insel, an denen vor allem Speicherhallen und Schiffswerften zu finden waren.

Was sich dort an **Wohnungen** befand, war jedoch in einem solch **schlechten Zustand**, dass sich die Stadt zu Beginn des 20. Jahrhunderts gezwungen sah, das Gebiet zu beschlagnahmen. Bei über einem Drittel der Wohnungen war auch durch Renovieren keine Verbesserung der Wohnsituation möglich. Teilweise lebten hier Familien mit acht oder mehr Kindern in einem Zimmer, in dem nicht nur gelebt und geschlafen, sondern sogar noch gearbeitet werden musste.

Das gesamte Gebiet wurde **abgerissen.** Beim **Wiederaufbau** machte man aus den beiden schmalen Straßen eine breite. Die Wohnblöcke mit den geraden Nummern stammen noch aus dieser Zeit des Neuaufbaus.

Eine Besichtigung wert ist die **Diamantschleiferei Gassan Diamonds BV.** Diese hat ihren Sitz in einem Gebäude, das zwischen 1876 und 1878 für die Gebrüder Boas gebaut wurde. Die ursprüngliche Diamantschleiferei der Brüder, deren Vater Schuhmacher gewesen war, war durch eine Blüte des Diamanthandels zu groß für die vorhandenen Gebäude geworden, sodass man die neue Fabrik in Auftrag gegeben hatte.

Das **Gebäude** wurde absichtlich außen so verziert, dass es nicht direkt den Eindruck einer Fabrik weckt. Der Bau ist zudem auffallend breit, aber nicht sehr tief, da Tageslicht für die Schleifarbeiten von größter Wichtigkeit ist. Das Unternehmen bot mehreren Hundert Diamantschleifern einen gut bezahlten Arbeitsplatz und sicherte somit das Überleben vieler jüdischer Familien.

Bereits Ende des 19. Jahrhunderts war man dazu übergegangen, nicht mehr selbst Rohdiamanten einzukaufen und die geschliffenen Edelsteine wieder zu verkaufen, sondern Arbeitsplätze und Geräte zu vermieten. Die Weltwirtschaftskrise führte letztendlich zum **Zerfall des Unternehmens.** Im Gebäude kamen daher andere Industrien unter und die Fabrik wurde von den deutschen Besatzern schließlich liquidiert.

Im Jahre 1989 übernahm die Firma Gassan Diamonds BV. das Gebäude und gestaltete es um. Mit dem Unternehmen, das 1945 von Samuel Gassan gegründet worden war, der das Diamantschleifen übrigens noch im Boas-Gebäude gelernt hatte, **kehrte** das **Diamanthandwerk** wieder in das Gebäude **zurück.** Die Innenausstattung wurde dabei gründlich renoviert.

Gassan Diamonds BV. bietet sowohl für Einzelpersonen als auch für Gruppen kostenlose **Führungen** (auch auf Deutsch) durch das Gebäude an. Von 9–17 Uhr kann man sich hierfür bei der Rezeption oder online anmelden und hat am Ende einer Führung natürlich auch die Gelegenheit, Steine zu erwerben. Größere Gruppen sollten sich bereits vorher anmelden.

› Nieuwe Uilenburgerstraat 173–175,
Tel. 6225333, www.gassan.com,
Straßenbahn 14 (Mr. Visserplein),
U-Bahn (Waterlooplein)

## Der Pakt mit dem Teufel

*Der Jüdische Rat ist* ***eines der auch heute noch am heftigsten umstrittenen Organe.*** *Die Nazis waren dazu übergegangen, alle jüdischen Angelegenheiten durch diesen Rat regeln zu lassen. Der Rat musste beispielsweise für die* ***Durchführung von Judengesetzen,*** *Bestimmungen und Regelungen sorgen. Die Mitglieder hofften, durch ihre Mitarbeit größeres Unglück verhindern zu können. In Wahrheit hatte man jedoch überhaupt keinen Handlungsspielraum. Es war ein besonders zynischer Einfall der Deutschen, die Mitglieder des Rates zu* ***Kollaborateuren der Judenvernichtung*** *zu machen. Auch heute scheiden sich noch die Geister, ob der Rat damals die Mitarbeit hätte verweigern müssen.*

Wer die Straße noch weiter hineingehen will, findet bei Haus Nr. 91 die **Aschkenasische Synagoge** von 1766. Diese war im Besitz der aschkenasischen Juden. 2015 übernahm eine Stiftung das Gebäude, ließ es grundlegend sanieren und inzwischen finden hier Kurse, Konzerte und Veranstaltungen statt (www.uilenburgersjoel.nl). Leider versperrt eine Mauer die Sicht.

Noch ein Stück weiter stehen dann die **Rheinuferpackhäuser,** die zur ursprünglichen alten Bebauung gehören und aus der zweiten Hälfte des 17. Jahrhunderts stammen. Die Namen Francfurt, Maintz, Koblenz, Colln, Bonn und Mannheim verweisen auf die Rheinstädte, mit denen man intensive Handelskontakte unterhielt.

## 57 Portugiesische Synagoge ★ [K7]

Auf dem Mr. Visserplein, der nach Louis Ernst Visser, dem Präsidenten des Hohen Rates während der Besatzungszeit, benannt ist, befindet sich direkt gegenüber der Jodenbreestraat (Haus Nr. 3) die portugiesische Synagoge aus dem Jahr 1675, die **bei ihrem Bau die größte Synagoge der Welt** war. Das Bauwerk von Elias Bouwman dominierte damals mit seiner Größe die Umgebung. Es ist eine langgezogene Version der hochdeutschen Synagoge (die heute Teil des Gebäudekomplexes des **Joods Historisch Museum** 64 ist), die derselbe Architekt entworfen hatte. Die Länge des Gebäudes wird betont durch die Bänke und die Frauengalerie, die in Längsrichtung verlaufen. Ein Besuch der Synagoge lohnt sich, da hier das **Originalinventar** größtenteils erhalten geblieben ist. In der Holzarche (ca. 1670) werden die Gesetzesrollen bewahrt, wovon die älteste aus dem Jahr 1602 stammt. Beleuchtet wird die Synagoge mit über 1000 Kerzen auf Kupferkronleuchtern.

Zum Gebäudekomplex gehört ein **Seminar** mit einer **Bibliothek**, die durch ihre Kollektion an Sephardica zu den wichtigsten jüdischen Bibliotheken der Welt zählt. Ein weiterer Raum des Seminars wird im Winter als Synagoge genutzt, da es in der großen Synagoge zu kalt ist.

› Mr. Visserplein 3, www.portugesesynagoge.nl, Tel. 5310380, So.–Do. 10–17 (Dez./Jan. bis 16 Uhr), Fr. Nov.–Feb. 10–14, März/April/Sept./Okt. 10–16, Mai–Aug. 10–17 Uhr, Sa. u. an jüdischen Feiertagen geschl., Kombiticket mit Joods Historisch Museum 64 und Hollandsche Schouwburg 61 17 €, 13–17 J. 8 €, 6–12 J. 5 €, Straßenbahn 14 (Mr. Visserplein), U-Bahn 51, 53, 54 (Waterlooplein)

## Entrepotdok

*Als Amsterdam noch ein wichtiger Umschlaghafen war, konnte man es sich leisten, auf Güter, die hier nur umgeschlagen wurden, **zweimal Zoll** zu **erheben.** Händler mussten zuerst für die Einfuhrrechte und dann wieder für die Ausfuhrrechte bezahlen. Zu dieser Zeit standen an der Stelle Lagerhallen und Wohnhäuser nebeneinander.*

*Als im 19. Jahrhundert die Handelsposition sehr viel ungünstiger geworden war, konnte man **keine doppelte Verzollung mehr** fordern, wollte man als Umschlaghafen im Rennen bleiben. Daher richtete man sogenannte **„rijksentrepots" (staatliche Zwischenlagerhallen)** ein. Für die Güter musste erst dann Zoll bezahlt werden, wenn man sie importieren wollte. Zu diesem Zweck wurden 1827 die Lagerhallen an der Rapenburgergracht als „entrepots" ausgewiesen. Die Wohnhäuser, die zwischen den Lagerhallen standen, wurden abgerissen und an ihre Stelle kamen neue Lagerhallen. Auch wurde entlang des Laagte Kadijk eine Mauer gebaut, die den Schmuggel von Waren verhindern sollte.*

*Ende des 19. Jahrhunderts war es jedoch für große Schiffe nicht mehr länger möglich, am Entrepotdok anzudocken, da man eine Eisenbahnverbindung angelegt hatte. Die Zwischenlager wurden daher an den Cruquiusweg verlegt. Die Lagerhallen am Entrepotdok wurden nach und nach verlassen und dem Verfall überlassen.*

*1981 gab die Wohnungsbaugesellschaft, die Eigentümerin des Komplexes war, den **Umbau** in Auftrag. Aus den Lagerhallen sollte **Wohnraum** entstehen. Da in den Lagerhallen schlechte Lichtverhältnisse herrschten, weil die Hallen 30 bis 40 m tief waren, entschied man sich schließlich dafür, aus der Mitte ein Stück herauszunehmen, sodass ein Innenhof entstand. Damit konnten die Grundform und die Außenfassaden in ihrer ursprünglichen Form erhalten bleiben.*

### 58 Rapenburgerstraat ★ [K7]

Bei der ersten Stadterweiterung in diesem Gebiet standen an dieser Stelle die **Verteidigungswälle.** Da diese aber im Jahr 1662 ihre Funktion verloren, konnten sie abgerissen und/oder umgebaut werden. Im Haus Nr. 175–179 war von 1839–1943 das **Nederlands Israelitisch Seminarium** ansässig, in dem man eine anerkannte Ausbildung zum Rabbiner erhalten konnte. Das Gebäude war ein Geschenk des Bankiers David Hollander. Bei den Hausnummern 169–171 stößt man auf das ehemalige **niederländisch-israelitische Mädchenwaisenhaus,** das seit 1861 achtzig Mädchen eine orthodox-jüdische Erziehung ermöglichte. Am 10. Februar 1943 wurden die Bewohnerinnen in ein Konzentrationslager verschleppt.

Im **Beth Hamidrasj Ets Chaim**, Nr. 109, konnte man seit 1740 die Thora und die jüdischen Gebräuche studieren. Studium und Disput als wesentlicher Teil des jüdischen Lebens. Das heutige Gebäude stammt aus dem Jahr 1883 (die Zahlen im Giebel geben das Jahr nach jüdischer Zählung wieder). Im Krieg wurde das Studienhaus geschlossen. Nach dem Krieg diente das Haus als Fabrikgebäude, weshalb es bis zur Unkenntlichkeit umgebaut wurde. 1973 erwarb der Vorsitzende der jüdischen Gemeinde Amsterdams das Gebäude und ließ es grundlegend renovieren.

Von der Rapenburgerstraat kommt man in die Anne Frankstraat, die allerdings lediglich nach **Anne Frank** benannt ist. Das Versteck, in dem Anne und ihre Familie sich vor den Nationalsozialisten versteckten, liegt an der Prinsengracht 263 (Anne-Frank-Haus 44). Die Anne-Frankstraat geht beim Wertheimpark in die Plantage Parklaan über, wodurch man sich mitten in dem **Plantage** genannten Gebiet befindet.

## 59 Henri Polaklaan ★★ [L7]

Durch die Vorgärten der verschiedenen Häuser und da die Straße am Anfang und am Ende durch einen Park abgeschlossen wird, hat sich die Henri Polaklaan einen **ländlichen Charakter** bewahrt.

Bei Nr. 6–10 befand sich von 1916 bis zur Deportation der Patienten und des Personals das **portugiesisch-israelitische Krankenhaus.** Der Pelikan, der seine Jungen füttert, ist das Symbol dafür. Der Wohnblock Nr. 16–28 von 1864 war bei der Bebauung der Plantage das höchste Gebäude.

Der wichtigste Bau hier ist jedoch das **Gewerkschaftshaus des ANDB** (Nr. 9). Der Vorsitzende Polak gab bei Berlage den Entwurf eines Sitzes für die Diamantarbeitergewerkschaft in Auftrag. Der Turm als Symbol der Kraft der organisierten Arbeiterklasse und die große Freitreppe, die den Arbeiter im eigentlichen und im übertragenen Sinne erhöht, sollten dem neuen Bewusstsein der Arbeiterklasse Ausdruck verleihen. Der Vorstandsraum, früher das Büro Henri Polaks, ist ein Geschenk jugendlicher Mitglieder, die damit ihrer Dankbarkeit Ausdruck verleihen wollten, dass mithilfe des Vorstands 1911 der achtstündige Arbeitstag eingeführt worden war.

Der besondere Bau, in dem man auch Konferenzsäle oder Räumlichkeiten für Hochzeiten mieten kann, ist einmal pro

207am Abb.: bs

*Das Gewerkschaftshaus des ANDB, auch De Burcht genannt, wurde von Hendrik Petrus Berlage entworfen*

## Henri Polak

*Die Henri Polaklaan* 59 *ist nach dem* ***Vorsitzenden des Algemene Nederlandse Diamantwerkersbond (ANDB)*** *benannt. Der* ***Sozialist*** *Polak hatte sich innerhalb der niederländischen Gewerkschaften besonders verdient gemacht. Er war für die unterste Schicht der Amsterdamer Bevölkerung, nämlich die Juden, ein Held. Der Sozialismus sollte auf demokratischem Weg ohne Gewalt erreicht werden, indem die Situation der Arbeiter verbessert wurde. Klassenbewusste, solidarische Sozialisten wollte er erziehen, die auch an Kunst und Wissenschaft interessiert sein würden.*

*Der ANDB regelte eine Art Kranken- und Unfallversicherung, Stipendien und Ferienheime. Bildung und Erziehung waren die höchsten Ziele. Durch die* ***Gewerkschaftsaktivitäten*** *konnten viele Juden zum ersten Mal die Kultur außerhalb ihres eigenen Gettos kennenlernen. Dies führte zu* ***Vermischung und Integration verschiedener Kulturen,*** *was noch dadurch unterstützt wurde, dass die Arbeiter begannen, auch in andere Viertel der Stadt zu ziehen. Man suchte sich dabei allerdings hauptsächlich Viertel aus, in denen bereits andere Juden wohnten, denn obwohl die sozialistische Bewegung in diesen Jahren mehr für die Integration erreichte, als in den Jahrhunderten davor möglich gewesen war, fühlten sich Juden in einer völlig fremden Umgebung noch immer bedroht.*

Monat bzw. für Gruppen an weiteren Terminen zu besichtigen (Daten siehe www.deburcht.nl unter „Rondleidingen").

An der Ecke mit der Plantage Kerklaan liegt links bei Nr. 61 das **Gebäude Plancius**, das 1875 bis 1876 im Auftrag eines jüdischen Gesangsvereins angefertigt wurde. Der Konzertsaal hatte 100 Sitzplätze, diente aber außerdem noch als Versammlungsraum der Arbeiterbewegung. Jetzt beherbergt das Gebäude das **Verzetsmuseum** (Widerstandsmuseum).

### 60 Plantage Kerklaan ★★ [L7]

In dieser Straße liegt der Haupteingang zum **Zoologischen Garten Artis** (s. S. 118), der von den beiden Portiershäuschen eingerahmt wird. Das Hauptgebäude von Artis steht an der Plantage Middenlaan 41–43, daran schließt sich die **Bibliothek der Königlichen Zoologischen Gesellschaft** an. Darauf folgen (Nr. 47–49) ein Holz- und ein Backsteinhaus, die noch aus der Zeit vor 1858 stammen und daher einen Eindruck von der Zeit vermitteln, als dies noch eine Gartenkolonie war. Beispielsweise lag die Straße zu dieser Zeit 60 cm niedriger. Noch ein Stück weiter (Nr. 53) steht das **Aquarium von Artis**, dessen für die damalige Zeit (1881) sehr fortgeschrittene Ausrüstung verschiedensten Aquarien der Welt als Vorbild diente.

Bei Nr. 36 auf der Plantage Kerklaan befand sich **während des Zweiten Weltkriegs** das **Einwohnermeldeamt.** Unter anderem die akkurate Administration machte es für die NS-Besatzer einfach, die jüdische Bevölkerung aufzuspüren. Aus diesem Grunde versuchte am 27. März 1943 eine als Polizisten

## Plantage – von der Gartenanlage zum Nobelviertel

*1682 wurde das Gebiet in 15 Parks und 59 rechteckige Parzellen unterteilt, die die Bewohner Amsterdams als Gärten mieten konnten. Damit hatten sich die Stadtväter endlich durchgerungen, den ursprünglichen Plan fallen zu lassen, demzufolge dieses Gebiet für Luxuswohnungen bestimmt war. Es gab zu wenige Anwärter, die an Baugelände interessiert waren. Man entschloss sich daher, eine Art* ***Naherholungsgebiet*** *zu bauen. Es entstanden* ***Waldstücke,*** *ein* ***Medizinalgarten*** *(der „Hortus Botanicus") und* ***sorgfältig angelegte Gärten.***

*Für diese galten einige spezielle Regeln. So mussten die Gärten eine Umzäunung erhalten, man durfte sie nicht weiter in kleinere Parzellen unterteilen, erlaubt waren Gartenhäuschen, die nicht zum ständigen Wohnen bestimmt waren, und es durften dort keine Handwerks- oder Industriearbeiten durchgeführt werden. An den Wegen pflanzte man Bäume und die einzige gepflasterte Straße war die Plantage Middenlaan. Im 19. Jh. kamen noch einige* ***Theater*** *und der* ***Zoologische Garten*** *hinzu, wodurch Spaziergänger und Wanderer in das Gebiet gelockt wurden.*

*Da die Bevölkerungszahl im 19. Jahrhundert wieder zunahm und mehr Nachfrage nach Neubaugebieten entstand, verkaufte die Stadt ab 1858 Grundstücke in dem Gebiet und die Baubeschränkungen wurden aufgehoben. Es entstand ein* ***nobles Wohnviertel*** *mit einer vielfältigen Bebauung.* ***Reich geschmückte Fassaden*** *waren von jeher ein Zeichen großen Reichtums. Durch moderne Produktionsmethoden konnten Verzierungen jedoch mit billigeren Materialien in Massenfertigung hergestellt werden, sodass sich auch weniger Begüterte diese Ausschmückungen leisten konnten. Ein Großteil der Bewohner gehörte zur* ***jüdischen Elite.*** *(Vor 1940 waren fast 90 % der Bewohner jüdischer Abstammung.) Man muss sich dabei vorstellen, dass diese Gebiete am Stadtrand lagen, sodass man fast das Gefühl hatte, auf dem Land zu wohnen.*

*1875 nahm die Amsterdamsche Omnibus Maatschappij die erste* ***Pferdestraßenbahn*** *in Gebrauch, bei der die von Pferden gezogenen Wagons über Straßenbahnschienen liefen. Die Route führte von der Plantage Kerklaan über die Sarphatistraat zum Leidseplein.*

*Der* ***Wertheimpark*** *liegt genau dort, wo 1682 ein Waldstück angelegt wurde. Die Bäume standen, der damaligen Mode entsprechend, in kerzengeraden Reihen. 1812 entstand hier ein englischer Garten und man eröffnete das Sommertheater Tivoli mit Café, Tanzfläche und Garten. 1851 wurde das Theater in einen Konzertsaal mit Wintergarten umgebaut. 1898 erhielt der Park seinen Namen nach dem bekannten jüdischen Bankier und Gönner A. C. Wertheim. Hier steht auch das von Jan Wolkers angefertigte Kunstwerk „Nie wieder Auschwitz". Eine Tafel beim* ***Auschwitzdenkmal*** *zählt die harten Fakten auf. Vor der deutschen Invasion wohnten in den Niederlanden 140.000 Juden. 1942–1944 wurden 107.000 Juden abtransportiert und nur 5200 von ihnen überlebten.*

verkleidete **Widerstandsgruppe**, die Registratur durch einen **Brandanschlag** zu vernichten. Der Versuch misslang allerdings, da die dicht aufeinandergepackten Papierstapel das Feuer erstickten, bevor es sich richtig ausbreiten konnte. Einige der hinzugerufenen Feuerwehrleute fühlten sich solidarisch, aber auch der ansehnliche Wasserschaden, den sie mit den Löscharbeiten verursachten, konnte die registrierten Daten nicht zerstören. Zwölf Mitglieder der Widerstandsgruppe wurden festgenommen und hingerichtet. Eine Gedenktafel erinnert an die mutige Tat.

## 61 Hollandsche Schouwburg ★★ [L8]

Bei Plantage Middenlaan 24 mussten sich die Juden vor der Hollandsche Schouwburg (dem Holländischen Theater) sammeln, um dann in Gruppen in die **Konzentrationslager** abtransportiert zu werden. Teilweise mussten die Juden nicht nur Stunden oder Tage, sondern sogar Wochen in diesem dafür völlig ungeeigneten Gebäude verbringen, bis sie weitertransportiert wurden. Die **Kinder** wurden in einem Kindergarten gegenüber gesammelt. Einige konnten gerettet werden, denn Helfer schmuggelten sie über die Hintergärten in die reformiert protestantische Grundschule zwei Häuser weiter. Von dort aus nahmen weitere Helfer die Kinder in Wäschekörben, Rucksäcken oder Milchkannen mit hinaus und brachte sie zu Familien in Limburg und Friesland, wo sie den Krieg überlebten. Ungefähr 600 Kinder konnten auf diese Weise gerettet werden. Eine **Gedenktafel** am Schulgebäude bei Nr. 31–33 weist darauf hin.

Glücklicherweise kaufte eine Stiftung das Gebäude des ehemaligen Theaters, um es als Gedenkstätte einzurichten, bevor es zum Tanzlokal umfunktioniert werden konnte.

› Plantage Middenlaan 24, Tel. 5310310, www.hollandscheschouwburg.nl. Mahnmal und Ausstellungsräume **zurzeit geschlossen,** voraussichtlich ab 2024 wieder geöffnet, Straßenbahn 14 (Plantage Kerklaan)

## 62 Nieuwe Kerkstraat ★ [L8]

Die **Plantage Kerklaan** 60 stößt an einem Ende auf die **Lau Mazirelbrug.** Die im Widerstand engagierte **Juristin,** die dieser Brücke ihren Namen gegeben hat, hatte sich immer gegen die Registrierung von Personen eingesetzt und den Anschlag auf das Einwohnermeldeamt mit geplant. Da sie jedoch von sehr kleiner Gestalt war, war sie nicht am eigentlichen Anschlag beteiligt.

Die Brücke führt zur **Nieuwe Kerkstraat,** in der sich hauptsächlich ärmere portugiesische Juden niederließen. Bei Nr. 149 steht die von russischen Juden gegründete Synagoge mit dem Davidstern in einer Rosette des Giebels.

Etwas weiter, bei Nr. 127 stößt man auf das **Metaarhaus,** das zum Krankenhaus an der Nieuwe Keizersgracht gehörte. Das Metaarhaus diente der rituellen Reinigung der im Krankenhaus verstorbenen Patienten.

## 63 Nieuwe Herengracht ★ [K8]

Über die **Weesperstraat,** die früher eine lebendige Einkaufsstraße mit überwiegend jüdischen Bewohnern war, heute allerdings auf vier Spuren von Autos befahren wird, erreicht man zunächst die

**Nieuwe Keizersgracht**, an deren Nr. 58 sich während des Krieges der **Hauptsitz des Jüdischen Rates** befand (siehe Exkurs „Der Pakt mit dem Teufel“ S. 79). Ein bisschen weiter biegt die **Nieuwe Herengracht** ab.

Hier findet man links bei Nr. 43 den früheren Wohnsitz des Kunsthändlers Augustus Pieter Lopez Suasso. Die Familie Suasso gehörte schon früh zu den reichen und angesehenen jüdischen Familien. Die Witwe des erwähnten Kunsthändlers hinterließ 1890 der Stadt Amsterdam die Familiensammlung und legte so den Grundstock für das **Stedelijk Museum** (70). Bei Nr. 33 stand das portugiesisch-israelitische Altenheim (mit eigener Synagoge).

## (64) Joods Historisch Museum ★★★ [K8]

Das **Joods Historisch Museum** ist im **aschkenasischen Synagogenkomplex** untergebracht. Da die große Synagoge von 1671 schon bald zu klein war, wurde 1686 die offene Synagoge angebaut. Um 1700 wurde die dritte Synagoge in einer Reihe von Häusern an der Nieuwe Amstelstraat eingeweiht und 1730 wurde die neue Synagoge (1752 noch einmal erweitert) in Gebrauch genommen.

*Die große Synagoge ist Teil des Joods Historisch Museum* (64)

Zwischen der großen und der neuen Synagoge befand sich auch ein rituelles Bad. Im **Museum** werden Aspekte des jüdischen Lebens in den Niederlanden wie **Religion, Geschichte** und **Verfolgung** beleuchtet. Dabei werden außer Malereien, Fotos und religiösen Gegenständen auch Dinge des täglichen Bedarfs gezeigt. Viel Raum erhält auch die Wiedergabe persönlicher Erlebnisse, z. B. unter der Naziherrschaft im Zweiten Weltkrieg. Auf der Suche nach dem jüdischen Leben und der jüdischen Kultur in Amsterdam darf ein Besuch des Museums daher nicht fehlen.

› Nieuwe Amstelstraat 1, Tel. 5310380, www.jhm.nl, täglich 11–17 Uhr, Kombiticket mit Portugiesischer Synagoge 57 und Hollandsche Schouwburg 61 17 €, Kinder 13–17 Jahre 8 €, Kinder 6–12 Jahre 5 €, Straßenbahn 14 (Mr. Visserplein), U-Bahn 51, 53, 54 (Waterlooplein)

## 65 Denkmal des Dockarbeiters ★ [K8]

Der **Jonas Daniel Meijerplein** ist nach dem ersten jüdischen Juristen benannt, der als Anwalt bei Gericht zugelassen wurde. Mitten auf dem Platz, an der Sei-

### Februarstreik – Aufruhr gegen die Nazis

*Der Anlass für diesen Streik war eine **Razzia der deutschen Besatzer in den Judenvierteln,** bei der die Deutschen 425 „Geiseln" festnahmen. Die Razzien waren wiederum die Folge einiger **Schlägereien.** Die nationalsozialistischen Jugendlichen gingen regelmäßig in Judenviertel, um Juden zu verprügeln. Die Jugendlichen dort wollten sich dies nicht mehr gefallen lassen und bildeten eigene Schlägertruppen. Bei einer solchen Schlägerei am 11. Februar 1941 war einer der Nazis so stark verwundet worden, dass er wenige Tage später im Krankenhaus starb, was den Deutschen einen praktischen Vorwand für die Razzia am 22. Februar lieferte.*

*Daraufhin organisierten die (inzwischen illegalen) Kommunisten einen **Streik der Straßenbahnschaffner,** wobei man davon ausging, dass weitere Gruppierungen dem Streik der Straßenbahner folgen würden. Man forderte die Freilassung der sogenannten „Geiseln" und streikte für bessere Bedingungen der Arbeiter. Die **Streikwelle** entwickelte sich zu einem **Generalstreik.** Das Gefühl, als Einheit den Besatzern gegenüberzustehen, erfasste den größten Teil der Amsterdamer Bevölkerung.*

*Die **Deutschen** waren von dem Massenstreik vollständig überrumpelt, konnten sich jedoch schnell fassen. Sie verhängten sofort den **Ausnahmezustand.** Patrouillen der SS, eine nächtliche Ausgangssperre und die Unterbeschussnahme der Demonstranten sorgten dafür, dass der **Streik nach zwei Tagen niedergeschlagen** war. Vier Streikende wurden erschossen, 22 zu Gefängnisstrafen verurteilt. Die jüdischen Geiseln wurden ins KZ Mauthausen geschickt und die Stadt Amsterdam musste ein „Sühnegeld" von 50 Millionen Gulden an die Deutschen bezahlen. Dieser Streik war der einzige Generalstreik in einem von den Nazis besetzten Gebiet.*

tenwand der **Portugiesischen Synagoge** **57**, steht das **Denkmal des Dockarbeiters**, das an den Streik der Arbeiter am 25. Februar 1941 erinnert (siehe Exkurs S. 86). Jedes Jahr findet zu diesem Jahrestag eine Gedenkfeier statt, bei der am Ende vor dem Denkmal des Dockarbeiters Kränze niedergelegt werden.

## 66 Holocaust Namenmonument Nederland ★★ [K8]

2021 wurde hinter dem Hermitage Museum eine Gedenkstätte für all jene jüdischen Kriegsopfer errichtet, die keine Grabstätte erhalten haben. Die Gedenkstätte wirkt wie ein Labyrinth, doch bilden die Mauern vier hebräische Buchstaben, die das Wort *jiskor* darstellen („Zum Gedenken an"). Die zwei Meter hohen Mauern bestehen aus roten Backsteinen, auf denen jeweils der Name eines Opfers, das Geburtsdatum und das Alter zum Zeitpunkt der Ermordung stehen. Die Namen sind alphabetisch angeordnet und ein QR-Code hilft bei der Suche nach einem bestimmten Namen. Zwischen den Mauern öffnen sich kleine Plätze, die Raum zur Besinnung bieten.

› Weesperplantsoen, drei Eingänge: Nieuwe Keizersgracht, Nieuwe Herengracht, über Hoftuin, www.holocaustnamenmonument.nl, tägl. 8–20 Uhr, 31.3.–1.10. bis 21 Uhr, U-Bahn 51, 53, 54 (Waterlooplein)

*Das Denkmal gibt den Opfern ihre Namen zurück und wirkt so gegen das Vergessen*

308am Abb.: bs

# Amsterdam-Zuid

Das **Gebiet südlich der Stadhouderskade** war lange Zeit nur dünn besiedelt und wurde vor allem landwirtschaftlich genutzt. Erst seit dem 19. Jahrhundert begann man nach und nach, Flächen zu bebauen.

## 67 Museumplein ★★ [E11]

Große Fußballsiege, unvergessliche Konzerte und vielbesuchte Festivals werden auf dem Platz gefeiert, an dem sich das **Rijksmuseum** 68, das **Van Gogh Museum** 69 und das **Stedelijk Museum** 70 befinden. Tatsächlich ist die Gestaltung dieses Platzes schon seit den 1880er-Jahren ein strittiges Thema. Bereits bei der Planung des Stadtteils, in dem die zukünftigen Museen einen Platz finden sollten, war man sich nicht einig, ob man einen monumentalen, offenen Platz anlegen oder die gesamte Fläche mit Wohnhäusern zubauen sollte. Im Prinzip gab es genug Raum, denn als das Rijksmuseum 1895 und das **Concertgebouw** 71 1896 eröffnet wurden, lagen beide noch am Rand der Stadt – sozusagen auf dem Land. 1902 wurde endlich entschieden, dass es ein großer Platz werden sollte, wie ihn Cuypers bereits bei seinen ersten Entwürfen für das Rijksmuseum geplant hatte.

Natürlich kommen die Museen an einem offenen Platz viel besser zur Geltung, als wenn man sie zwischen den Wohnhäusern hätte suchen müssen. Al-

179am Abb.: bs

lerdings kam die Debatte um die Gestaltung immer wieder auf, da der Museumplein zu verschiedenen Zeiten vernachlässigt wurde und verfiel.

Besonders nach dem Zweiten Weltkrieg befand sich der Platz in einem erbärmlichen Zustand, da er wegen des langen und strengen Hungerwinters vollständig abgeholzt worden war. 1951 wurde er deshalb neu gestaltet. Es wurden Bäume gepflanzt, die Museumstraat, die unter dem Rijksmuseum hindurchführte, sollte den Autoverkehr zügig in die Innenstadt leiten und an verschiedenen Stellen befanden sich Bushaltestellen.

Auf dem Platz wurde auch das **Ehrenmal für die Opfer des Konzentrationslagers Ravensbrück** eingerichtet, an dem sich jedes Jahr Überlebende und Angehörige zu einer Gedenkfeier zusammenfinden.

Anfang der 1990er-Jahre machte man sich erneut Gedanken über die Gestaltung des Platzes. Zwar diente er für Großveranstaltungen, aber außer zu diesen Gelegenheiten wurde er recht wenig genutzt. Schließlich setzt sich niemand zwischen parkende Autos und Busse an eine verkehrsreiche Straße, um den Nachmittag zu genießen. Gegen eine Umgestaltung der Verkehrsinsel, die der Museumplein im Prinzip geworden war, in eine Art Park hatten die wenigsten etwas einzuwenden. Nachdem jedoch deutlich geworden war, dass für die Neugestaltungspläne des Schweden Sven-Ingvar Andersson eine ganze Reihe von alten Bäumen gefällt werden mussten, die entlang der Museumstraat gepflanzt worden waren, führte dies zu einem Sturm von Protesten der Anwohner. Die Umgestaltung wurde aber dennoch in Angriff genommen.

*◁ Der „Sight Point" des amerikanischen Minimalisten Richard Serra, bei dem jede der sich aneinanderschmiegenden Stahlplatten 17 Tonnen wiegt, ziert den Platz vor dem Stedelijk Museum 70*

Die wichtigsten Argumente für die **Neugestaltung** waren, dass es ein **Park** werden sollte, den die umliegenden Anwohner gerne nutzen. Die Museumstraat hatte den Platz faktisch in zwei Teile zerschnitten.

Nach einer Veränderung der Verkehrsführung dürfen mittlerweile nur noch Radfahrer durch das Rijksmuseum und über den Platz fahren. Durch diese Maßnahmen und die Anlage neuer Rasenflächen und Grünanlagen wird das Gelände von Besuchern gern zum Verweilen genutzt. Parkbänke und Rasenflächen laden zu einem Nickerchen, einem Picknick oder einem Ballspiel ein. Zudem bietet der Platz immer noch genug Raum für verschiedenste Großveranstaltungen, die dem Rasen allerdings selten gut tun. Nach Großereignissen müssen fast immer Teile der Rasenflächen neu eingesät werden.

Der **Autoverkehr** wurde komplett unter die Erde verbannt. Eine Tiefgarage wurde angelegt und das Van Gogh Museum erhielt einen Erweiterungsbau. Für Jugendliche stehen einige **Sportfelder** zur Verfügung. Optisch wird die Längsachse durch eine Linie aus Lichtern verstärkt. An der Ostseite befinden sich ein **Lichtkreis** sowie eine Art **Blumengarten.** Die Blumen sind in langen Betonkästen angepflanzt und dazwischen gibt es Sitzgelegenheiten.

313am Abb.: bs

## 68 Rijksmuseum ★★★ [F10]

*Das Rijksmuseum bietet eine große Sammlung international bekannter Werke und ist ein absolutes Muss, wenn man sich für die Kunst des Goldenen Zeitalters interessiert.*

Unübersehbar beherrscht das Rijksmuseum, das zwischen 1877 und 1885 nach einem Entwurf von P. J. H. Cuypers (von ihm stammt auch der Hauptbahnhof 1) fertiggestellt wurde, den Kopf des **Museumplein** 67, denn Cuypers hatte dafür gesorgt, dass das Museum auf einer kleinen Anhöhe gebaut wurde, damit es von der Innenstadt weithin sichtbar bleiben würde.

Der **Grundriss** des Rijksmuseums besteht aus zwei Quadraten, die jeweils einen Innenhof umschließen. Verbunden sind die beiden Quadrate in der Mitte durch einen überdachten Zwischengang.

Als Vorgabe war Cuypers auferlegt worden, dass das Gebäude den Inhalt der Gemäldekollektion aus dem 16. und 17. Jahrhundert widerspiegeln sollte. Er konnte die Stadtväter davon überzeugen, dass eine **gotische Konstruktion** mit **Verzierungen aus der Renaissance** die beste Lösung sei. Sein **Entwurf** war allerdings recht **umstritten**, da vielen Protestanten der Entwurf „zu katholisch" war (man behauptete, das Museum ähnelte einem Bischofspalast). Dies schien vielen unpassend für das Nationaldenkmal einer protestantischen Nation.

Nachdem 2003 Asbest im Museum entdeckt worden war, entschloss man sich, auch gleich die seit Langem nötigen Umbaumaßnahmen in Angriff zu nehmen. Dass daraus zwölf Jahre werden, konnte damals niemand wissen. Immerhin hat man dann gleich auch das ganze Museum angepackt.

Das Rijksmuseum gehört zu den berühmtesten Museen der Welt und ist das bestbesuchte in den Niederlanden. Hier hängt nicht nur die „Nachtwache" von

Rembrandt van Rijn. Hier sind praktisch alle nord- und südholländischen Meister nicht nur des 17. Jahrhunderts vertreten: Johannes Vermeer, Frans Hals, Peter Paul Rubens, Jan Steen, Vincent van Gogh. Hat man die Kondition, kann man hier locker einen ganzen Tag verbringen.

In der **Ehrengalerie** hängen die Glanzstücke des Museums aus der Blütezeit der holländischen Malerei, dem 16. und 17. Jahrhundert. Aber es gibt hier soviel mehr als Gemälde, Illustrationen und Drucke, zum Beispiel riesige und kleinere Schiffsmodelle, weitere maritime Gegenstände, Delfter Vasen, wunderbar verzierte Möbeln und und und ... In der gezeigten Kunst spiegelt sich auch eindrucksvoll die Geschichte des Landes wider. In den **80 Sälen** werden die Besucher chronologisch durch die niederländische Kunst und Geschichte ab dem späten Mittelalter geführt. Gemälde, Skulpturen und Gegenstände stehen also miteinander in den Ausstellungsräumen.

Viele Exponate sind in der Zwischenzeit digitalisiert. Man kann auf der Website mithilfe von Stichwörtern im **Rijksstudio** durch die Sammlung einschließlich weiterführenden Erklärungen browsen sowie seine eigene Kollektion zusammenstellen und sogar downloaden. Dies bietet eine tolle Möglichkeit der Vorbereitung zum Museumsbesuch.

Neben der schon enormen ständigen Ausstellung gibt es auch fortlaufend Sonderausstellungen.

› Museumstraat 1, Tel. 6747000, www.rijksmuseum.nl, täglich 9–17 Uhr, Eintritt 22,50 €, Kinder bis einschl. 18 Jahre frei, Straßenbahn 2, 5, 12 (Rijksmuseum), 1, 7, 19 (Spiegelgracht), 3, 5, 12, 24 (Museumplein)

## 69 Van Gogh Museum ★★★ [E11]

*Dieser besondere Ausstellungsort bietet eine umfassende Übersicht über das tragische Künstlerleben Van Goghs.*

1973 wurde das von Gerrit Rietveld entworfene Gebäude eröffnet und die Sammlung von **200 Gemälden, ca. 500 Zeichnungen** und **Skizzen** sowie **Briefen** hat sich zu **einem der beliebtesten Museen der Stadt** entwickelt. Daher wurde 1999 ein Erweiterungsbau von Kisho Kurokawa der Öffentlichkeit übergeben, sodass die Kollektion des Museums noch besser zur Geltung kommt. Dazu zählen nicht nur die Werke Vincent van Goghs, sondern auch die der wichtigsten Impressionisten und Post-Impressionisten aus dem 19. Jahrhundert wie Toulouse-Lautrec, Gauguin, Monet, Bernard und Montecelli.

Übrigens stammt der Kern der Sammlung direkt aus dem Besitz von Vincents Bruder, Theo. Nach dessen Tod blieben die meisten Werke über Jahre in der Familie. 1962 hat der niederländische Staat die Vincent-van-Gogh-Stiftung ins Leben gerufen, an die die Familie die Werke ihres berühmten Ahnen als ständige Leihgabe überlassen hat. Diese formte den Grundstock für das Museum.

› Museumplein 6, Tel. 5705200, www.vangoghmuseum.nl, tägl. 9–17 Uhr, teilweise bis 18 Uhr (siehe Website), Eintritt nur online 20 €, Kinder unter 18 Jahre gratis, Straßenbahn 2, 5, 12 (Van Baerlestraat), 3, 5, 12, 24 (Museumplein)

*Ein Besuch im Rijksmuseum ist der absolute Höhepunkt eines Amsterdam-Aufenthalts*

## 70 Stedelijk Museum ★★★ [E11]

*Das „Städtische Museum" zeigt, im Gegensatz zu seinen geografischen Nachbarn Rijks- und Van Gogh Museum, vor allem moderne und Gegenwartskunst. Nicht selten auch Werke, die zu angeregten Diskussionen Anlass geben.*

Das **alte Backsteingebäude** aus dem Jahr 1895 hat mit dem **futuristischen Anbau** einen neuen Gebäudeflügel bekommen und ist durch die Renovierung wieder fit für einen modernen Museumsbetrieb. Mit dem Anbau verdoppelte sich die vorhandene Ausstellungsfläche. Er ist im Innern stockwerkgleich an das historische Gebäude angeschlossen und besteht aus 271 Paneelen eines **neuartigen Kunststoffkompositionsmaterials.** Der Kunststoff ist gänzlich in der Farbe Weiß gehalten, die der erste Direktor des Museums nach dem Zweiten Weltkrieg, **Willem Sandberg**, für alle Wände des historischen Gebäudes verwendete. Er hatte das Stedelijk damals auch international erfolgreich gemacht. Übrigens war Sandberg auch ein angesagter Grafiker und Typograf. Der riesige Schriftzug „Waterloo" auf der Wand in der Metrostation Waterlooplein stammt zum Beispiel von ihm.

Wegen Farbe und Form des Anbaus hatte die Amsterdamer Schnauze schon lange den Begriff *badkuip* – **Badewanne** – parat. Inzwischen wird der Begriff sogar vom Museum selbst übernommen.

Das Museum hat seinen Weltruhm vor allem seinen **Sammlungen aus dem 20. Jh.** zu danken. Als da wären die CoBrA-Künstler um den Maler Karel Appel, Werke des niederländischen und deutschen Expressionismus (z. B. Kurt Schwitters), Ausstellungsstücke der klassischen Moderne, Werke von Künstlern wie Lucebert, Baselitz und Hirst sowie der dem Bauhaus verwandten niederländischen Künstlergruppe De Stijl um Piet Mondriaan, Theo van Doesburg und Gerrit Rietveld mit ihrer geometrisch-abstrakten Kunst. Sie werden ergänzt von einer großen Kollektion von Gemälden des russischen Malers Malewitsch. Die Sammlung umfasst auch Bereiche wie **angepasste Kunst, Design, Industrie-**

164am Abb.: bs

**design**, **Schmuck**, **Typografie** und **Werbeplakate.** Außerdem gibt es seit 1980 einen eigens für **Videokunst** eingerichteten Raum. Das Museum hat sich durch oft aufsehenerregende, experimentelle Ausstellungen sowie eine konsequente Ankaufspolitik auch international einen guten Namen gemacht und bietet ein **Rahmenprogramm** aus Workshops, Führungen, Vorführungen und Lesungen. Auf diese Weise erfindet sich das Museum immer wieder neu und ist ein sehenswerter, künstlerischer Spiegel der Zeit.

Der **Museumsladen** hat Souvenirs, Kunstbücher, aber auch teurere Designartikel und Schmuck im Angebot.

› Museumplein 10, Tel. 5732911, www.stedelijk.nl, täglich 10–18 Uhr, Do. 10–22 Uhr, 22,50 €, Kinder bis einschl. 18 Jahre frei, Zuschläge für Sonderausstellungen, Straßenbahn 2, 5, 12 (Van Baerlestraat), 3, 5, 12, 24 (Museumplein)

## 71 Concertgebouw ★★★ [E11]

*Das Concertgebouw ist eines der bestbesuchten Konzerthäuser für klassische Musik. Die Akustik im Großen (1974 Stühle) und Kleinen Saal (437 Stühle) gilt als eine der besten weltweit und auch das hauseigene Orchester, das Koninklijk Concertgebouworkest (KCO), genießt Weltruhm. Ein Konzerthaus der Extraklasse also.*

Als das Gebäude, entworfen von dem Architekten **Adolf Leonard van Gendt**, 1886 fertiggestellt wurde, stand es noch außerhalb der Stadtgrenze von Amsterdam in der damaligen Gemeinde Nieuwer-Amstel. Dann gab es erst einmal noch etwa zwei Jahre Ärger, u. a. wegen der Trockenlegung des Geländes und dem Anlegen einer Straße mit dazugehöriger Beleuchtung. Deshalb konnte das Concertgebouw erst am 11. April 1888 mit einem Konzert feierlich eingeweiht werden.

Schon damals galt die **Akustik** als eine Sensation. Der Große Saal ist, was Gestaltung und Materialgebrauch angeht, dem im Zweiten Weltkrieg zerstörten Gewandhaus in Leipzig nachgebildet.

Seit 1890 ziert auch eine **Orgel** den Großen Saal. Es wurde zwar von Anfang an Platz für eine Orgel freigehalten, aber zu Beginn fehlte noch das nötige Kleingeld, das man dann schließlich mit einem Benefizkonzert und einer Lotterie organisierte. Die beim Utrechter Orgelbauer Michael Maarschalkerweerd gebaute Orgel musste 1990 renoviert werden, was zweieinhalb Jahre dauerte. Dabei wurde die Königin der Instrumente auch um einige Register erweitert.

Auf dem Gebäude thront eine 3,25 m hohe, 607 kg schwere **Leier aus Kupfer,** die mit rostfreiem Stahl verstärkt wurde. Die Außenhaut besteht aus mehr als 3500 Stückchen Blattgold mit einer Dicke von 0,007 Millimeter und 23,75 Karat.

Das Koninklijk Concertgebouworkest war Wirkungsstätte berühmter Komponisten und Dirigenten. So hat **Gustav Mahler** seine ersten fünf Sinfonien hier dirigiert und sein Œuvre gehört seither zum Standardrepertoire. **Richard Strauss** und **Sergei Rachmaninow** haben dem Orchester Werke gewidmet und zu allen Zeiten wurden und werden nahe Beziehungen zu zahlreichen Komponisten gepflegt. Zu den berühmtesten Chefdiri-

*◁ Der Anbau des Stedelijk Museum wurde von den Amsterdamern nicht unzutreffend „badkuip" (Badewanne) getauft*

genten des Orchesters gehören **Willem Mengelberg** (1895–1945) und **Bernard Haitink** (1959–1988). Das **Programm** hat seinen Schwerpunkt auf der klassischen Musik. Aber auch Jazz, Pop und spezielle Kindervorstellungen stehen auf dem Programm.

› Concertgebouwplein 10, Tel. 6718345, www.concertgebouw.nl, www.concertgebouworkest.nl, Preise für die Konzerte siehe Website, Straßenbahn 2, 5, 12 (Van Baerlestraat), 3, 5, 12, 24 (Museumplein)

› Einmal pro Woche (meist mittwochs) bietet der Concertgebouw um 12.30 Uhr ein **kostenloses, halbstündiges Lunchkonzert** an.

› Es werden auch **Führungen** auf Englisch angeboten, ohne dass man eine Konzertkarte kaufen müsste. So. 12.30–13.45 Uhr, Mo./Fr. 17–18.15 Uhr und Mi. 13.30–14.45 Uhr (nach den Lunchkonzerten), 11 €

EXTRATIPP

## Spiegelviertel [F9/G9]

In der Spiegelgracht und der Nieuwe Spiegelstraat begegnet man einer Ansammlung von **Antiquitätengeschäften, Trödlern und Galerien.** Manche haben sich spezialisiert, etwa auf Sitzmöbel, Kacheln, Malereien, Schmuck, Gold und Silber, andere verkaufen alles Mögliche in ihren Geschäften. Ab und zu sind die Geschäfte sogar sonntags geöffnet. Teilweise ist der Kitschgehalt recht hoch, da in vielen Läden aber auch recht wertvolle Dinge verkauft werden, muss man oftmals klingeln, um eingelassen zu werden. Interessiert man sich für etwas, dann sollte man sich dadurch jedoch nicht abhalten lassen.

› Unter **www.spiegelkwartier.nl** findet man einen historischen Überblick über das Viertel und eine Auflistung der Händler, geordnet nach Spezialgebieten. Dort kann man alle Händler anklicken, um zur entsprechenden Website zu gelangen.

*Das Concertgebouw beherbergt eines der weltweit angesehensten Orchester: das Concertgebouworkest*

166am Abb.: bs

169am Abb.: bs

## 72 Vondelpark ★★★ [D10]

Mitte des 19. Jh. gründeten reiche Bürger eine Stiftung, um einen Park als **Naherholungsgebiet** anzulegen. Zunächst wurde ein Stück Land mit Spenden aufgekauft und nachdem der erste Teil des Parks im Stil eines englischen Landschaftsgartens angelegt und 1865 eröffnet worden war, konnte man eine Erweiterung durch Spenden und den Verkauf von Grundstücken um den Park finanzieren. Deren Preise waren so hoch und die Bauauflagen so streng, dass sich hier ein **Viertel höheren Standes** entwickelte.

Doch obwohl man mit den Grundstücksspekulationen gutes Geld gemacht hatte, wurde der Park 1953 in recht heruntergekommenem Zustand der Stadt übergeben, da der Stiftung das Geld ausgegangen war.

Erneut berühmt wurde der Park in den 1960er- und 1970er-Jahren, als sich hier zigtausende **Hippies und Freigeister** niederließen, denn zu dieser Zeit war das Schlafen im Park noch erlaubt.

Heutzutage bevölkern alljährlich 10 Millionen Besucher den Park zum **Joggen, Picknicken** und **Spazierengehen.** Angelockt werden sie durch den duftenden Rosengarten, schützende Bäume, die Teiche, das Blaue Teehaus, die Freilichtbühne des **Openluchttheaters** oder die **Gartenwirtschaft De Vondeltuin.**

Der Park erfüllt mit seinen fast 2 km Länge und knapp 300 m Breite eine wichtige Funktion als **grüne Lunge** der Stadt und viele begeistern sich auch für die Natur, die noch mehr bietet als Rasen, Rosen und Bäume. Zum Beispiel gibt es seit Jahren Störche, die im Park brüten, und jedes Frühjahr helfen viele Freiwillige bei der Krötenwanderung.

› Haupteingang gegenüber vom Max Euweplein

*Wer Zeit hat, gönnt sich eine Pause im Grün des Vondelparks zu Füßen Joost van den Vondels, der zu den einflussreichsten Schriftstellern des Goldenen Zeitalters gehörte*

## 73 Bierbrauerei Heineken ★ [G11]

Zu den auffallendsten Gebäuden in den südlichen Stadtteilen gehört der Komplex der Bierbrauerei Heineken an der Stadhouderskade 78. Angefangen hat die Heineken-Geschichte 1864, als Gerard Adriaan Heineken die Brauerei De Hooiberg kaufte. Seit 1873 wurde das Bier unter dem Namen Heineken vertrieben. Die Brauerei hat sich durch das Aufkaufen kleinerer Brauereien, Fusionen mit Konkurrenten und die Ausrichtung auf den internationalen Markt im In- und Ausland einen festen Platz im Biergeschäft erobert und macht inzwischen Milliardengeschäfte. Mitte des 19. Jh. baute man an der Stadhouderskade eine Anlage, um **bayrisches Bier** zu brauen, da die Räumlichkeiten in der Altstadt zu klein geworden waren. Weil der Betrieb weiterhin expandierte, musste man erneut umziehen. Seither werden im alten Gebäude **Führungen** zur Geschichte der Brauerei und des Bierbrauens gegeben. Die Führung und die Multimediadarstellung dürfte vor allem junge Besucher ansprechen.

› Stadhouderskade 78, Tel. 7215300, www.heinekenexperience.com, Mo.–Do. 10.30–19.30 Uhr, Fr.–So. 10.30–21 Uhr (Einlass bis 2¼ Std. vor Schließung), Eintritt: verschiedene Touren ab 21 €, alle Touren ab 18 J., Straßenbahn 24 (Marie Heinekenplein)

## 74 Albert-Cuyp-Markt ★★★ [H11]

Auf dem Weg zum Albert-Cuyp-Markt befindet sich in der Gerard Doustraat Nr. 238 die **Synagoge Tesjoengas Israel,** die bei ihrer Fertigstellung im Jahre 1892 mit 250 Plätzen für Männer und 70 Plätzen für Frauen als ziemlich groß galt. Auch während der Besatzungszeit war diese Synagoge heimlich in Gebrauch.

Wo die Quellijn- und die Daniel Stalpertstraat auf die Gerard Doustraat sto-

170am Abb.: bs

## Rund um den Albert-Cuyp-Markt

*Das Viertel um den Albert-Cuyp-Markt zeigt eine seltsame und spannende* ***Mischung unterschiedlicher Architekturstile.*** *Die* ***Neubauwohnungen*** *bieten zwar den gewünschten Komfort, aber diese Häuser haben natürlich den Nachteil, dass sie meist sehr teuer sind, weshalb es nicht jedem möglich ist, sich dort niederzulassen. Die Neubauten stehen zwischen* ***alten Häusern,*** *die sich in sehr unterschiedlichem Sanierungs- und Renovierungszustand befinden. Häuser in einem relativ schlechten Zustand werden beispielsweise oft von türkischen oder marokkanischen Familien bewohnt, die gerne in der Nähe der Innenstadt wohnen möchten, allerdings nur geringere Mieten bezahlen wollen/können.*

*So entsteht in diesem Viertel auch eine bunte* ***Mischung unterschiedlichster Kulturen.*** *Wer einmal über den Albert-Cuyp-Markt gegangen ist, hat es lebhaft vor Augen. Der Markt zeigt die multikulturelle Gesellschaft im Kleinen.*

ßen, entstehen **charakteristische Dreiecke in der Bebauung,** da man hier zunächst eine andere Straßenführung geplant hatte, diese aber später dann doch nicht weiter verfolgte.

Entlang der 1e van der Helststraat kommt man dann zur Albert Cuypstraat und weiter zur Govert Flinckstraat, in denen der **ursprüngliche Charakter dieses Viertels** mit den hohen Häusern und den schmalen Straßen dazwischen immer noch deutlich zum Ausdruck kommt.

Der **Albert-Cuyp-Markt** ist einer der bekanntesten und beliebtesten Märkte der Stadt. Die Niederländer lieben ihre Märkte, denn hier ist die Möglichkeit, ein Schnäppchen zu machen, wirklich am

075am Abb.: bs

*◁ Poffertjes werden warm und meist mit Puderzucker und Butter garniert gegessen*

*▷ Der Albert-Cuyp-Markt bietet einfach (fast) alles*

## Der Südplan von Berlage – Stadterweiterung im 20. Jahrhundert

*Ende des 19. Jahrhunderts hatte Amsterdam mit einem großen Mangel an Wohnraum zu kämpfen. Der* ***Plan Zuid*** *(„Südplan"), den Berlage 1900 und 1917 für die im Süden neu zu errichtenden Stadtteile entwarf, sollte ebenso wie die im 17. Jahrhundert durchgeführte Erweiterung der Stadt durch Anlegung des Grachtengürtels das Gesicht Amsterdams wesentlich verändern.*

*Für Berlage war der* ***Grachtengürtel*** *ein wertvolles Stück Architektur, da er zugleich monumental und großzügig angelegt, aber dennoch abwechslungsreich war und die einzelnen Grachtenhäuser individuell gestaltet und verziert waren. Es gab auch einige Pläne, um diesen Charakter zu erhalten und* ***neu zu errichtende Stadtteile*** *ebenso zu bauen. Berlage fand jedoch, dass die Grachten dadurch unakzeptabel lang würden, was sie im Grunde genommen wieder sehr langweilig gemacht und obendrein zu langen Wegen geführt hätte. Von seinem 1900 entwickelten Plan, der 1905 durch den Gemeinderat angenommen wurde, setzte man allerdings nur das Gebiet mit den Arbeiterwohnungen zwischen Ceintuurbaan und Tolstraat und direkt um den Valeriusplein um.*

*Während der* ***erste Plan*** *noch eine Vorliebe für das Überraschende und Malerische zeigte, mit unregelmäßig verlaufenden Straßen, Ecken, Plätzen und einem in sich geschlossenen Gesamtentwurf, ist sein* ***zweiter Entwurf*** *aus dem Jahr 1917 geprägt von Monumentalität und Symmetrie, in der wichtige Verkehrsadern die Autos in einem regelmäßigen Strom durch die Stadt fließen lassen.*

*Eine dieser wichtigen* ***Verkehrsadern*** *ist die Vrijheidslaan, die sich in Roosevelt- und Churchilllaan teilt. Auf dem Victorieplein war auch bereits durch Berlage ein monumentales Gebäude geplant und 1932 wurde an dieser Stelle der* ***Wolkenkratzer*** *fertiggestellt. Die breiten Straßen sind großzügig und mit viel Grün angelegt. Alle anderen Straßen und Gebäude sind um diese herum gruppiert.*

*Der* ***zweite wichtige Verkehrsknotenpunkt*** *liegt im Westen dieses Baugebiets beim Minervaplein, auf dem sich Stadionweg und Minervalaan kreuzen. Die* ***Minervalaan*** *sollte ursprünglich den Südbahnhof mit der Akademie der Bildenden Künste verbinden, die auf der Apollolaan entstehen sollte. Deshalb war sie 50 m breit geplant und wieder wurde die restliche Bebauung symmetrisch dazu angelegt. Da allerdings letztendlich weder die Kunstakademie noch der Südbahnhof gebaut wurden, wirkt die Straße in ihrer Monumentalität verloren und überzogen, zumal sie am Amstelkanal plötzlich endet, da hier keine Brücke für den Autoverkehr gebaut wurde.*

*Von Berlage stammt in diesem Gebiet nur der* ***Basisplan,*** *auf dem Straßenverläufe festgelegt sind und in groben Zügen angegeben ist, welche Art von Bebauung an einer bestimmten Stelle entstehen sollte. Die* ***Entwürfe einzelner Gebäude oder Straßen*** *stammen von unterschiedlichen Architekten. Die meisten Teilgebiete wurden Berlages Plänen entsprechend ausgeführt. Ausnahmen bilden das Gebiet zwischen dem Ringdijk, der Beethovenstraat, dem Parnassusweg und dem Zui-*

*der Amstel Kanal sowie das Gebiet südlich von Rooseveltlaan und Vrijheidslaan bis an die Amstel, das den Plänen zufolge als Gartenstadt konzipiert war.*

*Wer sich in Amsterdam Süd häuslich niederlassen möchte, sollte einen großen Geldbeutel mitbringen. Da die großzügigen Häuser und Villen sehr beliebt sind, sich aber kaum jemand mehr Häuser dieser Größe leisten kann, werden die Gebäude in* ***Apartments*** *aufgeteilt und* ***verkauft.*** *Aber selbst dafür muss man noch einige Hunderttausend Euro anlegen. Durchschnittlich sind Wohnungen in diesem Gebiet inzwischen mehr als 6000 € pro Quadratmeter wert. Glück hat da, wer hier schon lange Wohnraum besitzt.*

*Nicht jede Wohnung verfügte über ein eigenes Bad, dafür gab es Badehäuser in den Wohnvierteln*

076am Abb.: bs

größten. Der Albert-Cuyp-Markt bietet eine reiche **Palette an Lebensmitteln:** typisch holländische Spezialitäten wie eingelegter Hering, Käse, Gemüse, aber auch exotische Früchte oder Spezialitäten, die man auf Reisen zu schätzen gelernt hat, wie Tapas, italienischer Schinken, surinamische und indonesische Gewürze und Speisen. Dazwischen finden sich Stände mit **Kleidung, Schuhen und Accessoires** sowie allem, was man für die persönliche **Körperpflege** (Drogerieartikel, Kosmetik) oder für den **Haushalt** brauchen kann. Und ein absolutes Muss auf jedem Markt sind die **Blumenverkäufer**, die Tulpen, Rosen und saisontypische Blumen und Pflanzen zu unglaublich günstigen Preisen anbieten. Zudem siedeln sich in den letzten Jahren hier immer mehr kleine Restaurants, Cafés und Bars an, was diesem Viertel eine noch größere Anziehungskraft verleiht.

› Albert Cuypstraat, www.albertcuyp-markt.amsterdam, Mo.–Sa. 9–17 Uhr, Straßenbahn 24 (Marie Heinekenplein), 3 (Van Woustraat), 4 (Stadhouderskade), U-Bahn 52 (De Pijp)

An das vor allem bei jungen Familien beliebte Stadtviertel **De Pijp** schließt sich das Gebiet an, das nach Entwürfen Berlages realisiert wurde: das Stadtviertel **Nieuw-Zuid**, das sich von De Pijp durch den viel großzügiger angelegten Straßenverlauf unterscheidet. Auch findet man hier stattlichere Gebäude. Das Stadtviertel gehört verwaltungstechnisch zum Stadtteil Zuideramstel.

Für Architekturinteressierte, die die Amsterdamse School betrachten wollen, lohnt sich das Stück Van der Helstplein mit kombinierten Wohn- und Geschäftshäusern sowie die Umgebung des Hendrick de Keijserplein mit Lutmastraat, Burgemeester Tellegenstraat und P. L. Takstraat. Hier ist der Gebäudekomplex De Dageraad (Burgemeester Tellegenstraat 128) eines der schönsten Beispiele.

*Eine Wohnanlage auf der KNSM-Insel*

*Die östliche Hafenfront vom ehemaligen Post-CS-Gebäude aus gesehen*

260am Abb.: bs

# Östliches Hafengebiet und östliche Inseln

## 75 Java- und KNSM-Insel ★★ [P4]

Seit vielen Jahren arbeitet die Stadt hart daran, ihr **Gesicht zum Wasser** hin zu verändern. Dazu wurden und werden sowohl westlich als auch östlich des **Hauptbahnhofs 1 enorme Bauprojekte** bewältigt. Die Java- und KNSM-Insel ist fertig, auch die eingreifenden Renovierungsarbeiten auf dem Stück Sporenburg, Borneo und an der Oostelijke Handelskade sind überstanden. Viele große Bauvorhaben des Stadtteils Oostenburg sind zwar teilweise bereits fertiggestellt, doch stehen noch einige Großprojekte auf der Liste. Deshalb werden Amsterdamer und Besucher noch nicht so schnell von den Baustellen erlöst sein. Die enormen Baumaßnahmen auf der Insel des Hauptbahnhofs sind phasenweise schon abgeschlossen, aber vor allem auf der Rückseite des Hauptbahnhofs sind sie noch im Gange. Die **Rückseite** wird **vollständig neu gestaltet** sowie erweitert und weiter im Osten dieses Abschnitts (dem sogenannten Oosterdokseiland) ist neben der **Hauptstelle der Bibliothek** (die größte der Niederlande) ein Gebiet inspirierender Architektur entstanden, wobei an einigen Stellen die Pläne noch nicht vollständig umgesetzt sind. **Wohnen, Arbeiten, Kultureinrichtungen, Restaurants und Ladengeschäfte** schaffen eine dynamische und lebendige Umgebung. Die bereits fertiggestellten Bereiche des östlichen Hafengebiets haben sich zu einem „Trend-Viertel“ entwickelt. Inspiriert durch die moderne Architektur haben sich auf den Inseln Galerien, Designerlä-

078am Abb.: bs

KLEINE PAUSE

### Aus dem Räucherofen

Die hochqualitativen Zutaten (z. B. wilder Alaskalachs, Königskrabben, Makrelen, Wildschweinschinken, Entenbrust, Burratakäse) werden in kleinen Mengen in der eigenen Räucherei verarbeitet und heraus kommen Köstlichkeiten, die haltbar wären, könnte man lange genug widerstehen. Belegte Brötchen, die man gleich dort verzehren kann, sowie leckere Souvenirs zum Mitnehmen.

11 [N7] **Frank's Smokehouse** €, Wittenburgergracht 303, Tel. 5857107, www.smokehouse.nl

261am Abb.: bs

den, Dekorationsgeschäfte und angesagte Kneipen und Restaurants angesiedelt. Hier gedeiht alles, was dazu dienen kann, sich von der Grachtenhaus-Idylle der Innenstadt abzusetzen.

› www.oosterdokseiland.nl
› www.amsterdam.nl/projecten/entree-vernieuwing
› **Informationszentrum Stationseiland und Noord-Zuid-Lijn,** Stationsplein 7 (etwas weiter östlich vom Eingang Ost), www.imusea.nl/amsmusNZlijn.html, Tel. 3445070, Di.–Fr. 10–17 Uhr, So. 11–16 Uhr, freier Eintritt

## 76 IJburg-Inseln ★

Etwas weiter im Osten und anschließend an Diemen-Noord entsteht im IJmeer der **neue Stadtteil IJburg,** bestehend aus verschiedenen Inseln, die alle einen eigenen Charakter erhalten sollen. Umweltschützer versuchten energisch, das Projekt zu stoppen, aber in der abgehaltenen Volksabstimmung stimmte die Mehrheit (bei lediglich 30 % Wahlbeteiligung) doch für den Bau. Die ersten Inseln (Haveneiland, Steigereiland und die Rieteilanden) sind fertig und bereits bewohnt. Die Bebauung der Insel Centrumeiland soll 2028 abgeschlossen sein, auf Strandeiland wird ab 2024 gebaut und 2023 beginnt das Aufschütten von Buiteneiland. Die jahrelangen Verzögerungen bei den Bauarbeiten der weiteren Inseln kamen durch schleppende Verkäufe und Gerichtsverfahren gegen den Bau der Inseln zustande. Letztendlich werden in diesem Stadtteil 20.000 Wohnungen für 50.000 Menschen gebaut. Dabei erhalten die einzelnen Inseln einen unterschiedlichen Charakter (von städtisch bis grün) und sollen jeweils andere Bewohner ansprechen.

*Eindrucksvolle Ansicht: das Eye Filmmuseum (s. S. 118) am nördlichen Ufer*

*Zwischen der Stadt und den Stadtteilen jenseits des IJ herrscht reger Fährbetrieb*

# Amsterdam-Noord

## Überblick

Wer die Hektik und die Betriebsamkeit der Stadt für kurze Zeit hinter sich lassen will, kann sich bei einem Rundgang in den Gartenstädten im Amsterdamer Norden entspannen, denn er ist relativ ruhig und besitzt im Vergleich zur Innenstadt einen teilweise **ländlich anmutenden Charakter.**

Die Innenstadt ist vom nördlichen Stadtteil durch ein Gewässer abgegrenzt, das ursprünglich mit der **Zuiderzee** verbunden war. Wer mit dem Auto in den Norden Amsterdams gelangen will, muss den Coen- oder den IJ-Tunnel nehmen, die 1966 bzw. 1968 fertiggestellt wurden. Fußgänger und Radfahrer können mit der Fähre, die hinter dem **Hauptbahnhof** (1) ablegt, dem Bus oder der U-Bahnlinie 52 hinüber gelangen. Obwohl es per Luftlinie sehr viel näher an der alten Innenstadt liegt als viele andere Stadtteile, scheint dieses Gebiet dem Empfinden der Amsterdamer nach daher „kilometerweit entfernt". So wird weniger über „Amsterdam-Noord" als über die „gegenüberliegende Seite des IJ" gesprochen.

Wer etwas Zeit für Nordamsterdam hat, hat vielleicht Lust auf eine kleine **Radtour.** Auf die Fähre kann man auch umsonst Fahrräder mitnehmen und so bietet sich eine Fahrt im idyllischen und immer hipper werdenden Norden Amsterdams geradezu an. Möchte man gerne mal raus aus dem quirligen Stadtleben, kann die Fahrt mit der Fähre vom Hauptbahnhof aus auch ein guter Start für eine längere Radtour über die Stadtgrenzen der Hauptstadt hinaus sein. Da man sich ja in den „niederen Landen" befindet, braucht man sich vor anstrengenden Anstiegen nicht fürchten.

262am Abb.: bs

079am Abb.: bs

*Mit der Fähre zu den nördlichen Stadtteilen*

› Die Benutzung der **Fähren** ist kostenlos. Los geht es hinter dem Hauptbahnhof. Die **Buiksloterwegveer** fährt Tag und Nacht, zur Hauptverkehrszeit alle 5 Min., darüber hinaus alle 12 Min. (Dauer: 3–4 Min.). Die **IJplein-Fähre** verkehrt 6.20–23.50 Uhr alle 7 bzw. 15 Min. (Dauer: 5–6 Min.). Die Fähre zur **NDSM-Werft** fährt 6.30–23.45 Uhr alle 15 bzw. 30 Min. (Dauer: etwa 15. Min.).

### Eigenständige Entwicklung

Geschichtlich gesehen entstand eine Trennung der Innenstadt und des Nordteils Amsterdams bereits im 16. Jahrhundert. Damals veränderte sich beispielsweise durch Immigranten aus den unterschiedlichsten Ländern der Amsterdamer **Dialekt,** der aus den verschiedenen Fremdsprachen neue Klänge und Wörter aufnahm. Im Norden blieb jedoch sprachlich gesehen der westfriesische Einfluss weiter vorrangig.

Darüber hinaus wurde Amsterdam im 17. Jahrhundert protestantisch, nur die Menschen im Norden blieben weiterhin **katholisch,** da sich die missionarischen Tätigkeiten der Protestanten auf die Stadtteile südlich des IJ beschränkten.

Schon seit der Stadtgründung bestand zwischen den beiden Gebieten der Gegensatz zwischen Stadt und Land. Das Land nördlich des IJ-Ufers wurde nämlich bis ins 19. Jahrhundert vorwiegend **landwirtschaftlich genutzt.** Die Gegend war für eine Bebauung nicht sonderlich attraktiv, da der Boden sehr nass und somit das Bauen mit Stein problematisch war, weil man sehr teure und gute Fundamente hätte legen müssen.

## Industrialisierung

In der zweiten Hälfte des 19. Jahrhunderts änderte sich dies jedoch. Mit dem Bau des **Nordholländischen Kanals** kamen der Transitverkehr und die längst fällige Industrialisierung in Gang. Die Industriebetriebe siedelten sich am IJ entlang an, um einen möglichst kurzen Weg zum Kanal zu haben.

Da die Arbeiter möglichst nahe bei ihrem Arbeitsplatz leben sollten, wurden gleichzeitig zwischen und hinter den Industriegebieten **Arbeiterwohnviertel** angelegt. Aus diesem Grund hielten es die Stadtväter und Investoren auch gar nicht für nötig, eine gute Verbindung zwischen der Innenstadt und Amsterdam-Noord zu schaffen, denn die Leute wohnten ja praktisch direkt bei ihren Arbeitsstellen. Für die Versorgung mit Lebensmitteln und anderen notwendigen Dingen sorgten die Arbeitgeber.

Da die Wohnviertel allerdings zwischen und hinter den Industriegebieten lagen und in Amsterdam der Wind häufig von Südwesten kommt, kann man sich vorstellen, dass dies sehr ungesunde Wohngebiete gewesen sein müssen, da die **verschmutzte Luft** direkt in die Wohnviertel geblasen wurde, was dann auch zu einem enorm hohen Prozentsatz an Atemwegserkrankungen führte.

## Strukturwandel

Ab etwa 1970 unterlag der Stadtteil jedoch großen Veränderungen. Die Schiffsbauindustrie verschwand und mit ihr die vielen Zuliefererbetriebe. Dies führte zu einer enormen Zunahme an **Arbeitslosigkeit**, da die Menschen in vielen Wohnvierteln komplett von einem einzigen Arbeitgeber abhängig waren. Durch das Verschwinden der Industrie wurde allerdings auch viel **Platz zum Bauen** frei. Die schwindende Zahl der Industrieunternehmen und strengere Umweltschutzverordnungen führten außerdem zu einer **wesentlich verbesserten Luftqualität** in Amsterdam-Noord und plötzlich wurde das Gebiet auch für andere interessant. So sind dort inzwischen nicht mehr nur reine Arbeiterviertel zu finden. Die Bevölkerungszusammensetzung begann, sich durch den Zuzug anderer sozialer Schichten langsam zu ändern.

☐ *Die früheren Notdörfer (s. S. 107) sind heute attraktive Wohngebiete*

263am Abb.: bs

KLEINE PAUSE

### Kreative Pause an der NDSM-Werf

Sich Ausruhen und Zeitunglesen kann man vom Frühstück bis zum Abendessen in der IJ-kantine, die direkt am Wasser und nach Süden gelegen zwischen März und Oktober auch eine große Terrasse anbietet.

**12 IJ-kantine** €€€, NDSM-Kade 5, Tel. 6337162, www.ijkantine.nl. Fähre vom Hauptbahnhof (Amsterdam CS) zur NDSM-Werft (die Fähre ganz links). Das Restaurant befindet sich links der Anlegestelle. Bus: Linien 391 und 394 ab Oosterdokskade (hinter dem Hauptbahnhof), Haltestelle: Klaprozenweg.

Bei der Werft gibt es auch das Café-Restaurant Noorderlicht, das seine Gäste in einem riesigen halbrunden Glashaus verwöhnt. Selbstverständlich hat auch das Noorderlicht eine Terrasse. Im Sommer gibt es hier zudem viele kulturelle Angebote.

**13 Noorderlicht Cultureel Café Restaurant** €€, NDSM Plein 102, Tel. 4922770, www.noorderlichtcafe.nl. Fähre vom Hauptbahnhof (Amsterdam CS). 200 Meter geradeaus auf dem Ms. van Riemsdijkweg, dann erste rechts auf den NDSM-Plein, nach 300 Metern sieht man das Noorderlicht rechts am Wasser. Aktuell geschlossen, soll ab November 2023 wieder öffnen.

*Im Noorderlicht geht es sehr gemütlich zu und im Sommer kann man den Blick von der Terrasse genießen*

210am Abb.: b

## Gartenstädte

Einige Wohngebiete sind vom Gedanken einer Gartenstadt geprägt. Der Engländer Ebenezar Howard entwickelte im 19. Jahrhundert einen **Stadttypus mit sozialreformerischen Zielsetzungen**, wodurch die **Lebensqualität** in Städten erhöht werden sollte. Ein Aspekt dabei war, Wohnviertel mit Grünflächen zu durchsetzen. Aus Kostengründen wurden nicht alle Ideen Howards umgesetzt, aber da der Grundpreis in diesem Teil der Stadt vergleichsweise niedrig war, konnte man es sich hier im Gegensatz zum Rest der Stadt leisten, nicht höher als drei, später zwei Etagen zu bauen. Für viele Arbeiterfamilien wurde der Traum eines eigenen kleinen Hauses mit Garten wahr.

Allerdings hinkte auch hier die Planung und Verwirklichung der Realität weit hinterher, sodass zwischendurch sogenannte **Notdörfer** errichtet werden mussten, da die Wohnungsnot ein so großes Problem darstellte, dass man nicht warten konnte, bis die ursprünglichen Pläne ausgeführt waren. Diese Notdörfer wurden fast alle nach einigen Jahren aus hygienischen Gründen wieder abgerissen. Einige blieben jedoch erhalten, weil sich die Wohnungssituation nur sehr langsam entspannte. Dies stellt die Wohnungsbaugesellschaften heute vor fast unlösbare finanzielle Probleme, da eine Sanierung der Viertel ein Vielfaches der Kosten für einen Neubau erfordert. Andererseits haben die Viertel jedoch inzwischen einen Seltenheitswert und auch die BewohnerInnen wollen dort absolut nicht weg.

Teile der verschiedenen Planungsphasen vom Beginn dieses Jahrhunderts sind noch in den Vierteln **Disteldorp** (1917–1919), **Vogeldorp** (1918–1919), **Nieuwendammerham III** (1912–1920), **Nieuwendam** (1924–1927) und **Oostzaan** (1919–1923) zu finden.

In diesem Teil Amsterdams sollte man unbedingt in die Kerne der Viertel hineingehen, denn häufig trifft man hier auf kleine Plätze und Höfe, die zum Verweilen einladen.

## Kreative Köpfe

Nach langwierigen und komplizierten Bauarbeiten gibt es seit 2018 die Metrolinie 52, die den Norden Amsterdams auf der gegenüberliegenden Seite des IJ mit dem Rest der Stadt verbindet. Das bringt den Norden gefühlt viel näher an die restliche Stadt heran. Der Tunnel verläuft dabei auf 30 Metern Länge unter dem Wasser. Die Fähren, die alle paar Minuten fahren, bleiben aber im Dienst. Schon Jahre bevor die Metrolinie fertiggestellt wurde, entwickelte sich der Norden immer mehr zu einem tatsächlichen Stadtteil Amsterdams und zu einem **attraktiven Zentrum für Künstler und Kreative.** Nimmt man beispielsweise die Fähre zur **NDSM-Werft**, kommt man gleich bei einem modernen und hippen Teil des Amsterdamer Nordens an. In der Werft wurden bis in die 1980-Jahre noch Schiffe gebaut und repariert. Heute haben in diesem Gebäude jede Menge kreativer Köpfe ihre Büros.

In den 1990er-Jahren begannen die Bauarbeiten an der Südseite des IJ und man fing damit an, die Speicherhallen, in denen sich die alternative Szene niedergelassen hatte, zu sanieren. Damals wichen einige der Künstler und Kulturschaffenden in den Norden aus, wo man sicher sein konnte, dass vorläufig keine Sanierungspläne vorlagen. Es war Pionierarbeit in einem Containerdorf, das

KLEINE PAUSE

**Pllek – chillen am Strand oder am offenen Kamin**

Da kommt so richtig Strandgefühl auf: Vor dem Restaurant Pllek gibt es einen großen, hellen Sandstrand, an dem man an schönen Tagen sitzend oder auf seinem Handtuch liegend in aller Ruhe der Sonne frönen kann. Von der Pllek-Terrasse aus hat man vielleicht den schönsten Blick über das IJ. Ist es mal nicht so warm, kann man drinnen in der riesigen, post-industriellen Halle (die aus alten Schiffscontainern und anderem recycelten Material gebaut wurde) am offenen Kaminfeuer die Wärme genießen – mit Köstlichkeiten aus der Küche. Die Speisen bestehen aus biologischen Produkten, wobei 75 % vegetarisch, und davon wiederum 25 % vegan sind. Das zieht sowohl junge Kreative und Hipster als auch alteingesessene Amsterdamer an, die sich von der Atmosphäre und dem guten Essen begeistern lassen. Immer wieder finden hier auch Konzerte statt (auf der Website nachschauen und Karten bestellen), freitagabends sorgt regelmäßig ein DJ für Stimmung.

**16 Pllek** €€€, TT Neveritaweg 59, Tel. 2900020, www.pllek.nl, So.–Do. 9.30–1, Fr./Sa. 9.30–3 Uhr

sich mit den Jahren zu einer bekannten Brutstätte für Kreativität entwickelte.

Die Plätze und öffentlichen Räume im Norden werden lebendiger. Der Van der Pekplein ist hierfür ein gutes Beispiel. Hier haben sich Gastronomie und hochwertige Lebensmittelläden niedergelassen. Auch sind Publikumsmagneten wie das **Eye Filmmuseum** (s. S. 118) oder das Kunst- und Kulturzentrum **In de Tolhuistuin** mit dem Restaurant THT in den Norden umgezogen. Wenn sich mehr und mehr kommerzielle Unternehmen ansiedeln, geraten Künstler häufig aufgrund der steigenden Mietpreise unter Druck. Das bedeutet, dass sich in den kommenden Jahren wohl auch im Norden der Stadt wieder einiges verändern wird.

› Tolhuistuin, IJpromenade 2, www.tolhuistuin.nl

**14** [J2] **THT,** IJpromenade 2, Tel. 7604820, www.tht.nl, tägl. 10–1 Uhr, Fähre Buiksloterwegveer

In den IJ-Hallen findet einmal im Monat **einer der größten Flohmärkte Europas** statt (Termine finden sich auf der Website). Bis zu 750 Stände fassen die beiden Hallen. Da gibt es für jeden was. Nimmt man die Fähre zur NDSM-Werft, ist man in 5 Minuten dort.

**15 Flohmarkt IJ-Hallen,** T.T. Neveritaweg 15, Tel. 0229 581598, www.ijhallen.nl. Fähre vom Hauptbahnhof (Amsterdam CS) zur NDSM-Werf, Linie 906 (De Ruijterkade, die Fähre ganz links). Von der Anlegestelle nach rechts gehen, zweite links, am Ende der Straße befinden sich die IJ-Hallen. Bus: Linien 91 und 94 ab Oosterdokskade (hinter dem Hauptbahnhof), Haltestelle: Klaprozenweg, oder Linie 35, Haltestelle Ataturk.

*Es lohnt sich, zwischendurch mal abzusteigen, um sich die hübschen, alten Holzhäuser auf dem Nieuwendammerdijk genauer anzusehen*

## Fahrradtour durch Amsterdams Norden

**Dauer:** 45 Minuten reine Fahrzeit
**Länge:** 8,2 km ohne Fähren
**Tages-/Jahreszeit:** tagsüber, ganzjährig
**Start- und Endpunkt:** Hauptbahnhof ❶

*Für das Erkunden des interessanten Nordens der Stadt bietet sich eine Fahrradtour an. Leihfahrräder dafür gibt es an vielen Stellen in der Stadt (s. S. 201).*

Der nördlichste Punkt Amsterdams ist nicht mehr die Uferlinie entlang des Wasserarms IJ, an dem auch der Hauptbahnhof ❶ steht, auch wenn sich hier vor langer Zeit die Brandung des offenen Meeres brach. Die Holländer haben der See nach und nach Land abgetrotzt – und tun dies auch heute noch. Und so entstehen im Norden schon seit Jahrhunderten neue Stadtteile. Der größte Teil davon wurde lange Zeit nur industriell genutzt. In den letzten Jahren haben sich die Charaktere der verschiedenen Inseln aber stark verändert. Die Industrie zieht sich mehr und mehr zurück und es entstehen neue Wohngebiete. Somit kann die in der alten Stadt herrschende Wohnungsknappheit abgemildert werden. Mit den neuen Wohnvierteln entsteht zudem eine neue Infrastruktur. Im Kontrast dazu gibt es aber auch noch intakt gebliebene, historische Straßenzüge der

300am Abb.: bs

Amsterdamse School aus dem frühen 20. Jh. und sogar alte Holzhäuser, die bis ins 17. Jh. zurückreichen.

Richtung Norden über das IJ geht es ganz problemlos mit einer Fähre. Die **Buikersloter-** und die **Buiksloterwegveer-Fähre** (901, 907) fahren vom Hauptbahnhof (CS) in ca. 5 Min. in den Norden. Alle Fähren sind gratis und auf Fahrradfahrer ausgerichtet.

Wer möchte, kann nach der Ankunft auf der Nordseite gleich nach links auf die IJpromenade abbiegen, die zum **Eye Filmmuseum** (s. S. 118) und dem **A'dam Toren** (mit Aussichtsplattform) führt. Ansonsten geht es hier geradeaus auf den **Buiksloterweg** (das Wasser zunächst auf der rechten Seite). Der Straße mit der Biegung nach links folgen. Sie geht über in die Ranonkelkade und führt dann (Teilstrecke: 650 m) direkt auf den **Van der Pekplein.** Hier, oberhalb des IJ, ist keine städtische Ungeduld mehr zu spüren. In den Restaurants und Cafés oder auf den Terrassen des halbrunden Platzes kann man in Ruhe kulinarische Köstlichkeiten genießen.

Mittwochs, freitags und samstags wird etwas weiter nördlich auf der Van der Pekstraat Markt gehalten. Am Samstag erweitert um einen Bio- und Bauernmarkt mit frischen Produkten aus der Region.

17 [S. 110] **Café Keppler,** Van der Pekstraat 1, Tel. 7370838, www.cafekeppler.nl, Di.–So. 9–18 Uhr, im Sommer oft bis Mitternacht. Einheimische kommen vor allem für den selbst gerösteten Kaffee hierher. Immerhin bietet das Keppler auch Kurse für (angehende) Baristas. Hauseigene Röstungen gibt's in Einheiten zu 250 und 1000 g zum Mitnehmen.

18 [S. 110] **Cafe Modern** €€€, Meidoornweg 2, Tel. 4940684, www.modernamsterdam.nl, Mo.–Fr. ab 18, Sa. ab 12 Uhr. Das Café/Restaurant befindet sich in einem ehemaligen Bankgebäude gleich neben dem Van der Pekplein. Die alten Safes stehen noch im Keller. Es werden abends fixe Menüs mit mindestens 5 Gängen serviert (Anpassungen aufgrund von Allergien u. Ä. möglich).

19 [S. 110] **Dolzon,** Van der Pekplein 15A, Facebook, Tel. 0610839802, Di./Do. 8.30–15, Mi./Fr. 8.30–17, Sa. 8.30–16 Uhr (und auf dem Biomarkt in der Van der Pekstrat). Frisch gebackenes, herrliches Sauerteigbrot, Brötchen, Croissants und mehr.

20 [S. 110] **Fromagerie Abraham Kef,** Van der Pekplein 1B, www.abrahamkef.nl, Tel. 7370817, Laden: Di.–So. 10–18, Probierstube: Do. 15–21, Fr./Sa. 12–21, So. 12–20 Uhr. Käsespezialitäten, Laden und Bistro. Auf Vorbestellung kann man auch Käseplatten mit besonderen Käsesorten kosten.

21 [S. 110] **il Pecorino** €€€, Van der Pekplein 11, Tel. 7377511, www.ilpecorino.nl, Mo.–Do. 17–22 (Küche geöffnet bis 21 Uhr), Pizza ab 9,50 €. Beliebte Pizzeria/Trattoria, Reservierung empfehlenswert.

22 [S. 110] **Stewart & Sally** €, Van der Pekplein 3A, Tel. 3316136, www.stewartsally.nl, tägl. 12–21 Uhr, im Sommer auch mittags geöffnet. Gesundes Slowfood: Eintopf und Salate.

301am Abb.: bs

Vom Van der Pekplein geradeaus die Van der Pekstraat entlang, biegt man beim Kreisverkehr rechts ins Mosveld ab. Hier befinden sich Läden für den täglichen Bedarf (Supermärkte, Bäckerei, Drogeriemarkt usw.). Die gerade Straße ändert ihren Namen in Varenweg. Bei der Verzweigung geht es links auf den Albatrospad, der dann gleich nach rechts abbiegt und über Wasser und Autobahn führt. Nach der Überführung führt der Weg nach rechts, dann geht es schnell hintereinander zweimal links auf einen Fahrradweg, parallel zur Autobahn. Beim Waddendijk rechts abbiegen.

Jetzt kommt man in die alten **Gartenstädte und Notdörfer,** die in den 1910er- und 1920er-Jahren im Architekturstil der **Amsterdamse School** angelegt wurden. Man folgt zunächst der Linkskurve

*Der Norden Amsterdams bietet idyllische, typisch niederländische Fotomotive*

EXTRATIPP

### Amsterdamse Bos

Ein schönes Ziel für eine Fahrradtour ist auch der Amsterdamse Bos (Amsterdamer Wald). Er ist das bei den Einheimischen beliebteste Naherholungsgebiet für Jung und Alt. In De Boswinkel (Di.–So. 10–17 Uhr) am Eingang des Parks bekommt man alle nötigen Infos und kann auch Fahrräder ausleihen. Es gibt Liegewiesen, Grillplätze, Badeseen und Spieleinseln speziell für Kinder, Cafés und Restaurants. Die wichtigsten Angebote: Stand Up Paddling, Kanu- und Tretbootverleih, der Bauernhof Meerzicht (Spezialität: Pfannkuchen), der Wald-Hochseilgarten Fun Forest und der Streichelbauernhof Ridammerhoeve (s. a. s. S. 151).

Außerdem steht auf dem Gelände Het Nationaal Dachaumonument zur Erinnerung an alle in den Konzentrationslagern Ermordeten.

› www.amsterdamsebos.nl

des Waddendijk, doch in der Hälfte der Kurve biegt man nach rechts ab (Ringsloot). Am Ende des Weges geht es nach rechts auf den Nieuwe Purmerweg. Nach dem großen Platz rechts fährt man durch den Torbogen in die Beemsterstraat. Die Durchgänge zu beiden Seiten der Straße bilden eine Art Eingang in die jeweiligen Viertel: Modellarchitektur der Amsterdamse School.

Der Beemsterstraat folgt man bis ans Ende und dann biegt man nach rechts auf den **Nieuwendammerdijk** ab. Im 17. und 18. Jh. war der Hafen an diesem Deich ein wichtiger Anker- und Handelsplatz für Kaufmannsschiffe. Hier warteten sie auf ihre Ladung oder darauf, dass der Wind aus der richtigen Richtung blies. Viele der alten Kapitänshäuser und Teile der alten Schiffswerftgebäude sind noch erhalten, und so wähnt man sich auf dem Nieuwendammerdijk fast schon in einer andern Zeit. Vom Nieuwendammerdijk aus fuhr das erste holländische Schiff über den Ozean den Hudson River hinauf. Dies führte zur Gründung von Nieuw (Neu) Amsterdam. Nach dem Verkauf der Handelsniederlassung und des Ortes an die Engländer tauften letztere den Ort in New York um.

**23** [S. 110] **Café 't Sluisje,** Nieuwendammerdijk 297, Tel. 6361712, www.hetsluisje.nl, Di./Mi./So. 11–24, Do.–Sa. 11–1 Uhr. Schönes Café mit über 100-jähriger Geschichte, in dem auch kleinere Gerichte (bis abends) serviert werden. Das Bauwerk stammt aus dem Jahr 1565 und wurde als Kaffeehaus gebaut. Die Schleuse direkt neben dem Gebäude (daher der Name) stammt aus dem Jahr 1516 und ist eine der ältesten Amsterdams. Ideal für eine Pause drinnen oder draußen auf der großen Terrasse.

Weiter geht es auf dem Nieuwendammerdijk. Am Ende des Nieuwendammerdijk, wenn man die große Kreuzung überquert und sich etwas links hält, kann man sich zum Ende der Tour noch ein Eis gönnen.

**24** [S. 110] **IJssalon IJskoud de beste,** Meeuwenlaan 331, www.ijskoudde-beste.nl, Tel. 42022976, März–Okt. und um Weihnachten tägl. 11–21 Uhr, während des Ramadans bis 2 Uhr. Selbstgemachtes Eis am Rand des Noorderparks. Man kann sein Eis auf dem Plätzchen vor dem Eissalon, der kleinen Terrasse am Parkrand oder der Wiese genießen.

Von hier aus folgt man immerzu der Meeuwenlaan Richtung Süden (mit dem Rücken zum Eisladen nach rechts um die Ecke) bis zur Fähranlegestelle IJplein. Von dort geht es mit der Fähre (902) in ca. 5 Min. zurück zur Centraal Station.

# AMSTERDAM ERLEBEN

314 am Abb.: bs

# Amsterdam für Architektur- und Museumsfreunde

## Architektur

Die meisten Menschen denken bei Amsterdam an die Grachten und Gebäude, die hier im 17. Jahrhundert entstanden sind. Zu dieser Zeit hatte man dem Meer *(Zuiderzee)* durch Eindeichungen und Wasserkanäle bereits ein gutes Stück **Land abgerungen.** Außerdem war damals das Geld vorhanden, um prächtige und großzügig angelegte Gebäude zu errichten, sodass sich die für die Innenstadt so typische Struktur entwickelte. Bevor der **Hauptbahnhof** 1 auf einer eigens dazu entstandenen Insel gebaut wurde, war an dieser Stelle der **Seehafen.** Der Damrak mit seinen Seitenstraßen diente zum Anlegen der Schiffe. Rokin, Nieuwe- und Oudezijds Voorburgwal liegen senkrecht zum Hauptbahnhof. Um diese Straßen entstanden im Lauf der Jahrhunderte die **halbkreisförmigen Grachten,** die der Stadt ihr typisches Aussehen verleihen. Der gesamte Verkehr spielte sich im Wesentlichen auf dem Wasser ab. Schiffe und Boote konnten überall anlegen und Waren auf- oder abladen. Erst Mitte des 20. Jahrhunderts wurden Kanäle zugeschüttet, um den Autoverkehr zu ermöglichen. Die Stadt bestand also damals aus vielen kleinen Inseln, die nur über Brücken miteinander verbunden waren.

Bis auf wenige Ausnahmen entstanden die **Stadtviertel,** die um diese Grachten herum gruppiert sind, erst wesentlich später. Teilweise dachte man bei deren Bau auch noch daran, weitere Grachtenhalbkreise zu ziehen. Diese wären jedoch zu lang geworden, was die Stadt weder schöner noch übersichtlicher gemacht hätte.

Das Charakteristische an Amsterdam ist, dass es **schubweise wächst,** d. h. ein ganzes Wohnviertel auf einmal dazu kommt. Zunächst hing dies mit der **mittelalterlichen Verteidigungsstrategie** zusammen. Das Land außerhalb der Stadtmauern konnte nämlich bei einem eventuellen Angriff geflutet werden, wodurch es sich in kurzer Zeit in einen Sumpf verwandelt hätte, der die Angreifer zurückhalten sollte. Die Stadt zu erweitern, bedeutete daher auch immer, dass die Stadtmauern und die Umgrenzungsgräben weiter nach außen versetzt werden mussten, was mit erheblichen Kosten und viel Arbeit verbunden war. Daher ging man erst dann dazu über, wenn die Stadt sozusagen aus allen Nähten platzte.

Eine Rolle spielt aber auch, dass es in Amsterdam (wie auch im Rest der Niederlande) hauptsächlich **sozialen Wohnungsbau** gibt, also Baugenossenschaften und nicht private Bauherren die Aufträge vergeben. Die Gemeinde ließ daher immer gleich ganze Stadtteile planen, wenn man sich dazu entschlossen hatte, mehr Wohnraum zu schaffen. Anhand der einzelnen Stadtviertel lassen sich ausgezeichnet architekturhistorische Studien zu unterschiedlichen Zeitabschnitten durchführen.

Bis ins 19. Jahrhundert baute man dabei immer **Stadtviertel für eine bestimmte Gruppe.** So entstand beispielsweise das Jordaanviertel als Wohnraum für

*Vorseite: Der Dignita Hoftuin – grüne Oase mit entspanntem Café (s. S. 129)*

315am Abb.: bs

arme Arbeiterfamilien. Die Häuser waren klein, dicht aneinandergebaut und dunkel. Am Grachtengürtel hingegen, bauten die reichsten Kaufleute prächtige Villen, die bereits damals Hunderttausende von Gulden verschlangen.

Erst in jüngerer Zeit ging man (teilweise unfreiwillig) dazu über, **Wohnviertel für eine gemischte Bevölkerung** zu bauen. Dr. Samuel Sarphati (1813–1866) wollte z. B. im Viertel De Pijp luxuriöse Häuser bauen, die der Stadt die mondäne Ausstrahlung einer Großstadt geben sollte, denn Amsterdam glich zu dieser Zeit eher einem verschlafenen Dorf, das noch immer vom Ruhm und Reichtum des 17. Jahrhunderts zehrte. Da der Baugesellschaft Sarphatis jedoch das Geld ausging, erhielten private Bauherren die Gelegenheit, Wohnraum zu errichten, wodurch vor allem Arbeiterwohnungen entstanden, die man billig und schnell aus dem Boden stampfen konnte.

## Sozialer Wohnungsbau

Geldmangel hat in Amsterdam oft eine wesentliche Rolle gespielt. Wohnungsbau ist in den Niederlanden hauptsächlich eine Sache der Städte und Gemeinden.

**Sozialer Wohnungsbau** ist sehr viel weiter verbreitet als privater Wohnungsbau. Viele städtebauliche Projekte zeichnen sich in ihrem Entwurf durch ansprechende Ideen, soziales Engagement und Pflichtgefühl aus. Wenn den scharf kalkulierten Projekten jedoch das Geld knapp wird, wird in der Ausführung an allen Ecken und Enden gespart.

Ein gutes und auch missglücktes Beispiel hierfür ist das Stadtviertel **Bijlmermeer:** Das neue Konzept beinhaltete,

⌃ *Die Schiffe des Scheepvaartmuseums (s. S. 122) können besichtigt werden*

Wohnen und Arbeiten möglichst weitgehend zu trennen und nicht nur winzige Stückchen Garten, sondern riesige Grünflächen für die Gemeinschaft zu schaffen. Also baute man die wabenförmigen Gebäude in die Höhe statt in die Breite. Da jedoch wieder einmal Geld fehlte, wurden die Hochhausketten einfach ein Stockwerk höher gebaut und man sparte an Aufzügen, Gemeinschaftsräumen und sonstigem Komfort. Dies hatte jedoch mit zur Folge, dass sich in den Hochhäusern kein Gemeinschaftsgefühl entwickelte und große soziale Probleme entstanden. Inzwischen ist man weitgehend vom ursprünglichen Konzept abgerückt und versucht, eine Mischung aus Hoch- und Niedrigbau sowie Wohnen und Arbeiten zu erreichen.

305am Abb.: bs

## Architekturstile

Architektonisch sonnt man sich in Amsterdam vor allem im Glanz vergangener Zeiten. Die Touristikindustrie lebt von den stattlichen Herrenhäusern und Grachten des 17. Jahrhunderts: die barocke Amsterdamer Renaissance von **Hendrick de Keyser**, die klassizistischen Gebäude von **Jacob van Campen** und den **Gebrüdern Vingboons.** Man schmückt sich mit der Architektur von **Cuypers** (Hauptbahnhof 1 und Rijksmuseum 68) und **Berlage** (Börse 23, Hauptsitz der Diamantarbeitergewerkschaft, Plan Zuid), obwohl diese zu ihrer Zeit für ihre architektonischen Leistungen nicht immer in hohem Ansehen standen.

Auch die **Amsterdamse School** (Scheepvaarthuis 21) und das **Neue Bauen/die Neue Sachlichkeit** (Cineac, Reguliersbreestraat) sind nur deshalb in einigen Wohnvierteln zu sehen, weil sich einzelne Stadtplaner mit ihren Ansichten durchzusetzen wussten.

Einer der bekanntesten zeitgenössischen niederländischen Architekten ist Rem Koolhaas (Byzantium), der im Ausland (vor allem Amerika) zwar sehr geschätzt wird, in seiner Heimat aber – trotz viel beachteter Bauwerke – lange Zeit umstritten blieb. Das hat sich aber inzwischen gewandelt, und so stammt z. B. auch die Niederländische Botschaft in Berlin aus seiner Hand.

Wer sich für moderne Architektur interessiert, wird das östliche Hafengebiet, die **KNSM-Insel 75 und die Borneo-Insel**

*Het Melkmeisje („Dienstmagd mit Milchkrug", ca. 1660) von Johannes Vermeer hängt natürlich in der Ehrengalerie des Rijksmuseums* 68

besuchen wollen. Wo früher Schiffe anlegten und Waren umgeladen wurden, entstanden später Wohnhäuser, Bürogebäude, Kulturzentren und Ausgehgelegenheiten. Alles in besonderer Formgebung, schräg, schrill und überraschend. Architekten bekamen hier die Möglichkeit, freie und ungewohnte Entwürfe zu realisieren.

## Museen

Berühmte Gemälde wie Rembrandts „Nachtwache" oder Van Goghs „Sonnenblumen" sind hier in Amsterdam zu bewundern, aber die Stadt hat nicht nur für Kunstfreunde viele Museen zu bieten. Neben bekannten Malern wie Van Gogh, Vermeer und Rembrandt kann man auch viele Informationen zur älteren und neueren Geschichte der Stadt erhalten, bei Madame Tussaud's den Stars in die Augen schauen, das Ajax-Stadion in Augenschein nehmen, ein ganzes Museum voller Taschen besichtigen oder im Nemo selbst Technik erleben und erfahren. Die über 50 Amsterdamer Museen bieten vielseitige Ausstellungen aus den unterschiedlichsten Interessensgebieten.

Wer viele Museen in der Stadt besuchen möchte, der kann sich eine **I amsterdam City Card** (s. S. 189) anschaffen. Sie bietet kostenlosen Eintritt zu den wichtigsten Museen (allerdings nicht zum Anne Frank Huis), freie Fahrt mit den öffentlichen Verkehrsmitteln und viele weitere Vergünstigungen. Die Karte bietet viel Flexibilität und so kann man auch mal kurz in ein Museum reinschauen, das man sonst vielleicht nicht besuchen würde.

An Weihnachten, Silvester und den übrigen **Festtagen** sollte man sich besser vorher erkundigen, ob das Museum, das man besuchen möchte, auch tatsächlich geöffnet hat. Im Sommer sind manche Museen an einigen Tagen länger geöffnet.

Ein besonderes Ereignis ist die **Museumnacht** Anfang November. Dann öffnen viele Museen bis nachts mit einem Sonderprogramm (www.n8.nl).

### Die wichtigsten Museen

Die Museen der Stadt bieten ein vielseitiges Ausstellungsspektrum. Besondere Publikumsmagneten sind das Rijksmuseum 68, das Van Gogh Museum 69, das Stedelijk Museum 70, das Anne Frank Huis 44 und Artis (s. S. 118).

M 25 **Ajax Stadiontour,** Arena Boulevard 1, www.johancruijffarena.nl, Tel. 3111336, Führungen (ca. 75 Min.) zwischen 10 und 16.30 Uhr, Onlineticket ab 20 €, Kinder 5–12 Jahre 14 €, nur Kartenzahlung möglich. U-Bahn (Bijlmer ArenA) 50, 54. Je nach Jahreszeit und Wochentag hat man unter-

EXTRAINFO

### Schlangestehen vermeiden

Um die steigenden Besucherzahlen in den Griff zu bekommen, sind die meisten Museen inzwischen dazu übergegangen, Karten zu verkaufen, die **nur zu einem bestimmten Datum und einer bestimmten Uhrzeit gültig sind.** Teilweise gibt es Karten sogar nur noch online. Ob man mit einer I amsterdam City Card direkt eingelassen wird oder auch eine Karte mit einem bestimmten Zeitfenster reservieren muss, ist von Museum zu Museum unterschiedlich. Am besten macht man sich vorher im Internet schlau, sodass man vor Ort nicht enttäuscht wird, weil es gar keine Karten mehr gibt.

schiedlich oft die Gelegenheit, die Johan Cruijff ArenA, das Heimstadion des legendären Fußballvereins Ajax Amsterdam, zu besichtigen. Bei Heimspielen von Ajax, wenn in der Arena selbst trainiert wird oder andere Veranstaltungen (Konzerte) stattfinden, werden keine Touren angeboten.

**26** [G7] **Allard Pierson Museum,** Oude Turfmarkt 127, www.allardpierson.nl, Tel. 205255501, Di.–So. 10–17, Eintritt 14,50 €, 5–17 J. 2 €. Straßenbahn 4, 14, 24 (Rokin), U-Bahn 52 (Rokin). Die umfangreiche Kollektion des archäologischen Museums der Universität Amsterdam umfasst Grabschätze aus Ägypten und Mesopotamien (Mumien, Schmuck, Götterstatuen), Funde aus dem alten Griechenland und dem alten Rom sowie Sehenswertes anderer alter Kulturen (Zypern, Westasien, Naher Osten).

› **Amsterdam Museum.** Das Museum illustriert in einer reichhaltigen Sammlung von Werken die Amsterdamer Stadtgeschichte vom 13. bis zum 20. Jahrhundert (s. S. 43).

**27** [E5] **Amsterdam Tulip Museum,** Prinsengracht 116, www.amsterdamtulipmuseum.com, Tel. 4210095, tägl. 10–18 Uhr, Eintritt 5 €, Familien 10 €. Straßenbahn 13 (Westermarkt). Kleines Museum zur Geschichte der Tulpe auf ihrem Weg von Zentralasien in die Niederlande. Zum Museum gehört auch ein hübscher Laden mit Blumenzwiebeln und Tulpensouvenirs.

**44** [F5] **Anne Frank Huis.** Von 1942 bis 1944 versteckten sich hier die Familien Frank und Van Pels sowie Fritz Pfeffer vor den Nationalsozialisten. Das Tagebuch, das Anne Frank in dieser Zeit führte, wurde weltberühmt. Außer dem Versteck beherbergt das Museum wechselnde Ausstellungen rund um die Themen Faschismus, Rassismus und Krieg (s. S. 60).

**28** [L6] **ARCAM,** Prins Hendrikkade 600, Tel. 6204878, www.arcam.nl, Di.–So. 13–17 Uhr, Eintritt 4 €, bis 18 J. frei. Bus (Kadijksplein) 22. Informations- und Anlaufstelle für Architekturinteressierte. Lesungen, Führungen, Ausstellungen.

•**29** [M8] **Artis**, Plantage Kerklaan 38–40, Tel. 09002784796, www.artis.nl, tägl. 9–17 Uhr, März–Okt. 9–18 Uhr, Eintritt: Artis-Park 25 €, 3–12 J. 21 €, Kombi mit Micropia und/oder Groote Museum jeweils zusätzlich 6 € ab 13 J., Artis-Micropia ab 13 J. 17,50 €, Artis-Groote Museum ab 13 J. 17,50 €, an der Kasse 2,50 € teurer (keine Barzahlung), Straßenbahn 14 (Plantage Kerklaan). Auf dem Artis-Gelände gibt es drei Bereiche: Zum einen den **Zoologischen Garten,** zu dem auch ein Planetarium sowie ein zoologisches und ein geologisches Museum gehören. Außerdem **Micropia,** eine Ausstellung über die Welt der Bakterien und Mikroben. Und das 2022 eröffnete **Groote Museum** (s. S. 119), das sich mit den großen Fragen zur Verbundenheit von Mensch und Natur befasst. Artis liegt im ehemaligen jüdischen Teil der Stadt und bietet das ganze Jahr hindurch die Möglichkeit zu einem attraktiven Aufenthalt. Immer wieder sind interessante und ungewöhnliche Themen im Programm.

**30** [E10] **Diamant Museum Amsterdam,** Paulus Potterstraat 8, Tel. 3055300, www.diamantmuseumamsterdam.nl, tägl. 9–17 Uhr, Eintritt 12,50 €, Kinder 13–17 Jahre 10 €. Straßenbahn 2, 5 (Rijksmuseum). Wer mehr über die Entstehung von Diamanten und die Geschichte der Diamantenstadt Amsterdam erfahren will oder sich an besonderen Schmuckstücken sattsehen möchte, ist hier genau richtig.

**31** [J2] **Eye Filmmuseum,** IJpromenade 1, Tel. 5891400, www.eyefilm.nl, Fähre Buiksloterweg. In dem außergewöhnlichen Gebäude des Filminstituts am IJ-Nordufer stehen mehrere Kinosäle für Filmvorführungen und Ausstellungen zur Verfügung. Im Untergeschoss kann man gratis Filme ansehen und in wechselnden, interaktiven Installationen mehr über die Tricks der Filmindustrie erfahren. Das Museum besitzt eine Sammlung von 46.000 Filmen, 35.000 Filmplakaten und 450.000 Fotos sowie eine Bibliothek mit 10.000 Zeitschriften, 30.000 Büchern und archivierten Zeitungsausschnitten zu Filmtheorie, -geschichte und -geschäft. Auch ein Laden und ein Restaurant mit einer im Sommer sehr beliebten Terrasse gehören dazu.

**32** [G9] **Foam,** Keizersgracht 609, Tel. 5516500, www.foam.org, täglich 10–18 Uhr, Do., Fr. bis 21 Uhr, Eintritt 15 €, Kinder bis 12 Jahre frei. Straßenbahn 24 (Muntplein). Museum für Fotografie, bekannte Namen, Raum für unbekannte Talente, große und kleine experimentierfreudige Ausstellungen.

**33** [M8] **Groote Museum,** Plantage Middenlaan 41, www.grootemuseum.nl, Nov.–Feb. tägl. 10–17 Uhr, März–Okt. tägl. 10–18, Do. bis 22 Uhr, ab 13 J. 17,50 €, Straßenbahn 14 (Artis). Naturwissenschaftliches Museum, in dem man sich aktiv mit der Frage beschäftigen kann, wie wir mit allem, was lebt, verbunden sind.

**34** [H6] **Hash, Marihuana & Hemp Museum und Hemp Gallery,** Oudezijds Achterburgwal 148, www.hashmuseum.com, Tel. 6248926, tägl. 10–22 Uhr, 9 € für beide Ausstellungen, Kinder bis 12 J. frei, Straßenbahn 2, 4, 11, 12, 13, 14, 17, 24 (Dam), Metro 54 (Nieuwmarkt). Im Museum werden Geschichte und Gebrauch von Cannabis erläutert. Das Museum besitzt auch überraschende Exponate wie Gemälde aus dem 17. Jh. und einen kleinen Laden von Sensi Seeds mit Pflanzen. In der Gallery geht es um Anpflanzung und Verarbeitung von Hanf (ohne psychotrope Stoffe) durch die Jahrhunderte und darum, wie Hanf heutzutage genutzt wird, z. B. in Autotüren. Jeweils sehr ausführlich und informativ.

**35** [J8] **Hermitage Amsterdam,** Amstel 51, http://hermitage.nl, Tel. 5308755, täglich 10–17 Uhr, Eintritt ab 18 J. 22,50 €, inkl. Amsterdam Museum 32,50 €, 12–17 J. 15 €, Straßenbahn 4, 14 (Rembrandtplein, Waterlooplein), U-Bahn (Waterlooplein). Hier werden Wechselausstellungen verschiedener europäischer Museen gezeigt. In einem Flügel ist für die Zeit von dessen Renovierung das Amsterdam Museum eingezogen.

**36** [F7] **Het Grachtenhuis,** Herengracht 386, www.hetgrachtenhuis.nl, Di.–So. 10–17 Uhr, Eintritt 16,50 €, 6–17 J. 9,50 €. Straßenbahn 2, 11, 12 (Koningsplein). Mithilfe eines Audioguides und einer Film- und Diapräsentation erfährt man, wie der Grachtengürtel entstanden ist. Verschiedene Modelle veranschaulichen die Bauweise von Grachtenhäusern. Beim größten Modell kann man anhand von Nummern, die man in den Audioguide eingibt, etwas über das Leben der Bewohner

317am Abb.: bs

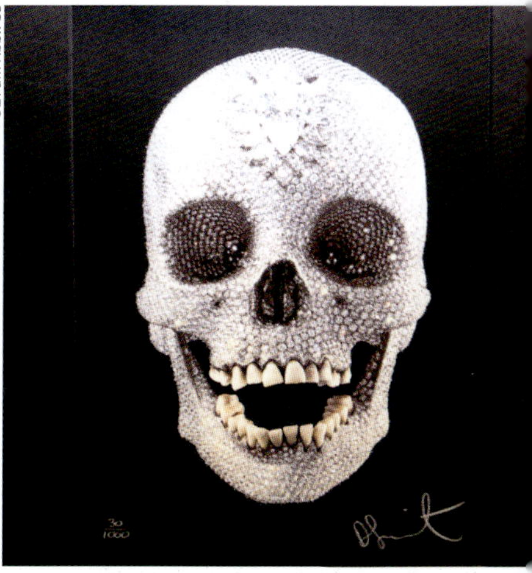

*Gruselig: Der Diamantkopf von Damien Hirst im Diamond Museum*

der Herrenhäuser erfahren. Im Museumsladen gibt es Souvenirs, einige von ihnen wurden speziell für das Museum entworfen.

•37 [K8] **Hortus Botanicus Plantage,** Plantage Middenlaan 2a, www.dehortus.nl, Tel. 6259021, täglich 10–17 Uhr, Eintritt 12,50 €, Kinder 5–17 J. 6,50 €. Straßenbahn 14 (Mr. Visserplein). Der Botanische Garten ist eine grüne Insel mitten in der Stadt und lädt daher nicht nur zum Studieren von Pflanzen aus allen Winkeln der Erde, sondern auch zum Atemholen ein. Die teilweise besonderen und exotischen Pflanzen stammen allesamt von Seeleuten und Kaufleuten, die allerlei Sonderbares von ihren Reisen mitbrachten. Besonderes Augenmerk verdienen das Palmenhaus und die Orangerie. Im angeschlossenen Laden können Pflanzen, Bücher und Geschenkartikel erworben werden.

38 [E7] **Houseboat Museum,** Prinsengracht gegenüber von Nr. 296, Tel. 4270750, http://houseboatmuseum.nl, Di.–So. 10–17 Uhr (Nov.–Feb. nur Do.–So.), Eintritt 5 €, 5–15 Jahre 4 €. Straßenbahn 5, 7, 19 (Elandsgracht). Wenn man wissen möchte, wie es sich eigentlich auf einem der ca. 2500 Wohnboote in Amsterdam lebt, wie viel Platz man da hat, ob es wirklich dunkel und eng ist auf einem solchen Schiff, dann kann man sich jetzt darüber einen Einblick verschaffen. Das Boot ist nicht bewohnt, jedoch ist ein Teil authentisch eingerichtet. Außerdem veranschaulichen Fotos, Dias und Modelle das Leben auf dem Wasser.

39 [J8] **Huis Willet-Holthuysen,** Herengracht 605, http://willetholthuysen.nl, tägl. 10–17 Uhr, Eintritt ab 18 J. 12,50 €. Straßenbahn 4, 14 (Rembrandtplein), U-Bahn 51, 53, 54 (Waterlooplein). Dieses Museum ist ein eindrucksvolles Beispiel für ein großzügiges Amsterdamer Grachtenhaus. Abraham Willet hat mit dem Geld seiner Frau Sandrina Holthuysen eine ansehnliche Sammlung von Gegenständen aus Glas und Keramik, Waffen, Silber und Malereien angelegt. Die Inneneinrichtung und der französische Garten lassen das Leben in einem solchen Haus lebendig werden.

64 [K8] **Joods Historisch Museum.** Das jüdische historische Museum ist in vier restaurierten Synagogen aus dem 17. und 18. Jahrhundert untergebracht, was dem Museum ein besonderes Ambiente verleiht. Dargestellt werden wichtige Bereiche der jüdischen Kultur und Identität wie Religion, Verfolgung und tägliches Leben (s. S. 85).

40 [G8] **Kattenkabinet,** Herengracht 497, Tel. 6269040, www.kattenkabinet.nl, Di.–So. 12–17 Uhr, Einritt ab 13 J. 10 € (nur online), Straßenbahn 24 (Muntplein). Alle Skulpturen, Gemälde und Drucke, die in diesem Patrizierhaus an der Herengracht zu besichtigen sind, drehen sich um die Katze. Die Palette reicht dabei von Kunst aus dem alten Ägypten bis hin zu abstrakten Darstellungen der Neuzeit.

25 [G6] **Koninklijk Paleis.** König Ludwig Napoleon ließ 1808 das ehemalige Rathaus auf dem Dam, das zu seiner Zeit als architektonisches Juwel galt, in einen eleganten Palast umwandeln. Dessen kostbare Einrichtung ist bis heute eine der umfangreichsten Möbelkollektionen im Empirestil (s. S. 41).

41 [G6] **Madame Tussaud's Scenerama,** Dam 20, www.madametussauds.nl, Tel. 5230623, tägl. 10–20 Uhr, Koningsdag geschl., Eintritt online ab 16 J. ab 23 €, Kinder 3–15 J. 19 €, Preise vor Ort teurer, Straßenbahn 2, 4, 11, 12, 13, 14, 17, 24 (Dam). Direkt auf dem Dam bietet dieses Wachsfigurenkabinett eine spektakuläre und abwechslungsreiche Ausstellung. Über die verschiedenen Stockwerke wird man durch unterschiedliche Zeitabschnitte geführt und man befindet sich Seite an Seite mit Royals, Hollywoodstars, internationalen Sporthelden und berühmten Musikern.

007am Abb.: bs

**42** [H9] **Museum Van Loon,** Keizersgracht 672, Tel. 6245255, www.museumvanloon.nl, tägl. 10–17 Uhr, Eintritt 13,50 €, Kinder 6–17 Jahre 7,50 €. Straßenbahn 24 (Muntplein). Dieses Museum ist ein reich ausgestaltetes Patrizierhaus aus dem 17. Jahrhundert, das im Stil des 18. Jahrhunderts restauriert wurde. Die prachtvoll eingerichteten Zimmer vermitteln einen guten Eindruck vom Leben wohlhabender Kaufleute in der Blütezeit Amsterdams. Die unterschiedlichen Möbel und Einrichtungsgegenstände aus dem 17. und 18. Jh., die Sammlung von Porträts und der im französischen Stil angelegte Garten machen eine Besichtigung lohnenswert.

**43** [L5] **Nemo,** Oosterdok 2, Tel. 5313233, www.nemosciencemuseum.nl, Di.–So. 10–17.30 Uhr, manche Montage geöffnet. Eintritt ab 4 J. 17,50 €. Bus (Kadijksplein) 22, 48. Spielerisch Technik und Naturwissenschaft erfahren und ausprobieren. Hier kann man nach Herzenslust experimentieren. Anfassen ausdrücklich erwünscht! Das Museumsgebäude (ein Entwurf des Italieners Renzo Piano) ragt wie ein kupferverkleideter Schiffsbug über dem Südeingang des IJ-Tunnels aus dem Wasser.

**24** [G5] **Nieuwe Kerk.** Da die „Neue Kirche" auf dem Dam inzwischen nur noch äußerst selten als Kirche dient, werden die Räumlichkeiten auf andere Weise genutzt. Hier finden große und publikumswirksame Wechselausstellungen zu den unterschiedlichsten Themen statt (s. S. 39).

**5** [J5] **Ons' Lieve Heer op Solder.** Eine versteckte Kirche und die Einrichtung eines Kaufmannshauses geben Einblick in das (religiöse) Leben des 17. Jh. in Amsterdam (s. S. 24).

**55** [J7] **Rembrandthuis.** Wer etwas über Rembrandt erfahren möchte, findet dazu u. a. in dem Haus Gelegenheit, in dem der Künstler zwanzig Jahre lang wohnte und arbeitete. Neben wechselnden Ausstellungen über seinen Lehrmeister, seine Zeitgenossen und Schüler

*Modernes Design: das Technik- und Naturwissenschaftsmuseum Nemo*

ist der Großteil seiner Radierungen zu besichtigen (s. S. 77).

68 [F10] **Rijksmuseum.** Das Museum gehört zu den Publikumsmagneten der Stadt und präsentiert die Werke berühmter Meister in einem prachtvollen Ambiente in 80 Sälen (s. S. 90).

**44** [M6] **Scheepvaartmuseum,** Kattenburgerplein 1, www.hetscheepvaartmuseum.nl, Tel. 5232222, Di.–So. 10–17 Uhr, Eintritt 17,50 €, Kinder 4–17 Jahre 8,50 €, Bus (Kadijksplein) 22, 48. Die interaktive und abwechslungsreiche Ausstellung gibt Auskunft über 500 Jahre Seefahrt, die einen wesentlichen Einfluss auf die Geschichte des Landes und der Stadt Amsterdam hatte. Interessant ist außerdem die Nachbildung eines VOC-Handelsschiffes, das für eine Fahrt nach Indonesien ausgerüstet ist.

70 [E11] **Stedelijk Museum.** Das Stedelijk ist *die* Adresse für moderne, zeitgenössische Kunst und Formgebung. Der große Museumsladen bietet für Design- und Kunstliebhaber eine reiche Auswahl (s. S. 92).

**45** [O9] **Tropenmuseum,** Linnaeusstraat 2, Tel. 0880042840, www.tropenmuseum.nl, Di.–So. 10–17 Uhr, in den Schulferien auch montags geöffnet, Eintritt 16 €, Kinder 6–18 Jahre 8 €. Straßenbahn 1, 3 (Linnaeusstraat), 7, 14 (Alexanderplein), 19 (1e Van Swindenstraat). Das Museum für Völkerkunde wurde 1871 als Kolonialmuseum eröffnet, um das Leben in den überseeischen Gebieten darzustellen. Heutzutage gehören zum Tropenmuseum auch das Koninklijke Instituut voor de Tropen und ein Theater. Hauptschwerpunkt ist die interkulturelle Kommunikation. Vermittelt wird in lebendig und ansprechend gestalteten Ausstellungen ein Gesamtzusammenhang zwischen Kultur, Wirtschaft und sozialem Leben.

69 [E11] **Van Gogh Museum.** Außer der ständigen Van-Gogh-Ausstellung mit 200 Gemälden und ca. 500 Zeichnungen und Skizzen des Künstlers, findet sich hier eine Sammlung von Malereien aus dem 19. Jahrhundert: Toulouse-Lautrec, Gauguin, Monet, Bernard, Montecelli u. a. (s. S. 91).

## Dutch Design

Zahlreiche Amsterdamer Designer haben sich inzwischen mit ihren innovativen und ausgefallenen Entwürfen einen internationalen Namen erarbeitet und werden weltweit auf Messen ausgestellt.

**46** [H7] **Droog,** Staalstraat 7b, www.droog.com, Tel. 5235 059. Shop und Galerie der Designermarke Droog Design. Verschiedene Klassiker, die in zahlreichen Designmuseen auf der Welt zu finden sind. Im ersten Stock befindet sich ein Café, das einen schönen Blick auf den kleinen Garten bietet.

› **Foam Editions** (s. S. 119). Die Galerie verkauft limitierte Auflagen außergewöhnlicher Fotografien junger Talente und bekannter, internationaler Künstler.

**47** [J9] **Moooi Store,** Utrechtsestraat 145–147, Tel. 5287760, www.moooi.com. Den internationalen Durchbruch schaffte der Designer Marcel Wanders mit dem „Knotted Chair", den er für Droog entwarf. In Amsterdam hat er die Wohngalerie Moooi mitgegründet.

**48** [E7] **The Frozen Fountain,** Prinsengracht 645, Tel. 6229375, www.frozenfountain.nl. Zeitgenössische Inneneinrichtung, hergestellt von jungen und etablierten Designern. Es gibt hier immer einige besondere und verrückte Stücke.

**49** [G8] **What Is Happening Here Gallery,** Reguliersdwarsstraat 73, www.whatishappeninghere.com. In einem früheren Bankgebäude tritt man durch einen unscheinbaren Eingang in eine riesige Galerie mit einem ständig wechselnden Ausstellungsprogramm.

# Amsterdam für Genießer

## Niederländische Küche

Die traditionelle niederländische Küche ist eher **einfach und nahrhaft** als raffiniert (auch wenn es inzwischen einige Spitzenköche gibt, die die holländische Küche zur Kunst erhoben haben).

Zu den bekanntesten einheimischen Gerichten gehören *stamppot* (Eintopf aus Kartoffeln, Grünkohl und Knackwürsten), *hutspot* (Eintopf zur Hälfte aus Mohrrüben und zur anderen Hälfte aus Zwiebeln), *pannekoeken* (große Pfannkuchen, süß oder herzhaft belegt mit allem, was man sich nur vorstellen kann) und *poffertjes* (kleine Kugeln aus Pfannkuchenteig) sowie die an eiskalten Wintertagen servierte *erwtensoep* (eine dicke Erbsensuppe mit Speck und Fleischeinlage). Fischliebhaber werden sicher auf ihre Kosten kommen, denn Fisch kann man beinahe auf jeder Speisekarte finden.

*Man sollte auf jeden Fall einige der Spezialitäten probieren!*

Was einen Restaurantbesuch interessant macht, sind aber besonders die vielen **Restaurants aus aller Herren Länder** mit ihren spannenden Gerichten und besonderen Gewürzen. Man findet hier wirklich alles, was Europa, Asien, Arabien, Amerika, die Karibik und Afrika zu bieten haben.

Warm und ausführlich gegessen wird in den Niederlanden normalerweise abends, während man mittags nur eine Kleinigkeit (belegte Brote, Suppen, Milch, Buttermilch) zu sich nimmt. Daher öffnen viele Restaurants auch erst gegen 17 Uhr.

## Uit de muur – Aus der Mauer

Für einen **kleinen Imbiss** gibt es in Amsterdam viele verschiedene Möglichkeiten. Es beginnt mit den vielen kleinen **Pommesbuden** *(patatzaak),* in denen man Pommes frites mit den unterschiedlichsten Saucen bekommen kann. Eine Tüte kostet circa 2 €, mit Mayonnaise, Ketchup, Erdnusssoße o. Ä. bis zu 3 €. Eine Besonderheit sind dabei *vlaamse friet* (flämische Pommes frites), die werden nämlich aus frischen Kartoffeln ge-

112am Abb.: bs

schnitten. Man findet diese Pommesbuden in der ganzen Stadt. Gleichzeitig mit Pommes frites werden häufig noch andere frittierte Dinge angeboten. Gern gegessen werden z. B. *kroketten* (große Kroketten mit einer Fleischfüllung), *kaassouflees* (eine Art Kroketten mit einer Käsefüllung) sowie *bami-* und *nasirollen* (auch eine Art Kroketten mit einer Reis-Gemüse- oder Nudel-Gemüse-Mischung gefüllt), die man sich „aus der Mauer holt", also nach Einwurf des entsprechenden Geldbetrags aus kleinen Fächern in der Wand ziehen kann. Sehr gute Kroketten bieten Van Dobben (Korte Reguliersdwarsstraat 5) und Holtkamp's Patisserie (Vijzelgracht 15).

Eine weitere Möglichkeit für einen kleinen Imbiss sind die vielen **Kebab- und Falafelverkaufsstellen.** Auch diese gibt es überall in der Stadt. Teilweise kann man sich den dazugehörigen Belag selbst auswählen. Je nach Größe kosten diese Brote zwischen 4 und 7 Euro. Sehr gute Falafelbrote gibt es bei Maoz Falafel (in der ganzen Stadt) z. B. am Muntplein 1 und in der Leidsestraat 85.

Wer etwas anderes bevorzugt, kann eines der zahllosen **surinamischen** oder **chinesisch-indonesischen Minirestaurants** aufsuchen. Von Amsterdamern werden diese genutzt, um Essen abzuholen, wenn man gerade mal keine Lust hat, selbst etwas zu kochen. Meistens besteht aber auch die Möglichkeit, gleich dort etwas zu essen, auch wenn die meisten dieser Restaurants eher etwas spartanisch eingerichtet sind. Da sich unter den Gerichten sicherlich viele unbekannte Dinge befinden, sollte man ruhig nachfragen, um eine gute Wahl zu treffen.

*Sobald sich die ersten Sonnenstrahlen zeigen, ist es „terasjesweer" – Terrassenwetter*

150am Abb.: bs

## Cafés, Eetcafés und Kneipen

Sprachlich etwas verwirrend, versteht man in den Niederlanden unter einem *café* eine **Kneipe** und die für Amsterdam so typischen „braunen Cafés" sind im Allgemeinen die „Kneipe um die Ecke". Warum diese urtypischen Kneipen *bruin café* heißen, kann eigentlich niemand eindeutig erklären. Die meisten denken, dass dies auf die braunen Möbel und die typische braune Holzverkleidung sowie das schummerige Licht zurückzuführen ist. Der kräftige Tabakkonsum aus früheren Jahren tat hierfür sein Übriges. Wichtig ist jedenfalls, dass man in den Niederlanden mit diesen Kneipen eine intime, geborgene und gesellige Atmosphäre verbindet. Dort trifft man sich mit Freunden auf ein Bierchen, um über Gott und die Welt zu diskutieren, Karten zu spielen oder einen *borrel* (Schnaps) zu trinken. Normalerweise beschränkt sich hier das Angebot an Essbarem auf einen Toast oder Apfelkuchen.

Die etwas größeren **Cafés** für Kaffee und Kuchen oder Kleinigkeiten zum Essen heißen *grand café, eetcafé* oder *koffiehuis* (Letzteres ist wiederum nicht zu verwechseln mit den zahlreichen *coffeeshops,* in denen der Haschischverkauf geduldet, aber kein Alkohol ausgeschenkt wird). Eine Tasse Kaffee oder Tee kostet etwa 2,50 bis 3 €, ebenso viel bezahlt man für Erfrischungsgetränke. Häufig wird auch die Kombination *koffie met gebak* (Kaffee und (Apfel-)Kuchen) für 6 bis 8 € angeboten. Die Speisekarte bietet eine kleine Auswahl an herzhaften und süßen Speisen. Dazu gehören neben dem obligatorischen Apfelkuchen verschiedene Toasts und mehrere belegte Brote, Bagels, Suppen und manchmal auch Gemüsegerichte, verschiedene Sorten Quiche, Fingerfood oder Ähnliches. Belegte Brote, Suppen und Toasts beginnen bei ca. 6 €, für etwas größere Gerichte sind auch schon mal 10–16 € fällig.

EXTRAINFO

### Öffnungszeiten

**Cafés und Eetcafés** öffnen bereits vormittags, wenn man Glück hat, kann man dort sogar frühstücken. Manche Cafés schließen dann nach dem Tagesgeschäft gegen 18/19 Uhr, andere erst später am Abend. **Restaurants** bieten eher selten einen Mittagstisch, meist kann man sich erst ab 17 Uhr zu einem Essen verabreden.

## Restaurants

Im Vergleich zum deutschsprachigen Raum sind Restaurants in Amsterdam etwas teurer. Hier sucht man sich im Gegensatz zu *(eet-)cafés* und Kneipen seinen Tisch nicht selbst, sondern man wartet am Eingang, bis man einen Tisch zugewiesen bekommt. Im normalen Preis ist ein Servicebetrag eingerechnet. Das **Trinkgeld** liegt normalerweise zwischen 5 und 10 % des Rechnungsbetrages. Seit der Einführung des Euro orientieren sich die meisten Leute aber eher am 5-%-Betrag. Am besten, man gibt genauso viel Trinkgeld, wie man es im deutschsprachigen Raum auch tun würde.

Eine (fast) vollständige Restaurant- und Barliste (auf Englisch) findet sich auf der Website von I amsterdam: www.iamsterdam.com/en/see-and-do/restaurant-and-bars. Hier kann man auch nach seinen persönlichen Geschmacks- und Ortswünschen filtern, sodass man mit

311am Abb.: bs

Sicherheit etwas Passendes findet. Eine Auswahl ist in diesem Buch aufgeführt. Man sollte sich aber auch nicht scheuen, z. B. das Personal im Hotel zu fragen, ob sie etwas empfehlen können.

Da viele interessante Restaurants in erstaunlich kleinen Räumlichkeiten untergebracht sind, empfiehlt es sich, vorab zu **reservieren,** wenn man ein bestimmtes Restaurant besuchen möchte.

Ein oft genannter Kritikpunkt bei Restaurantbesuchen in Amsterdam ist die **Qualität des Servicepersonals.** Es kann natürlich einen schönen Abend stören, wenn man sich über schlechten Service oder eine langsame Bedienung ärgert, denn nicht nur das Essen bestimmt letztendlich, ob man ein Restaurant gut oder schlecht findet. Leider arbeiten viele Restaurants in der Stadt mit Teilzeitkräften, die nicht immer auf hohem Niveau geschult sind, doch in immer mehr Restaurants wird der Mehrwert zuvorkommenden Personals verstanden. Das Beste ist wohl, man lässt sich einfach den Abend nicht vermiesen.

Viele Restaurants haben montags ihren **Ruhetag.** Falls man also in ein bestimmtes Lokal gehen möchte, sollte man vorher nach den Öffnungszeiten fragen.

## Getränke

Auch die Niederländer trinken gerne mal ein Glas **Bier.** Interessant ist das belgische Bier, das überall in den Niederlanden zu bekommen ist. Hier gibt es viele Spezialsorten (Starkbier unterschiedlicher Brauart). Niederländisches Bier ist nicht immer nach den Regeln des Reinheitsgebots gebraut, was besonders für die im Ausland bekannten Marken zutrifft. Beim Bier aus dem südlichen (katholischen) Teil der Niederlande und (dem katholischen) Belgien ist dies jedoch meist der Fall, da hier die (Kloster-) Brauereien ihre alten Traditionen hochhalten. Bier wird in den Niederlanden auf sehr eigene Weise ausgeschenkt. Die relativ kleinen Gläser werden so gefüllt, dass unter dem Rand zwei Finger breit Schaum bleibt. Alles was über den Rand hinausragt, wird mit einer Art Teigschaber weggestrichen. Zum Bier gehört die *bittergarnituur,* eine Mischung verschiedenster frittierter Häppchen mit unterschiedlichen Füllungen.

**Wein** ist in den Niederlanden, wie alle anderen alkoholischen Getränke, relativ teuer. Es ist daher ein beliebtes Geschenk, wenn man eingeladen wird.

Sehr großen Wert legt man auf guten **Kaffee.** Eine gewöhnliche Tasse Kaffee ist häufig eine Art Espresso oder Mokka. Gerne wird Kaffee mit aufgeschäumter Milch, also als Cappuccino, getrunken. *Koffie verkeerd* ist ein Milchkaffee.

Mineralwasser heißt in den Niederlanden *spa* (nach dem belgischen Kurort). Entsprechend der Farbe des Etiketts ist *spa rood* ganz normales kohlensäurehaltiges **Mineralwasser** und *spa blauw* ein Mineralwasser ohne Kohlensäure.

Und dann ist da natürlich noch das Nationalgetränk (na ja, vor allem für die männliche Hälfte der Bevölkerung): ein **Wacholderschnaps**, genannt **Jenever.** Unterschieden wird *jonge* (junger) und *oude* (alter) Jenever, was mit der Herstellungsweise zu tun. Alter Jenever wird aus Malzwein hergestellt, beim jungen bildet industriell hergestellter Ethylalkohol die Grundlage, weshalb er einen leichteren Geschmack und eine klare Farbe hat. Alt bedeutet also, der alten Tradition entsprechend hergestellt.

◁ *Auf dem Gelände der Westergasfabriek (s. S. 137) genießt man Kultur und Kulinarisches gleichermaßen*

### Gastro- und Nightlife-Areale

Bläulich hervorgehobene Bereiche in den Karten kennzeichnen Gebiete mit einem dichten Angebot an Restaurants, Bars, Clubs, Discos etc.

## Restaurants in Ausgehvierteln

Wer kein spezielles Restaurant sucht, kann in einem der folgenden Stadtviertel sein Glück versuchen:

### Jordaanviertel

In den kleinen Straßen im Jordaan (s. S. 61) liegt alles relativ dicht beieinander. Beim Spaziergang kommt man an zahlreichen Kneipen, *(eet-)cafés* und Restaurants vorbei, die manchmal etwas unscheinbar und klein erscheinen mögen, aber oft einen Besuch wert sind.

### Leidseplein [E9]

Am und rund um den Leidseplein gibt es alles, um sich die Zeit zu vertreiben, sich zu amüsieren und zu genießen. Auf dem Platz selbst findet man bereits verschiedene Restaurants, *eet-* und *grand cafés.* In der Umgebung (z. B. Lange und Korte Leidsedwarsstraat) findet man ein Restaurant nach dem anderen. Hier findet man die Küchen der ganzen Welt. Da im Sommer draußen überall Tische stehen, kann man sich beim Vorbeischlendern ansehen, was serviert wird und sich so ein bestimmtes Lokal auswählen.

### Concertgebouw 71

Passend zum gehobenen Stil und Reichtum dieses Viertels, haben sich rund um die Van Baerlestraat einige gehobene Restaurants und Brasserien angesiedelt.

### Zeedijk [J5]

Im und angrenzend an das Rotlichtviertel Amsterdams liegen in der Warmoesstraat und am Zeedijk eine ganze Reihe von Restaurants, darunter viele chinesische, thailändische oder französische sowie die sogenannten Probelokale (früher konnte man hier vor dem Verkauf erst mal den hochprozentigen Alkohol probieren, heutzutage ist das leider nicht mehr so und man zahlt für alles, was ausgeschenkt wird), Kneipen und Cafés. Hier trifft man auf eine erstaunliche Gastronomievielfalt auf engstem Raum.

### Rembrandtplein 33 und Thorbeckeplein [H8]

Auch hier hat man in Cafés, Restaurants und Bars viele Möglichkeiten, einen angenehmen Tag oder Abend zu verbringen. Wer es ruhig mag, kann sich in die Lokale zurückziehen, wer lieber etwas mehr erleben möchte, sucht sich auf einer der Terrassen einen Platz.

## Empfehlenswerte Gastronomie

Die folgenden Restaurant-Empfehlungen bieten eine kleine Reise durch die internationale Küche.

**50** [B10] **Addis Ababa** €, Overtoom 337, 6184472, www.addisababa.nl. Traditionell werden äthiopische Gerichte mit der Hand mit einer Art Pfannkuchen *(Injera)* gegessen. Eine gute Auswahl für Vegetarier.

**51** [J11] **Arles** €€€, Govert Flinckstraat 251, www.arles-amsterdam.nl, Tel. 6798240. Französische Neo-Bistroküche. Bekannte Gerichte mit Twist.

**52** [E7] **Balthazar's Keuken** €€, Elandsgracht 108, www.balthazarskeuken.nl, Tel. 4202114, Mi.–So. Eine Karte gibt es nicht, dafür ein wöchentlich wechselndes Menü. Für Privatsphäre bietet die Einrichtung wenig Platz, trotzdem ist die internationale, mediterrane Küche sehr beliebt.

**53** [J11] **Bar Fisk** €€, Eerste Sweelinckstraat 23, Tel. 2352117, www.barfisk.nl. Fischrestaurant mit israelischen Gerichten gleich neben dem Albert-Cuyp-Markt.

**54** [R4] **Bonboon** €€€, Piraeusplein 59, Tel. 0618098855, www.bonboon.nl. Veganes Restaurant auf der KNSM-Insel. Leckere und kreative Gerichte, die Karte wechselt mehrmals im Jahr.

**55** [C8] **Café Amoi** €€, Kinkerstraat 53, Tel. 8462755, www.cafeamoi.nl. Moderne, spielerische indonesische Küche, hippes Ambiente. Spannend: Longdrinks mit indonesischem Einschlag.

**56** [L6] **Café Kadijk** €€, Kadijksplein 5, Tel. 0617744411, http://cafekadijk.nl. Indonesische Kleinigkeiten im Eetcafé. Im Sommer mit großer Terrasse.

**57** [G7] **Cannibale Royale** €€, Handboogstraat 17a, Tel. 2337160, www.cannibaleroyale.nl, So.–Do. 18–1, Fr./Sa. 18–2 Uhr. Die Küche schließt jeweils eine Stunde früher. Nachtrestaurant für Menschen, die Fleisch (in großen Mengen) lieben. Inzwischen mit fünf Niederlassungen in der Stadt.

### Preiskategorien

Die Kategorien beziehen sich auf den durchschnittlichen Preis für ein Dreigängemenü (ohne Getränke).

| | |
|---|---|
| € | bis 25 € |
| €€ | 26–35 € |
| €€€ | 36–45 € |
| €€€€ | 46–70 € |
| €€€€€ | über 70 € |

**58** [G4] **Chez Georges** €€€€, Herenstraat 3, Tel. 6263332, www.chez-georges.nl. In diesem kleinen Restaurant steht die klassische französische Küche mit gehaltvollen Saucen im Vordergrund. Also eher nicht geeignet für Schlankheitsfanatiker.

**59** [H6] **De Brakke Grond** €€, Nes 45, Tel. 4222666, www.brakkegrond.nl. Eetcafé im flämischen Kulturzentrum. Typisch flämische Gerichte und belgisches Bier.

**60** [B8] **De Hallen** €€, Bellamyplein 51, www.foodhallen.nl. Vom Mittagstisch bis zum Abendessen gibt es hier Köstliches aus den verschiedensten Winkeln der Welt.

**61** [J7] **De Hapjeshoek** €, Waterlooplein 6, Tel. 4230130, www.dehapjeshoek.nl. Surinamische Küche, klein, einfach, lecker und preiswert. Auch beliebt bei den surinamischen Amsterdamern. Im Tunnel der Metrostation.

**62** [H7] **De Jaren** €€, Nieuwe Doelenstraat 20–22, Tel. 6255771, www.cafedejaren.nl. Große, helle Räume und zwei Terrassen zum Wasser hin, die oft brechend voll sind. Frühstück, internationale Küche mittags und abends: Salat, Sandwiches, Fisch, Fleisch und vegetarische Gerichte.

**63** [J9] **DenC, Dik en Cunningham** €€€, Kerkstraat 377, www.restaurantdenc.nl, Tel. 4222766. Kleines Restaurant mit viel lokalen Saisonprodukten in Bio-Qualität. Der Chef kommt aus einer Jägerfamilie und so gibt es hier das ganze Jahr über herrliche Wildgerichte.

**64** [G11] **De Pilsvogel** €€, Gerard Douplein 14, Tel. 6646483, http://pilsvogel.nl. Geselliges und gern besuchtes Eetcafé im Pijp-Viertel mit einer großen Karte (Tapas, Sandwiches, Burger, Suppen, Salate).

**65** [L8] **De Plantage** €€€, Plantage Kerklaan 36, www.caferestaurantdeplantage.nl, Tel. 7606800. Eine historische Orangerie mit modernem Anbau sorgt für ein romantisches Ambiente für die südeuropäische und levantinische Küche.

**66** [F6] **De Struisvogel** €, Keizersgracht 312, www.restaurantdestruisvogel.nl, Tel. 4233817. Kleines, einfach eingerichtetes, intimes Restaurant im Souterrain, im Sommer auch mit Terrasse auf dem Gehweg. Kleine Karte (Fisch, Geflügel, rotes Fleisch, Vegetarisches).

**67** [G11] **De Waaghals** €€€, Frans Halsstraat 29, Tel. 6799609, www.waaghals.nl. Eines der ältesten vegetarischen Restaurants vor Ort mit zweimal monatlich wechselnder Karte, wobei auch möglichst weitgehend Bioprodukte verwendet werden.

**68** [K8] **Dignita Hoftuin** €, Nieuwe Herengracht 18a, www.eatwelldogood.nl, Tel.

*Terrassenwetter – im De Jaren ist Speisen unter freiem Himmel sehr beliebt*

025am Abb.: bs

3702723. Ruhig gelegen im ummauerten Garten hinter dem Hermitage-Museum. Frühstück, Brunch und Mittagstisch mit saisonalen Zutaten, nach Möglichkeit in Bio-Qualität aus der Region.

**69** [J7] **Espressobar Puccini** €€, Staalstraat 21, Tel. 6208458, www.puccini.nl. Lunch-Restaurant mit mediterraner Küche aus hochwertigen Zutaten.

**70** [J5] **Ganesha** €€, Geldersekade 5, Tel. 3207302, www.indianrestaurantganesha.com. Indische Curry- und Tandoorigerichte. Große Auswahl auch an vegetarischen Gerichten.

**71** [F7] **Goodies** €, Huidenstraat 9, Tel. 6256122, www.goforthegoodies.nl. Tagesfrische und saisonale Gerichte zu moderaten Preisen. Größere Karte mittags als abends.

**72** [D9] **Hap-Hmm** €, Eerste Helmerstraat 33, Tel. 7708924, www.hap-hmm.nl. Traditionelle holländische Küche wie sie die Niederländer von zu Hause gewohnt sind – und preiswert.

**73** [L6] **Kilimanjaro** €€, Rapenburgerplein 6, www.restaurantkilimanjaro.info, Tel. 6223485. Hier werden traditionelle afrikanische Gerichte aus verschiedenen Ländern serviert.

201am Abb.: bs

**74** [H7] **Krua Thai** €€€, Staalstraat 22, Tel. 6229533, www.kruathai.nl, tägl. 17–22.30 Uhr. Leckere thailändische Gerichte. Die Tische sind über zwei Ebenen verteilt, aber dennoch sitzt man einigermaßen dicht beieinander.

**75** [E4] **La Oliva Pintxos y Vinos** €€€€, Egelantiersstraat 122–124, Tel. 3204316, www.laoliva.nl. Viel besuchtes spanisches Restaurant, das Pintxos, aber auch Hauptgerichte (Fisch und Fleisch) im Angebot hat.

**76** [E4] **La Perla** €, Tweede Tuindwarsstraat 53, www.pizzaperla.nl. Kleines Restaurant für Lunch und Dinner mit italienischen Spezialitäten wie Pizza, Salaten und Baguettes. Gegenüber (Nr. 14) Pizza zum Abholen.

**77** [E4] **Madre** €€€, Westerstraat 186, Tel. 6237344, www.madre.amsterdam. Vegane mexikanische Küche. Viele Speisen werden so serviert, dass man sie leicht miteinander am Tisch teilen kann.

**78** [G12] **ManaMana** €€, Eerste Jan Steenstraat 85 hs, Tel. 0630887214, www.manamana.nl. Israelische Fusionsküche, bei der Gemüse und vegetarische Gerichte eine prominente Rolle einnehmen.

**79** [C7] **Meatless District** €€, Bilderdijkstraat 65–67, https://meatlessdistrict.com, Tel. 7220804. Gute Auswahl an veganen Gerichten, die teilweise je nach Saison wechseln.

**80** [D6] **Moeders** €€, Rozengracht 251, Tel. 6267957, www.moeders.com. In urgemütlich holländisch-kitschigem Ambiente gibt es traditionelles holländisches Essen wie bei Muttern.

**81** [J12] **Mooshka** €€, Van Woustraat 110, Tel. 8457806, www.mooshka.nl. Kleines Restaurant, das veganes Soul Food aus al-

*Süße Versuchungen gibt es im Café Pompadour (s. S. 131) zuhauf*

ler Herren Länder serviert. Belegte Fladenbrote und eine schöne Auswahl an kleinen Mezze-Gerichten.

**82** [C1] **Mossel en Gin** €€, Gosschalklaan 12, Tel. 4865869, www.mosselengin.nl. Muschel- und Fischrestaurant in einem industriellen Ambiente. Bei den Cocktails spielt Gin die Hauptrolle. Große Terrasse.

**83** [J6] **Nyonya** €, Kloveniersburgwal 38, Tel. 4222447, www.nyonyamalaysiarest.nl. Kleines, einfaches Restaurant mit malaisischer Küche, die der indonesischen und chinesischen Küche ähnelt. Kein Alkoholausschank.

**84** [K7] **Olijfje** €€€, Valkenburgerstraat 223d, Tel. 3304444, www.restaurantolijfje.nl. Breit gefächertes Angebot an mediterranen Speisen.

**85** [G12] **Orontes** €€€, Albert Cuypstraat 40, www.restaurantorontes.nl, Tel. 6796225. Mediterrane Spezialitäten: Salate, Mezze, auf Holzkohle gegrillte Fleisch- und Fischgerichte.

**86** [F7] **Pompadour** €€, Huidenstraat 12, Tel. 6239554, www.pompadour.amsterdam. Kleines Café/Teehaus, aber auch freier Verkauf von Torten, Schokoladenkreationen und Pralinen.

**87** **REM Eiland** €€€€, Haparandadam 45-2, Tel. 2445794, www.rem.amsterdam. Stahlkonstruktion im Wasser mit Restaurant auf 22 m Höhe in der ehemaligen Sendestation eines Piratensenders. Tolle Ausicht über das IJ.

**88** [F13] **Restaurant Jaspers** €€€, Ceintuurbaan 196, Tel. 4715233, www.restaurantjaspers.nl. Chef Jasper Videler hat das Kochen in Sternerestaurants gelernt, bevor er sich hier den Traum vom eigenen Restaurant erfüllte.

**89** [E6] **Salmuera** €€€, Rozengracht 106–110, Tel. 6245752, www.sal-amsterdam.nl. Lateinamerikanische Küche, die durch Mezcal und Cocktails abgerundet wird.

**90** [E10] **Sama Sebo** €€, P.C. Hooftstraat 27, Tel. 6628146, www.samasebo.nl. Indonesisches Restaurant, alle Köche haben javanesische Wurzeln.

**91** [G7] **Satchmo** €€€, Rokin 95, Tel. 8204472, www.satchmoamsterdam.nl. Cocktailbar und Restaurant mit internationaler Küche in einem auf Hochglanz gestylten Gebäude aus dem Jahr 1647.

**92** [S. 110] **Semai** €, Papaverhoek 35, Tel. 7866625, www.semai.nl. Beliebtes äthiopisches Restaurant in Noord, auch viele vegetarische und vegane Gerichte.

**93** [H12] **Sla** €€, Ceintuurbaan 149, Tel. 2334391, www.ilovesla.com. Salatbar, in der man aus vielen nahrhaften Zutaten sein Essen zusammenstellen kann. Außerdem Suppen, Snacks, Kuchen und Säfte. Bezahlung nur mit Karte und PIN. Weitere Filialen sind in der Westerstraat 34 [F4] und in der Utrechtsestraat 10hs [H8].

082In Abb.: bs

*Amsterdamer lieben die Geselligkeit in ihrer Stammkneipe*

## Die ältesten Kneipen

*Das Prädikat, die älteste Kneipe Amsterdams zu sein, würden sich viele gerne aneignen. Schlüssige Beweise kann allerdings niemand vorlegen. Sicher ist, dass es bereits im 17. Jahrhundert Trinkhallen gab, allerdings waren die* ***Probierstuben*** *in der damaligen Zeit wichtiger. Dort wurden alkoholische Getränke verkauft und man durfte erst probieren, bevor man sich für eine oder mehrere Flaschen entschied. Die Nachfolger dieser Probierstuben („proeflokaal") existieren heute noch. Allerdings muss man fürs Probieren inzwischen etwas bezahlen. Dafür bieten diese Lokale auf ihrem Fachgebiet (Bier, Hochprozentiges) eine Auswahl, die man anderswo so schnell nicht wieder antrifft.*

*Zu den* ***ältesten Kneipen*** *in Amsterdam zählen:*

- **94** *[E5]* ***Café Chris,*** *Bloemstraat 42, Tel. 6245942, www.cafechris.nl. Gegründet 1624 wurde hier, wie es heißt, den Bauarbeitern des Turms der Westerkerk* **42** *ihr Lohn ausgezahlt. Der Kirchturm wurde 1638 fertiggestellt. Eine Besonderheit in dieser Kneipe stellt zweifellos die Toilette dar. Diese befindet sich nämlich eigentlich außerhalb des Gebäudes (unter der Treppe an der Außenseite des Gebäudes) und ist darum so klein, dass für den Abzug kein Platz mehr in dem stillen Örtchen selbst ist – dieser befindet sich darum im Kneipenraum selbst – unter dem Platz für die Billardkugeln. Ihr Nachfolger wird es Ihnen danken, wenn Sie die Betätigung dieses Hebels nicht vergessen.*
- **95** *[G7]* ***Café Hoppe,*** *Spui 18–20, Tel. 4204420, www.cafehoppe.com. An lauen Sommerabenden sieht man hier oft Menschen, die mit einem Bierglas in der Hand auf der Straße stehen. Die Kneipe ist so gut besucht, dass nicht immer alle drinnen Platz finden. Deshalb schließt man den Tag mit Freunden und einem Drink draußen ab.*
- **96** *[E5]* ***Café Kalkhoven,*** *Prinsengracht 283, www.cafekalkhoven.nl, Tel. 6248649. Diese Kneipe wird auf das Jahr 1670 geschätzt, obwohl auch behauptet wird, sie bestünde bereits seit 1630.*
- **97** *[H4]* ***Café Karpershoek,*** *Martelaarsgracht 2, Tel. 3311427, www.cafekarpershoek.nl. Diese urige Kneipe soll bereits im Jahr 1606 Seeleuten als Unterkunft gedient haben.*
- **98** *[F3]* ***Café Papeneiland,*** *Prinsengracht 2, www.papeneiland.nl, Tel. 6241989. Dieses Haus Ecke Brouwers- und Prinsengracht stammt aus dem Jahr 1642. Ein Sargmacher soll hier als Nebenverdienst Alkohol verkauft haben. Jetzt ist es eine winzige, nette Kneipe.*
- **99** *[G5]* ***De Drie Fleschjes,*** *Gravenstraat 18, Tel. 6248443, www.dedriefleschjes.nl. Diese Kneipe erhebt den Anspruch, bereits 1650 gegründet worden zu sein.*
- › ***In de Wildeman*** *(s. S. 134). 1690 wurde hier eine Likörbrennerei gegründet. Heute ist es eine Probierstube für Bier.*

202am Abb.: bs

100 [D10] **Theehuis De Roos** €, P.C. Hooftstraat 183, Tel. 6890081, www.roos.nl/theehuis, tägl. 8.30–17.30 Uhr. Bio-Café in spirituellem Zentrum direkt am Vondelpark.

101 [E4] **The Good Companion** €€, Westerstraat 264, www.thegoodcompanion.nl, Tel. 2338227. Lokal im Jordaanviertel mit täglich wechselndem Angebot an Fisch und Meeresfrüchten aus nachhaltigem Fang.

102 [G11] **The Seafood Bar** €€, Ferdinand Bolstraat 32, www.theseafoodbar.com, Tel. 2614864. Gehobenes und modern eingerichtetes, familiengeführtes Fischrestaurant.

103 [J7] **Tisfris** €, Sint Antoniesbreestraat 142, Tel. 6220472, www.tisfris.nl. Hell und modern eingerichtetes *eetcafé*, gute Auswahl an kleineren Gerichten.

104 [H8] **Tomo Sushi** €€, Reguliersdwarsstraat 131, Tel. 5285208, www.tomosushi.nl. Die Einrichtung scheint eher italienisch orientiert, es handelt sich aber um eine beliebte Sushibar für frisch zubereitete Sushi, Sashimi, Fleischspieße oder Tempura.

105 [G12] **Warung Spang Makandra** €, Gerard Doustraat 39, www.spangmakandra.nl, Tel. 6705081. Einfach eingerichtetes Eethuis, in dem man sich günstig durch die javanische und surinamische Küche probieren kann.

## Kneipen

106 [N10] **Bar Bukowski,** Oosterpark 10, Tel. 3701685, www.barbukowski.nl. Vom Frühstück bis spät an der Bar: Im angesagten Bukowski ist auf zwei Etagen immer etwas los. Im Sommer gibt es auch draußen einige Plätze. Benannt ist die Kneipe nach dem amerikanischen Lyriker Charles Bukowski, der bekanntlich einigen guten Gläschen nicht gerade abgeneigt war.

*Über 60 Liköre und Schnäpse kann man im Proeflokaal A. van Wees (s. S. 134) probieren – wenn die Kondition stimmt*

023am Abb.: bs

107 [G7] **Bloemenbar,** Handboogstraat 15, Tel. 0624864621, www.bloemenbar.nl. Die gesellige Kneipe hat bis tief in die Morgenstunden geöffnet. Jeden Monat werden die Werke eines anderen Künstlers ausgestellt. Es gibt auch Livemusik. Motto: „Alle lieben Blumen, und die Blumenbar liebt auch dich!“

108 [J4] **Louis Bar,** Nieuwebrugsteeg 13. Liegt an der Stelle des ehemaligen Stadttors. In dem ursprünglichen Haus von 1619 im ältesten Stadtteil Amsterdams muss man auf jeden Fall die Liköre und den jungen und alten Jenever probieren.

109 [E4] **Café Nol,** Westerstraat 109, Tel. 6245380, www.cafenol.amsterdam. Bietet seit den 1960er-Jahren ein wundervoll kitschiges Zuhause für die Liebhaber sentimentaler Amsterdamer Lieder. Donnerstagabends Liveauftritte.

110 [E5] **De 2 Zwaantjes,** Prinsengracht 114, www.cafedetweezwaantjes.nl, Tel. 6252729. Dies ist eine der Vorzeigekneipen im Jordaan, die besonders beliebt ist, weil hier die für das ursprüngliche Viertel typische Musik (live) gespielt und gesungen wird. Im Sommer wird die winzige Kneipe wegen der Terrasse am Wasser besonders gerne frequentiert. An manchen Sonntagen (s. Website) braucht man eine Packung Taschentücher, wenn herzergreifende *smartlappen* gesungen werden.

111 [F7] **Proeflokaal A. van Wees,** Herengracht 319, www.proeflokaalvanwees.nl, Tel. 6254334. Probestube der Traditionsbrennerei Van Wees (Driehoekstraat 10, Tel. 6267752). Die letzte Traditionsbrauerei in der Stadt ist bekannt für ihre altholländischen Liköre und Branntweine.

112 [H5] **Proeflokaal In de Wildeman,** Kolksteeg 3, Tel. 6382348, www.indewildeman.nl. Eine große Auswahl an Bier (teilweise vom Fass), und – wie in einem Probelokal üblich – ohne Musik.

# Amsterdam am Abend

Amsterdam bietet ein vielfältiges Angebot für diejenigen, die bis in *de kleine uurtjes* (also spät in die Nacht) unterwegs sind und etwas erleben wollen.

Bars, Restaurants, Theater, Kinos und Musikbühnen bieten ein breit gefächertes Angebot, da findet sich für jeden Geschmack das Richtige. In Clubs gibt es Themenabende und wechselnde DJs und viele Kneipen und Cafés locken mit Livemusik einheimischer und internationaler Künstler. Grundsätzlich gilt, dass viele der Bühnen und Clubs ein so abwechslungsreiches Programm bieten, dass man an einem Tag einen tollen Abend erleben kann und es an einem anderen überhaupt nicht spannend findet. Deshalb ist es immer nützlich, sich über das aktuelle Programm zu informieren.

In der Innenstadt sind sowohl **Leidseplein** [E9] und Umgebung als auch **Rembrandtplein** 33 und Umgebung gute Punkte, um den Abend zu beginnen. Hier locken Kneipen, Bars, Restaurants, Kinos und Clubs mit ihren zahlreichen Angeboten. Die Stadtviertel Jordaan und De Pijp bieten eine ganze Palette an Kneipen und Restaurants. Auch das östliche Hafengebiet und die neuen Inseln sind im Aufwind, dort sind die Wege zwischen den einzelnen Locations jedoch etwas länger.

› **Informationen** über das laufende Angebot siehe „Publikationen und Medien", S. 191. **Tickets** bekommt man bei den jeweiligen Veranstaltern (online und teilweise auch vor Ort) oder über die Website der Touristeninformation (www.iamsterdam.com).

*Ein Bierchen unter freiem Himmel*

## Comedy

**113** [E6] **Boom Chicago,** Rozengracht 117, Tel. 2170400, www.boomchicago.nl/en. Amerikanische Comedians, die das Leben in Amsterdam und die Touristen auf die Schippe nehmen.

## Clubs und Locations

**114** [L4] **Bimhuis,** Piet Heinkade 3, Tel. 7882188, www. bimhuis.nl. Wer sich für modernen Jazz und Improvisationsmusik interessiert, wird diesen Ort kennen. Das Gebäude ist in den Bau des Muziekgebouw aan 't IJ integriert.

**115** [D6] **Café Soundgarden,** Marnixstraat 164–166, www.cafesoundgarden.nl. Kneipe mit einer großen Auswahl an Bier, Poolbillard, einer Terrasse am Wasser und Live-Auftritten oder DJs (Rock) an mehreren Abenden pro Woche.

**116** [L12] **Canvas,** Wibautstraat 150, Tel. 2612110, www.volkshotel.nl/en/canvas. Restaurant, Bar, Club (Fr./Sa.) im 7. Stock des Volkshotels. Hier wurde früher die Zeitung De Volkskrant hergestellt. In entspannter Atmosphäre kann man auf der Dachterrasse Cocktails schlürfen.

**117** [E8] **Chicago Social Club,** Leidseplein 12, Tel. 7601171, www.chicagosocialclub.nl. Bar und Club auf zwei Etagen, verwinkelt mit vielen Treppen, relaxt. Livemusik am Wochenende bis morgens.

**118** [P5] **Club Panama,** Oostelijke Handelskade 4, Tel. 3118686, www.panama.nl. Veranstaltungen mit Livemusik. Populäre *club nights,* in denen lokale und internationale House- und Techno-Talente auftreten.

**119** [F9] **De Club Up,** Korte Leidsedwarsstraat 26, Tel. 6236985, www.clubup.nl. Do.–So. ab 23 Uhr. Club der Kunst- und Kulturszene mit einem breit gefächerten Repertoire (Hip-Hop, House, Techno, Funk, Soul, Disco).

**120 De School,** Dr. Jan van Breemenstraat 1, www.deschoolamsterdam.nl, Tel. 7373197. Café, Restaurant, Kulturzentrum und Nachtclub mit einer 24-Stunden-Lizenz, sodass Veranstaltungen auch mal erst morgens beendet werden können.

**121** [H8] **Escape,** Rembrandtplein 11–15, Tel. 6221111, www.escape.nl. Einer der größten Clubs: Amsterdamer und internationale DJs und VJs. Club, Studio, Lounge, Café stehen für exklusives Ambiente, Multimedia-Umgebung, Hightech-Beleuchtung, visual effects.

**122** [F9] **Jazz Café Alto,** Korte Leidsedwarsstraat 115, Tel. 3303469, www.jazz-cafe-alto.nl. Schon seit den 1950er-Jahren gibt es hier guten Jazz und Blues live – und zwar jeden Abend. Der Klassiker unter den Jazz-Venues!

**123** [D7] **Maloe Melo,** Lijnbaansgracht 163, Tel. 4204592, www.maloemelo.nl. Amsterdams „Home of the Blues" ist eine intime Blues and Roots Location.

**124** [E8] **Melkweg,** Lijnbaangracht 234a (Umgebung Leidseplein), www.melkweg.nl, Tel. 5318181. Die „Milchstraße" bietet ein breit gefächertes Angebot an Musik, Tanz-, Theater- und Filmvorstellungen, Video- und Medienpräsentationen sowie eine Fotogalerie. Es wird ein abwechslungsreiches Musikprogramm (Pop/Rock, Weltmusik, Jazz, Punk, Hip-Hop) präsentiert, das mit großen und kleinen Namen regelmäßig ein begeistertes Publikum anzieht.

**125** [B10] **OT301,** Overtoom 301, http://ot301.nl. Alternatives Kultur- und Medienzentrum, das mit Konzerten, Theater, Tanz, Workshops und Atelierräumen eine Plattform für alternative und experimentelle Kunst bieten möchte.

**126** [F9] **Paradiso,** Weteringschans 6–8, Tel. 6264521, www. paradiso.nl. Performances und Lesungen, Konzerte und *club nights* der unterschiedlichsten Stilrichtungen in ei-

152am Abb.: bs

ner ehemaligen Kirche. Publikumsklassiker kommen hier genauso vor wie neue Konzepte. Eine der besten Locations für Liveacts in Amsterdam.

127 **Radion,** Louwesweg 1, www.radion.amsterdam. Kulturzentrum, in dem etablierte und aufstrebende Künstler die Möglichkeit haben, innovative und experimentelle Projekte zu realisieren (Konzerte, Tanz, Theater, Ausstellungen).

128 [K7] **Splendor,** Nieuwe Uilenburgerstraat 116, www.splendoramsterdam.com, Tel. 8453345. In einem alten Badehaus beim Waterlooplein zaubert ein Kollektiv von Musikern, Komponisten und Podiumskünstlern regelmäßig ein reichhaltiges und spannendes Bühnenprogramm. Herrlich, hier passt nichts in eine Schublade: von Jazz vielfältigster Art bis hin zu Mozart für Kinder, von Interviews bis zu verschiedenen Theaterformen.

129 [E8] **The Waterhole,** Korte Leidsedwarsstraat 49, Tel. 6208904, www.waterhole.nl. Jeden Tag Livemusik (Rock, Pop, Funk, Indie) und eine entspannte Atmosphäre, die Einheimische wie Touristen schätzen.

130 [D1] **Westergasfabriek,** Haarlemmerweg 8–10, https://westergas.nl. Auf dem Gelände der ehemaligen Gasfabrik ist ein Kulturpark entstanden, der umgeben vom Grün des Westerparks verschiedenen kreativen und alternativen Unternehmen in den ehemaligen Fabriksgebäuden Platz bietet, beispielsweise Kino Ketelhuis, Clubs Pacific und WesterUnie (s. u.), Restaurants und Cafés.

131 [C1] **WesterUnie,** Klönneplein 4–6, 6848496, www.westerunie.nl. Freitags und samstags geht es hier rund. In den riesigen Hallen der alten Gasfabrik, eines Industriedenkmals, legen (inter)nationale DJs bis tief in die Nacht auf. Events und Clubabende bieten immer wieder neue Themen.

## Theater

Wer das Theater liebt, wird in einem der **rund hundert Amsterdamer Theater** sicherlich etwas Passendes finden können. Besonders stolz ist man hier nicht nur auf die Amsterdamer **Oper,** das Stadttheater (**Stadsschouwburg**) oder das Theater Carré, die auch im Ausland bekannt sind, sondern auch auf die vielen kleineren Theater, weil hier Neues ausprobiert und viel experimentiert wird.

**Von Klassik bis Moderne, Ethnospektakel bis Avantgarde** kommt hier jeder auf seine Kosten. Darüber hinaus sind die Niederländer weltbekannt für ihre klassischen und modernen Ballettensembles.

Das **aktuelle Programm** findet man bei den Touristeninformationen (s. S. 191) und in den vielen Infoblättern, die an vielen Stellen kostenlos ausliegen (siehe „Publikationen und Medien“).

Auch wenn diese in niederländischer Sprache geschrieben sind, kann man dort durch die Titel der Stücke, Namen von Autoren, Schauspielern und Sängern und die Namen der Theater etwas Besonderes, Spannendes oder Schönes heraussuchen.

## Freilichttheater

Im Juli und August gibt es die Gelegenheit, teilweise kostenlose Theater-, Musik- und Konzertvorstellungen im Freien zu besuchen. Diese Vorstellungen sind

*Sorgen für Besucherströme am Wasser: das Muziekgebouw (s. S. 138) und das Bimhuis (s. S. 135)*

allerdings so beliebt, dass man sich bei gutem Wetter rechtzeitig auf den Weg machen sollte. Im **Vondelpark** 72 gibt es ein vielfältiges Programm, im Amsterdamse Bos wird den ganzen Sommer über jeweils ein Theaterstück für Erwachsene und eines für Kinder gespielt und es finden verschiedene Konzerte statt. Informationen zum aktuellen Programm erhält man in den Niederlassungen der Touristeninformation (s. S. 191) und auf den Internetseiten der Theater.

- **Bostheater,** Amsterdamse Bos, www.bostheater.nl
- **Openluchttheater,** Vondelpark www.openluchttheater.nl

## Klassische Musik

Amsterdam hat auf dem Gebiet der klassischen Musik einen ausgezeichneten Ruf. So steht das einzige Opernhaus der Niederlande in Amsterdam und in zahlreichen Theatern, Kirchen und Konzertsälen gibt es Aufführungen unterschiedlicher Stilrichtungen. Einzelinterpreten, Quartette oder Symphonieorchester aus dem In- und Ausland verführen die Zuhörerschaft.

Konzertkarten kann man vor Ort erwerben oder direkt online beim Veranstalter bestellen.

71 [E11] **Concertgebouw.** Das Angebot des Concertgebouw reicht von Klassik und Jazz bis hin zu Kinderkonzerten. Einen wichtigen Beitrag dazu liefert das Koninklijk Concertgebouworkest (www.concertgebouworkest.nl), das zu den angesehensten Orchestern der Welt gehört.

132 [J7] **Het Muziektheater,** Amstel 3, Tel. 6255455, www.operaballet.nl. Heimatort des niederländischen Opernensembles (De Nederlandse Opera) und des Nationalballetts, die beide einen vortrefflichen Ruf im In- und Ausland haben. Daneben gibt es auch Gastauftritte anderer Theatergruppen.

133 [L4] **Muziekgebouw aan 't IJ,** Piet Heinkade 1, www.muziekgebouw.nl, Tel. 7882000. Internationales Zentrum für zeitgenössische klassische Musik. Das große, offene Gebäude am Wasser bietet eine ausgezeichnete Akustik und Möglichkeiten für unterschiedliche Konzerte, Projekte und Festivals.

### Kostenlose Mittagskonzerte

Von September/Oktober bis Juni kann man zur Mittagszeit kostenlose Konzerte besuchen. Informationen findet man auf den Websites der Veranstalter oder unter www.iamsterdam.com unter dem Stichwort „Lunchconcert".

134 [E11] **Concertgebouw** 71. Mittwochs sowohl im Großen als auch im Kleinen Saal, da es sich häufig um die letzten Proben von den Orchestern handelt, die abends auftreten.

135 [L5] **Conservatorium van Amsterdam,** Oosterdokskade 151, Tel. 5277550, www.conservatoriumvanamsterdam.nl (Menü: agenda). Die Studenten des Konservatoriums bieten ein breites Spektrum an Veranstaltungen am Konservatorium sowie an anderen Orten.

*Schicke Lederwaren der niederländischen Designerin Hester van Eeghen findet man in De Negen Straatjes* 28

# Amsterdam zum Stöbern und Shoppen

*Ganz sicher gehört auch das Stöbern in kleinen Geschäften, Antiquitäten- und Designläden, bei Trödelhändlern und auf Märkten zu den Hauptattraktionen eines Amsterdambesuchs.*

## Öffnungszeiten

In den Niederlanden ist es den einzelnen Städten und Gemeinden erlaubt, die **Ladenöffnungszeiten** selbst festzulegen. Normalerweise sind Geschäfte wie folgt geöffnet:

- Mo. 11 bzw. 13–18 Uhr
- Di.–Fr. 9–18 Uhr
- Do. bis 21 Uhr
- Sa. 9–17 Uhr
- So. 12–17 Uhr

Es gibt allerdings einige Läden und Supermärkte (vor allem in den wichtigsten touristischen Zonen wie etwa in der Umgebung von Leidseplein und Dam), die abends und am Wochenende länger geöffnet sind. Ladenbesitzer können ihr Geschäft auch sonntags öffnen.

## Bummeln gehen

In der Umgebung von Damrak, Rokin, Nieuwendijk und Kalverstraat finden sich vor allem Geschäfte (von Ketten) der **mittleren Preisklasse,** einige besondere Geschäfte wie ein englischer und auch ein amerikanischer Buchladen, aber auch Bijenkorf und Kalverpassage mit einem breiten Produktangebot und Preisniveau. Das gesamte Gebiet ist autofrei und es schiebt sich ein konstanter Strom von Touristen und Einkaufswilligen durch die Straßen.

Die **exklusiven Geschäfte** konzentrieren sich auf wenige Straßen etwas außerhalb der Innenstadt. Ganz in der Nähe von Leidseplein und Museumplein 67 kann man sich in der **P.C. Hooftstraat** von Kopf bis Fuß neu in Designermode der unterschiedlichsten Marken einkleiden. Auch die nötigen Accessoires wie Unterwäsche, Seidenstrümpfe und Schals sowie exklusive Schuhgeschäfte findet man hier. Die Auswahl wird noch größer, wenn man auf der **Van Baerlestraat** nach links in Richtung Museumplein 67 abbiegt. Auch hier gibt es in allen Stilrichtungen etwas zu kaufen, vom englischen Countrystyle bis hin zur Abendmode von Rodier und Versace. Einige Geschäfte führen mehre-

294am Abb.: bs

**Shoppingareale**
Die wichtigsten Shoppingbereiche der Stadt sind im Kartenmaterial mit einer rötlichen Fläche markiert.

re große Marken, während sich andere auf einen einzigen Couturier spezialisiert haben. Dazwischen findet man Schmuckgeschäfte, Ledergeschäfte und Delikatessenläden, sodass keine Einkaufswünsche unerfüllt bleiben, vorausgesetzt man hat nichts dagegen, dass der Inhalt des Geldbeutels im Eiltempo schwindet.

Wer vom vielen Anprobieren, Schauen und Schlendern müde geworden ist, kann sich in einem der kleinen Cafés oder einer Brasserie niederlassen, von denen es inzwischen etliche auf der P.C. Hooftstraat und in der Van Baerlestraat gibt. Dort kann man etwas trinken, eine Kleinigkeit essen und sich entspannen.

Eine vergleichbare Zusammenstellung bietet auch die **Beethovenstraat** zwischen dem Apolloweg und dem Stadionweg. Zur Vervollständigung des Angebots dienen verschiedene andere Spezialgeschäfte, etwa ein japanisches Delikatessengeschäft.

Im Stadtteil Oud-West zwischen Museumsinsel und Vondelpark, drei Blöcke hinter dem Concertgebouw, gibt es in der **Cornelis Schuytstraat** (www.cornelis schuytstraat.com) eher noble Geschäfte mit Mode, Schmuck und Lifestyleprodukten. Und natürlich die dazugehörigen Restaurants und Cafés.

Zum Stöbern in kleinen, abwechslungsreichen Läden regen die **Negen Straatjes** 28 zwischen Singel und Prinsengracht (Reestraat bis Runstraat, Gasthuismolensteeg bis Wijde Heisteeg), das traditionsreiche Viertel **Jordaan** oder auch **Haarlemmerdijk** und **Haarlemmerstraat** an, wo sich in den letzten Jahren viele interessante Geschäfte niedergelassen haben. Ebenso bietet die **Utrechtsestraat** ein vielfältiges Angebot. Immer beliebter wird auch das Stadtviertel **De Pijp.** In all diesen Gebieten kann man Kurioses und Besonderes, Trödel und Design, Lifestyleprodukte, Wohnaccessoires, Secondhand- und Designerkleidung sowie Delikatessengeschäfte entdecken. Die Geschäftsräume sind oft so klein, dass größere Ketten sich hier eher selten niederlassen, was ein breit gefächertes und reizvolles Angebot bedeutet. Darüberhinaus bieten alle diese Viertel natürlich auch jede Menge Lunchbars, Restaurants und Cafés.

Das wichtigste Viertel für **Kunst- und Antiquitätensammler** ist das Spiegelkwartier (Spiegelgracht, Nieuwe Spiegelstraat und die jeweiligen Seitenstraßen) wo sich 70 spezialisierte Kunst- und Antiquitätenhändler Tür an Tür aneinanderreihen. Hier findet das Sammlerherz alles, was es begehrt: archäologische Funde, asiatische und europäische Kunst, Möbel, Glas, Keramik, Sammlerobjekte, Uhren, Schmuck und natürlich Bildhauerwerke und Gemälde.

**Diamanten** sind zwar kein ganz so wichtiger Industriezweig mehr wie vor 100 bis 150 Jahren, sie ziehen aber dennoch jedes Jahr zahlreiche Touristen an. Während hier zur Blütezeit der Industrie die berühmtesten Diamanten (z. B. der Cullinan-Diamant) gehandelt und geschliffen wurden, befindet sich der Hauptmarkt für Diamanten heutzutage in Antwerpen. Die Antwerpener Diamantindustrie war bereits Anfang des

20. Jahrhunderts besser organisiert, außerdem wurde die Diamantindustrie in Amsterdam von Juden dominiert. Durch die Deportationen im Zweiten Weltkrieg wurde dieser Industriezweig jedoch fast vollständig zerschlagen. Dennoch gilt Amsterdam auch heute noch als einer der größten Umschlagplätze für Diamanten im Detailhandel. Wie die filigrane Kunst des Diamantschleifens vor sich geht und die Steine wirklich zu „a girl's best friend" werden, kann man während der **Führungen** des **Diamantmuseums** (s. S. 118) oder bei Führungen in einer **Diamantschleiferei** hautnah miterleben.

**136** [G6] **Gassan Dam Square,** Rokin 1–5, www.gassan.com, Tel. 6245787

**56** [K7] **Gassan Diamonds**

**137** [E10] **Royal Coster Diamonds,** Paulus Potterstraat 2–6, Tel. 3055555, www.royalcoster.com

## Souvenirs

Beliebte Mitbringsel aus Amsterdam:

- **Ajax-Artikel.** Für Fußballfans ein absolutes Muss.
- **Amsterdammertjes.** Die bekannten Straßenpfähle werden in den kommenden Jahren aus dem Straßenbild verschwinden. Noch gibt es sie als Sticker, Magnete oder aus Schokolade (siehe Exkurs „Amsterdammertjes" S. 22).
- **Blumenzwiebeln.** Die meisten Sorten kommen im Spätsommer und Herbst in den Handel (s. S. 50).
- **Diamanten.** Ein schönes „Mitbringsel", wenn man das nötige Kleingeld hat.

119am Abb.: bs

*Mitbringsel mit den drei Kreuzen des Amsterdamer Stadtwappens*

- **Vondelpark.** Um die nötigen Renovierungsarbeiten zu unterstützen, kann man Vondelparksouvenirs wie T-Shirts oder Tassen (erhältlich in den Cafés/Restaurants im Park) kaufen oder – wenn man richtig viel Geld übrig hat – eine Parkbank oder ein Stück des Rosariums adoptieren.

## Supermärkte

Für alles, was man nicht in Restaurants und Cafés bekommen kann, gibt es genügend Supermärkte in der Innenstadt.

**Albert Heijn** ist die größte Supermarktkette des Landes mit einem umfassenden Angebot und großzügigen Öffnungszeiten (tägl. 8/9–22 Uhr). Die **„AH to go"-Läden** an Bahnhöfen und in der Innenstadt bieten abgepackte vorgefertigte Speisen in kleinen Portionen, die sich leicht mitnehmen und auf einmal verzehren lassen.

Filialen von Albert Heijn findet man z. B. unter folgenden Adressen:

- Damrak 89 (Innenstadt)
- Elandsgracht 13a (Jordaan)
- Jodenbreestraat 21(Innenstadt)
- Hauptbahnhof 1 (6/8–23.58 Uhr)
- Koningsplein 6 (Innenstadt)
- Nieuwezijds Voorburgwal 226 (Innenstadt neben Magna Plaza)
- Nieuwmarkt 18 (Altstadt)
- Reguliersbreestraat 22 (Innenstadt)
- Westerstraat 79–87 (Jordaan)

Günstige **Zwischendurchverpflegung** bieten auch die Imbisstheken von HEMA, z. B. am Hauptbahnhof und in der Reguliersbreestraat 20. In der Haarlemmerstraat bietet ein **Bio-Supermarkt** Lebensmittel sowie Sandwiches und Snacks (keine Barzahlung, Kreditkarte mit PIN). Ansonsten gibt es entlang der wichtigsten Touristenrouten (z. B. Leidsestraat, Leidseplein) kleine Kioske, die auch Snacks, Obst, Getränke u. Ä. verkaufen.

138 [G3] **Ekoplaza Foodmarqt**, Haarlemmerstraat 165, www.marqt.nl, Mo.–Mi. 8–21, Do. 8.30–20.30, Fr./Sa. 8–21, So. 11–19 Uhr

## Märkte

*Nur weniges macht die Niederländer glücklicher, als das Gefühl, ein Schnäppchen gemacht zu haben. Vor allem die unzähligen Märkte in Amsterdam bieten hierzu eine gute Gelegenheit. In jedem Stadtviertel kann man auf mindestens einem Markt stöbern und sein Geld ausgeben. Hier eine Auswahl interessanter Märkte in der Innenstadt:*

*Auf dem Büchermarkt am Spui* 29

### Albert-Cuyp-Markt 74

Bunt, vielfältig, exotisch: Hier bietet sich eine breite Palette an Lebensmitteln vom eingelegten Hering über holländischen Käse, exotische Früchte, indonesische Gewürze bis hin zu Fleischspezialitäten aus Italien, Tapas oder surinamischen Spezialitäten. Afrikanische Stoffe, marokkanische Gewänder, Imitate von Gucci-Taschen und Schuhe, trendige Accessoires und die nötige Haar- und Hautpflege sowie die sonderbarsten Haushaltsartikel gehören hier ebenso zum Bild wie die nicht wegzudenkenden Verkäufer von Blumen mit ihrem Reichtum an Formen und Farben.

### Briefmarken- und Münzmarkt

Häufig findet man im **Oudemanhuispoort** 15 oder in den kleinen Läden, die alte Bücher verkaufen, auch irgendwo eine Ecke, in der alte Postkarten angeboten werden. Echte Sammler wollen sich aber sicherlich auch den Briefmarken- und Münzmarkt nicht entgehen lassen.

- Nieuwezijds Voorburgwal [G5], Mi./Sa. 9–16 Uhr, Straßenbahn 2, 12 (Spui)

### Büchermarkt

In der ganzen Stadt findet man jede Menge Antiquariate, egal in welchem Stadtteil man unterwegs ist. Zusätzlich gibt es noch die Möglichkeit, den freitags stattfindenden Büchermarkt auf dem Spui 29 zu besuchen oder die verschiedenen Händler im Oudemanhuispoort 15 bei der Universität aufzusuchen.

- Spui, Fr. 10–18 Uhr, https://www.deboekenmarktophetspui.nl, Straßenbahn 2, 12 (Spui)
- Oudemanhuispoort, Mo.–Fr. 11.30–18 Uhr, Straßenbahn 4, 14, 24 (Rokin), U-Bahn 51, 53, 54 (Waterlooplein), 52 (Rokin)

### Dappermarkt

Etwas weniger bekannt als der Albert-Cuyp-Markt, aber mit einem vergleichbaren Angebot an Lebensmitteln, Stoffen, Kleidung, Drogerieartikeln und Haushaltswaren im multikulturellen Stadtviertel Indische Buurt. Oder wie die Marktleute dort selbst sagen: „Der Dappermarkt, ein Weltmarkt."

**139** [P9] **Dappermarkt,** Dapperstraat, Mo.–Sa. 9–18 Uhr, Straßenbahn 3 (Dapperstraat), www.dappermarkt.nl

### Kunstmarkt

Auf dem Spui 29 werden sonntags neue Werke niederländischer und internationaler Künstler für Kunstinteressierte zugänglich gemacht. Auch gibt es die Möglichkeit, Kunstwerke direkt von den Künstlern zu kaufen, was die Extrakosten für Galeristen oder andere Zwischenhändler spart.

› Spui [G7], So. 10–18 Uhr (März–Dez.), Straßenbahn 2, 12 (Spui), www.artamsterdam-spui.com

### Nieuwmarkt 8

Unter der Woche steht hier jeden Tag eine kleine Zahl von Händlern. Samstags ist es ein gut besuchter biologischer Markt.

› Warenmarkt: Mo.–Fr. 10–17 Uhr, Bio-Markt: Sa. 10–17 Uhr, U-Bahn (Nieuwmarkt) 51, 53, 54

### Noordermarkt

Schön gelegen vor der Noorderkerk im Stadtteil Jordaan sind die Stände auf dem Marktplatz und bis in die Westerstraat 48 verteilt. Montagvormittags und samstags findet hier ein Floh- und Krimskramsmarkt statt. Am Montagvormittag gehört auch ein Stoffmarkt dazu und an den Samstagen ein inzwischen sehr beliebter und gut besuchter biologischer Bauernmarkt. Man schlägt also gleich zwei Fliegen mit einer Klappe.

**140** [F4] **Noordermarkt,** Mo. 9–13, Sa. 9–16 Uhr, www.noordermarkt-amsterdam.nl

### Waterlooplein

Wohl der bekannteste Flohmarkt in Amsterdam. Eine Fundgrube für Sammler von Secondhandkleidung, echten und unechten Antiquitäten, Trödel und Kuriosa. Hier ist immer was los und da der Markt absolut zentral liegt, lohnt es sich auf jeden Fall vorbeizuschauen.

**141** [J7] **Flohmarkt Waterlooplein,** Mo.–Sa. 9.30–18 Uhr, www.waterlooplein.amsterdam, U-Bahn (Waterlooplein) 51, 53, 54

200am Abb.: bs

## Schokoladenstadt Amsterdam

*Wurde der Kakao aus Trinidad und Surinam bis zum 18. Jh. in die Provinz Zeeland geschifft, kamen die Kakaobohnen jetzt auch nach Amsterdam. Schnell wurden sie hier nicht nur gelagert und gehandelt, sondern auch verarbeitet.*

*Den Tüfteleien des Amsterdamers C. J. van Houten zu Anfang des 19. Jh. ist es zu verdanken, dass die Kakaomasse um die Hälfte von der fettigen Kakaobutter befreit werden konnte, und dass es dadurch möglich wurde, Kakaopulver herzustellen - weshalb wir heutzutage Schokolade in fester Form genießen können.*

*Noch immer gehört der Amsterdamer Hafen zu den weltweit wichtigsten Umschlagplätzen für Kakao. Die Stadt wird sich dieser Tradition wieder verstärkt bewusst und bringt in letzter Zeit hervorragende Chocolatiers hervor.*

## Einkaufen

### Einkaufszentren

**142** [G7] **Kalverpassage,** Singel 457, Kalverstraat 212–220, www.kalverpassage.nl. In der Kalverpassage befinden sich diverse Bekleidungsgeschäfte, Imbissstuben, Restaurants und Cafés. Ganz oben befindet sich eine Brasserie, die einen schönen Ausblick bietet.

**143** [G5] **Magna Plaza,** Nieuwezijds Voorburgwal 182, www.magnaplaza.nl. Das ehemalige Postamt von 1899 in neogotischem Stil bietet ein stilvolles und prächtiges Ambiente. Leider haben viele Geschäfte die Coronakrise und die Dauerbaustelle vor der Tür nicht überlebt, weshalb sich das Gebäude im Augenblick für Architekturinteressierte lohnt, jedoch weniger zum Einkaufen.

### Mode und Accessoires

**144** [D11] **1 Amsterdam,** Cornelis Schuytstraat 19, Tel. 6715239, www.1-amsterdam.nl. Men's Urban Chic, hier kann Mann sich von Kopf bis Fuß neu einkleiden (von Socken bis Jacken, von Schuhen bis Taschen).

**145** [G12] **Circle of Trust,** Ferdinand Bolstraat 47, www.circleoftrustconceptstore.com, Tel. 6757946. Großzügiger Laden für Damen- und Herrenmode, Vintage und neu, Accessoires und Schuhe.

**146** [H12] **Cottoncake,** Eerste van der Helststraat 76, www.cottoncake.nl, Tel. 0642514282. Nach dem Stöbern nach besonderen Kleidungsstücken kann man sich noch ein Tässchen Kaffee dort gönnen.

**147** [F6] **Fabienne Chapot,** Hartenstraat 7, Tel. 4226683, www.fabiennechapot.nl. Farbenfrohe Kleidung, Schuhe, Taschen und Accessoires.

**148** [H6] **Hempstory,** Oudezijds Achterburgwal 142, Tel. 8004900, www.hempstory.nl. Hanfprodukte (Kleidung, Körperpflege und Nützliches) und ein kleines Café. Gehört zum Hash, Marihuana & Hemp Museum (s. S. 119).

**149** [F6] **Hester van Eeghen,** Hartenstraat 37, Tel. 6269211, www.hestervaneeghen.com. Taschen und Geldbeutel in den ausgefallenen und farbenfrohen Entwürfen der Designerin.

**150** [F6] **Marlies Dekkers,** Berenstraat 18, Tel. 0615470841, www.marliesdekkers.com. Lingerie, in der Frauen sich verführerisch, sexy und selbstbewusst fühlen können.

**151** [F6] **MeCHICas,** Gasthuismolensteeg 11, Tel. 4203092, www.mechicas.com. Eine Amsterdamer Designerin und ein mexikanischer Designer und Schamane gründeten den Schmuckladen. Viele der Designstücke sind aus Naturmaterialien hergestellt, die aus Mexiko stammen.

**152** [E6] **Parisienne,** Berenstraat 26, Tel. 4280834, http://parisienne.nl. Verspielte Schmuckaccessoires (Halsketten, Armbänder, Ohrringe, Ringe).

**153** [G4] **Property Of ...,** Herenstraat 2, Tel. 6225909, www.thepropertyof.com. Hipstertaschen für Frauen und Männer. Der Flagshipstore des Labels hält die Waage zwischen Kaffeehaus und Laden. Auch schön, wenn man einfach mal reinschauen möchte.

**154** [G3] **Rains,** Haarlemmerstraat 82–1, Tel. 3379694, www.rains.com. Neuinterpretation des klassischen Regenmantels, urbanes, skandinavisches Design.

**155** [E7] **Smaak,** Berenstraat 39, Tel. 3080348, www.smaakamsterdam.com. Junges Amsterdamer Taschenlabel, das mit seinem Team um Designer André Grundmann Furore macht, nicht nur bei holländischen VIPs. Außerdem Schuhe, Accessoires und Sonnenbrillen.

**156** [D11] **The People of the Labyrinths,** Van Baerlestraat 27 Unit 2, Tel. 6640779, www.thepeopleofthelabyrinths.com. Designlabel (Mode, Interieur, Kosmetik) basierend auf handgedruckten und handgefärbten Entwürfen.

**157** [H4] **Zilch,** Haarlemmerstraat 1 und 3 (Outlet), Tel. 4206268, www.zilch.nl. Damenmode in fröhlichen Farben und Mustern aus der eigenen Kollektion, aber auch Mode anderer Designer der Stadt.

## Sneakers, Schnürer und Killer-Heels

**158** [F5] **Big Shoe,** Leliegracht 12, www.bigshoe.nl, Tel. 6226645, Mi.–Sa. nach telefonischer Absprache. Wer bei Schuhen in großen Größen auch mal eine Auswahl haben möchte: Damen Größe 42–46, Herren Größe 46–50.

**159** [F7] **Crafted Society,** Singel 348, Tel. 0613842772, www.craftedsociety.com.

*In alter Tradition verwurzelt: die Drogerie Jacob Hooy & Co.* *(s. S. 146)*

Schuhe und Accessoires, die in italienischen Traditionsbetrieben hergestellt werden.

**160** [J9] **Zwartjes van 1883,** Utrechtsestraat 123, Tel. 6233701, www.zwartjes.nl. Exklusive Damen- und Herrenschuhe verschiedener Nobelmarken.

## Zum Verwöhnen

**161** [H5] **Condomerie Het Gulden Vlies,** Warmoesstraat 141, www.condomerie.com, Tel. 6274174. Kondome in allen Größen, in den verrücktesten Formen und Farben. Dieser Laden ist mindestens so abwechslungsreich und interessant wie ein Hutgeschäft.

› **De Roos,** P.C. Hooftstraat 183, Tel. 6890081, www.roos.nl. Kurszentrum, das im Laden Weihrauch, Duft-, Massageöle, Kristalle, Entspannungsmusik und Geschenkartikel anbietet. Im Teehaus (s. S. 133) kann man bei kleinen herzhaften und süßen Speisen entspannen.

**162** [E7] **Diptyque Boutique,** Prinsengracht 531, Tel. 7403222, www.skins.nl/diptyque-boutique. Parfums, Duftkerzen und Raumsprays der bekannten Pariser Parfummarke.

**163** [F6] **Haru Haru,** Hartenstraat 4, Tel. 7370678, www.haruharubeauty.com. Koreanische Hautpflege- und Kosmetikprodukte in großer Auswahl.

**164** [E7] **La Savonnerie,** Prinsengracht 294/Ecke Elandsgracht, Tel. 4281139, www.savonnerie.nl. Seifen, Duschprodukte, Accessoires fürs Badezimmer. Hier kann man auch Seife mit dem eigenen Namen oder Logo herstellen lassen.

**165** [G7] **P.G.C. Hajenius,** Rokin 92–96, Tel. 6237494, www.hajenius.com. Zigarren, Tabak und Pfeifen werden hier in riesiger Auswahl angeboten. Es ist das Raucherparadies schlechthin. Für die Vorführung der karibischen Sorten gibt es sogar einen extra klimatisierten Raum. Die Art-déco-Inneneinrichtung verleiht dem Geschäft eine würdige Atmosphäre. In den hinteren Räumen gibt es eine kleine Ausstellung zur Firmengeschichte, eine Bibliothek und Raucherräume für die Gäste.

**166** [F7] **Skins Cosmetic Lounge,** Runstraat 11, Tel. 7403222, www.skins.nl. Hier werden luxuriöse Kosmetikmarken verkauft, die im Ausland schon einen guten Namen haben, aber in den Niederlanden ansonsten nicht zu bekommen sind. Alle Produktreihen bieten dabei etwas Besonderes.

## Kulinarische Genüsse

**167** [C8] **Brioche,** Bilderdijkstraat 164H, Tel. 0611805227, Mi.–Fr. 8–17.30, Sa./So. 9–17 Uhr. Bäckerei und Café, spezialisiert auf französische Brioches in süßen und herzhaften Varianten.

**168** **De Leeuw Zuurwaren,** Vrijheidslaan 78, Tel. 6628258, www.deleeuwzuur.nl, Do./Fr./So. 9–18 Uhr. Traditionsunternehmen, das in 5. Generation die für die jüdische Küche typischen eingelegten Obst- und Gemüsewaren verkauft. Der Kundenstamm reicht weit über die Stadt hinaus.

**169** [F3] **De Oliewinkel,** Brouwersgracht 119, www.deoliewinkelamsterdam.nl, Tel. 2210906. Eine gute Auswahl an verschiedenen Olivenölsorten, Pestos, Tapenaden, Essig, Senf und Oliven.

**170** [E4] **Het Oud-Hollandsch Snoepwinkeltje,** Tweede Egelantiersdwarsstraat 2, Tel. 4207390, www.snoepwinkeltje.com. Süßigkeitenladen mit Leckereien, die bei Holländern Erinnerungen an früher wecken.

**171** [J6] **Jacob Hooy & Co.,** Kloveniersburgwal 12, Tel. 6243041, www.jacobhooy.nl. Authentische, alte Drogerie mit kleinen Schubladen, Fässchen und Töpfen, in denen Kräuter und Tees aufbewahrt werden. Beliebtes Fotomotiv!

**172** [F3] **Jordino,** Haarlemmerdijk 25a, Tel. 4203225, www.jordino.nl. Herrliche Schokolade, hausgemachte Eiscreme und viele andere Gaumenfreuden.

173 [G11] **Kalemegdan,** Eerste Van der Helststraat 15A, www.kalemegdan.nl, Tel. 0611397172. Köstlichkeiten vom Balkan, die in einem Laden mit angeschlossenem Café angeboten werden. Mit einem kleinen Innenhof im hinteren Teil des Cafés.

174 [G11] **Le Salonard,** Eerste van der Helststraat 21, Tel. 8466469, www.lesalonard.com. Wein, Brot und Käse, schmackhafte Sandwiches, süßes Gebäck und Kaffee. Teils Bio-Produkte.

175 [F4] **Nix en Nix,** Eerste Boomdwarsstraat 63 (Ecke Westerstraat), Tel. 7052534, www.nixennix.com. Spirituosengeschäft mit komplett alkoholfreiem Angebot: Alles, was man braucht, um leckere Drinks ohne hochprozentige Zutaten zu mixen – außerdem auch Wein und Bier.

› **Pompadour** (Huidenstraat 12, s. S. 131). Nichts für Kalorienbewusste, aber dafür ein Ort für Genießer. In der „Chocolaterie Patisserie" werden aus edlen Zutaten mit Hingabe von Hand Augen- und Gaumenfreuden zubereitet. Die kann man im stilvoll eingerichteten Tearoom zu sich nehmen oder auch mitnehmen.

176 [J12] **Stadsmarkt De Pijp** ✿, Van Woustraat 103, www.stadsmarktdepijp.nl, Tel. 8944276. Obst, Gemüse, Käse, Fleisch, Fisch und Bäckerwaren von lokalen Bauern und Unternehmern.

177 [C6] **Sterk Amsterdam,** De Clercqstraat 7, Tel. 6181727, www.sterk.amsterdam. Spezial- und Delikatessenladen, vor allem für seine Brote und Auswahl an Champagner und Weinen bekannt.

178 [F3] **'t Zonnetje,** Haarlemmerdijk 45, Tel. 62300058, www.koffietheeenkruiden.nl. Das kleine Geschäft in einem Haus aus dem 17. Jh. verkauft Kaffee, Tee, Kräuter und ätherische Öle.

179 [D6] **Urban Cacao,** Rozengracht 200, Tel. 4129966, www.urbancacao.com. Amsterdam ist traditionell ein Umschlagplatz und Produktionsort von Schokolade. In der Rozengracht kann man beim Genuss einer echten heißen Schokolade zusehen, wie all die Schokoladenköstlichkeiten hergestellt werden. Verpackt wird die Schokolade übrigens in Papier von De Vlieger (s. S. 148).

## Lifestyle

180 [G11] **Blond,** Ferdinand Bolstraat 44, Tel. 4284930, www.blond-amsterdam.nl. Das Sortiment umfasst witzig bemalte Töpferwaren, Bettzeug, Karten, Badeartikel, Schmuck und Kleidung.

181 [G6] **By Popular Demand,** Raadhuisstraat 2, Tel. 6245231. Design- und Geschenkeladen für originelle und witzige Mitbringsel.

182 [F6] **Concrete matter,** Gasthuismolensteeg 12, www.concrete-matter.com, Tel. 2610933. Der Geschenkeladen mit besonderen Habseligkeiten für Männer: vom verzierten Messer bis zum Kupferstich – cool.

183 [J11] **De Emaillekeizer,** Eerste Sweelinckstraat 15, www.emaillekeizer.nl, Tel. 6641847. Emailleartikel wie Tassen, Teller, Kannen und Schilder. Außerdem afrikanisches Kunsthandwerk (Schmuck, Körbe, Matten) und Musikinstrumente.

184 [F2] **Deksels,** Haarlemmerdijk 136, Tel. 5289613, https://deksels.amsterdam. Fröhlich vollgestopft mit allem, was man in der Küche braucht.

185 [G11] **Duikelman,** Ferdinand Bolstraat 66–68, Tel. 6712230, www.duikelman.nl. Hier kaufen auch Sterneköche ein, es gibt alles für die Küche. 1940 als Zulieferer für Metzger gegründet, wird der Laden schon lange mit Herzblut geführt. Der Klassiker unter den Amsterdamer Küchengeschäften.

186 [H8] **Golden Bend Tableware,** Herengracht 510, www.goldenbend.nl, Tel. 6277784,

Do.–Sa. 12.30–17 Uhr. Massen an Hotelporzellan aus den USA. Hier kann man sich selbst ein Service zusammenstellen.

187 [F6] **Kleikollektief,** Hartenstraat 19, Tel. 6225727, www.kleikollektief.nl. Mi.–Sa. 13–17 Uhr. Töpferwaren und Porzellan in fröhlichen Farben.

188 [F4] **La Maison de Sophie,** Westerstraat 77, www.lamaisondesophie.amsterdam. Kleidung, Schmuck, Dekoartikel, Kleinmöbel und ein Café.

189 [F6] **MEK,** Hartenstraat 11, Tel. 6381265, www.m-e-k.nl. Verrückte und ausgefallene Geschirr-, Glas-, Porzellan- und Töpferwaren.

190 [G8] **Studio Bazar,** Keizersgracht 709, Tel. 6222858, www.studiobazar.com. Hier finden Kochliebhaber Schönes und Nützliches.

191 [F5] **The Otherist,** Leliegracht 6, Tel. 3200420, www.otherist.com. Den Laden kann man am besten als Kuriositätenkabinett bezeichnen. Ungewöhnliche, unkonventionelle, überraschende und einzigartige Dinge.

192 [G6] **X Bank,** Spuistraat 172, Tel. 8113320, https://xbank.amsterdam. Die Produkte niederländischer Designer werden hier auf einer riesigen Fläche verkauft, zudem gibt es Ausstellungen, Lesungen und Kooperationsprojekte, für die Designer exklusive Produkte und Limited Editions für X Bank entwerfen.

193 [G3] **Zenza,** Haarlemmerstraat 89, Tel. 4221484, www.zenzahome.com. Bekannt wurde Zenza mit Lampen, heute findet man auch andere international inspirierte Wohnaccessoires mit dem Schwerpunkt Ägypten, wo die Produkte von Hand gefertigt werden.

## Bücher, Papier und Vinyl

194 [G7] **American Book Center,** Spui 12, Tel. 6255537, www.abc.nl. Große Auswahl an amerikanischen und englischen Romanen und Zeitschriften, gut sortiert auf den Gebieten Hobby, New Age, Gay, Sci-Fi, Manga.

195 [J9] **Concerto,** Utrechtsestraat 52–60, Tel. 2612610, www.platomania.eu. Neue und gebrauchte LPs, CDs und DVDs aller erdenklichen Genres. Achtung Suchtgefahr: In diesem großen, aber gemütlichen Laden können LiebhaberInnen locker ein paar Stündchen durchbringen.

196 [H8] **De Vlieger,** Amstel 34, www.vliegerpapier.nl, Tel. 6235834. Schreibwaren, Künstlerutensilien, zahlreiche Papiersorten, bunt, einfarbig, handgeschöpft oder Karton in vielen Ausführungen.

197 [F9] **Record Palace,** Weteringschans 33, Tel. 6223904, www.facebook.com/RecordPalaceAmsterdam. International bekannt bei Vinyl-Liebhabern, nicht nur für die ausgezeichnete Auswahl an Secondhand-Jazzplatten.

198 [G5] **Rush Hour,** Spuistraat 110, Tel. 4274505, www.rushhour.nl. Laden mit großer Auswahl (Techno, Electro, Hip-Hop, House, Latin, Reggae, Funk, Soul) und eigenem Label.

199 [E7] **Second Life Music,** Prinsengracht 366, Tel. 6205200, www.secondlifemusic.nl. An- und Verkauf von Secondhand-LPs, CDs, Singles.

200 [G6] **'t Japanse Winkeltje,** Nieuwezijds Voorburgwal 177, Tel. 6279523, www.japansewinkeltje.nl. Neben anderen für Japan typischen Artikeln (Keramik, Lampen, Kimonos, Kalligrafie) bietet der Laden eine Auswahl an handgeschöpftem und handbedrucktem Papier aus Pflanzenfasern, Origamipapier und Karten.

201 [F9] **Waterstone's,** Kalverstraat 152, Tel. 6383821, www.waterstones.com. Vier Stockwerke englische Bücher und Zeitschriften der Waterstone's-Kette.

# Amsterdam zum Durchatmen

Amsterdam kennt eine ganze Reihe schöner Orte, die dazu einladen zu verweilen und die Zeit und den Ort zu genießen. Den Amsterdamern zufolge gehört der **Vondelpark** 72 absolut zu den romantischsten Orten der Stadt. Ein **Picknick** an einem der Teiche, duftende Blüten im Rosengarten, schützende Bäume, die Terrasse beim Blauen Teehaus oder im Sommer der Besuch einer Theatervorstellung im **Openluchttheater** (s. S. 137) – jeder hat so seinen Lieblingsort in diesem großen Park. An schönen Tagen sind die Grünflächen dicht bevölkert. Kinder und Jugendliche findet man hier genauso wie Leute, die im Park eine Arbeitspause genießen oder sich sportlich betätigen.

Ob zu Fuß, per Fahrrad oder in einem (Tret-)Boot, vor allem die kleineren **Grachten** bieten romantische Einblicke und ruhige Momente. Bäume, stattliche Grachtenhäuser und Brücken dienen als romantisches Dekor – besonders im sanften Morgen- oder Abendlicht. Eines der beliebtesten Fotomotive ist die Magere Brug 35, aber es gibt auch an vielen anderen Stellen bezaubernde und reizvolle Motive.

Eine besonders romantische Art, die Grachten zu entdecken sind die abendlichen **Rundfahrten durch Amsterdams Grachten** der Rederij Lovers (s. S. 203), wenn die Grachtenhäuser und zahlreiche Brücken beleuchtet sind und die Grachten in stimmungsvolles Licht hüllen.

*An Land ist zu wenig Platz, da bieten Wohnboote eine mitunter reizvolle Alternative*

153am Abb.: bs

Überhaupt bietet die Innenstadt viele besondere Plätze, aber zu den stimmungsvollsten gehört der **Begijnhof** 27, ein geschlossener Innengarten gleich beim Spui. Auch wenn unzählige Touristen den Ort besuchen, laden die kleinen, schmucken Häuschen mit ihren gepflegten Vorgärten, die Kapelle und die Kirche dazu ein, ruhig zu werden und den Ort auf sich wirken zu lassen.

Exotische Pflanzen, Bäume und Sträucher, ein Kräutergarten und eine Orangerie sind einige der Zutaten, die der **Botanische Garten** (s. S. 120) für romantische Stunden bietet. Auch der Zoo der Stadt, **Artis** (s. S. 118), offeriert mit seinen Tieren, dem Planetarium, dem Aquarium und den Gewächshäusern ein abwechslungsreiches, interessantes und lehrsames Vergnügen. Wer abends noch die gemeinsame Nähe genießen möchte, dem bietet das **Tuschinski-Kino** 32 in einem der Filmsäle eine Reihe von sogenannten **„Love Seats"**, eine Art kleines Sofa, sodass man zu zweit zusammengekuschelt den Film erleben kann.

Die Stadt bietet viele schöne Hotels, doch eine **Übernachtung auf einem Boot** ist sicherlich eine der romantischsten Möglichkeiten, seinen Träumen nachzuhängen.

Ab ins Grüne: Im **Amsterdamse Bos** (s. S. 112) kann man bei gutem Wetter die Seele baumeln lassen: im großen Café-Restaurant, beim Kanufahren auf dem Fluss, beim Fahrradfahren durch den Wald, beim Grillen auf der großen Wiese, auf dem Abenteuerspielplatz für Kinder.

*⊡ Technik hautnah erleben: das Nemo-Museum*

# Amsterdam mit Kindern

*Viele der Amsterdamer Museen sind sicherlich auch mit Kindern einen Besuch wert, auch wenn dieser wahrscheinlich etwas kürzer ausfällt. Viele Museen bieten für Kinder auch spezielle Führer auf Englisch, die denjenigen, die damit zurechtkommen, einen interessanten Zugang zu den Kunstwerken bieten.*

Im **Van Gogh Museum** 69 sind viele der berühmten Gemälde, die man inzwischen auch auf allerlei Gebrauchsgegenständen findet, im Original zu bewundern. Die starken Farben und die plastische Maltechnik Van Goghs sind leicht zu erkennen.

Unter den noch im Originalzustand erhaltenen Herrenhäusern ist besonders das **Ons' Lieve Heer op Solder** 5 einen Besuch wert. Dort kann man nicht nur die versteckte Kirche besichtigen, sondern auch im ganzen Haus herumlaufen und sich so ein Bild davon machen, wie die reicheren Leute im 17. Jh. gelebt haben.

Wenn man wissen möchte, wie es sich auf einem Wohnboot lebt, wie viel Platz man hat und ob es dunkel ist auf so einem Schiff, dann kann man sich dies im **Houseboat Museum** (s. S. 120) ansehen.

Auf Kinder, die schon etwas von Geschichte verstehen und den Schrecken des Krieges begreifen können, macht das **Anne-Frank-Haus** 44 sicherlich großen Eindruck, denn hier sieht man, wie eng die Menschen im Versteck gelebt haben. Eine Videoshow mit deutscher Erklärung über Kopfhörer erleichtert den Einstieg in die damalige Zeit.

Im Wissenschafts- und Technologiezentrum **Nemo** können Kinder, Jugendliche und Erwachsene Technik und Wissenschaft selbst erleben und gestalten. Mitmachen und Anfassen ist unbedingt erforderlich. So macht es Spaß, sich mit Technik zu beschäftigen und Neues kennenzulernen. Über Biologie und Naturwissenschaft kann man etwas im **Groote Museum** (s. S. 119) lernen, auch dort kann man Sachen ausprobieren und spielerisch Neues erfahren. Im **Scheepvaartmuseum** (s. S. 122) dreht sich alles um die Seefahrt, die den Amsterdamern sehr viel Reichtum beschert hat. Dort liegt auch die Nachbildung eines ehemaligen VOC-Handelsschiffes vor Anker, die man von Bug bis Heck genau untersuchen kann.

In dem riesigen Gebäude des Wachsfigurenkabinetts **Madame Tussaud's Scenerama** (s. S. 120) wird man in den sorgfältig ausgestalteten Räumen durch die Geschichte der Niederlande und der Welt geführt. Einmal Auge in Auge mit berühmten Persönlichkeiten zu stehen oder das Personenraten genießen auch Kinder. Echte Fußballfans wollen sicher auch den heiligen Rasen der berühmten Ajax-Fußballer bewundern. Mehrmals täglich ist eine **Stadiontour** durch die Johan Cruijff ArenA (s. S. 117) möglich.

Einige **Diamantschleifereien** bieten kostenlose Führungen an, bei denen man in die Geheimnisse dieses Handwerks eingeweiht wird (s. S. 141). Da eine solche Führung ca. eine Stunde dauert, ist sie eher für größere Kinder geeignet.

Wer gerne etwas im Freien machen möchte, kann den Zoo **Artis** (s. S. 118) besuchen, wo man außer den vielen verschiedenen Tieren draußen aber natürlich auch das Aquarium, das Planetarium oder das Nachthaus mit den nachtaktiven Tieren besuchen kann.

222am Abb.: bs

Im Amsterdamer Stadtwald Amsterdamse Bos (s. S. 112) liegt der biodynamische Ziegenbauernhof Ridammerhoeve mit **Streichelzoo**, Käserei, Spielplatz und einer Terrasse, wo die eigenen Produkte zum Mitnehmen oder zum gleich Verzehren verkauft werden.

› **Geitenboerderij „De Ridammerhoeve"**, Nieuwe Meerlaan 4, Amstelveen, Tel. 64 55034, www.geitenboerderij.nl, Mi.–Mo. 10–17 Uhr, Winter Mi.–So.

Eine weitere Attraktion im Amsterdamse Bos ist der **Kletterpark** Fun Forest. Dort können Kinder ab 6 Jahren und Erwachsene an Seilen, Leitern, Brücken und Seilbahnen in den Bäumen ihre Geschicklichkeit testen.

› **Fun Forest**, Bosbaanweg 3, Tel. 0883697000, www.funforest.nl, Öffnungszeiten s. Website

223am Abb.: bs

Einige der **Kirchtürme** der Stadt sind für Besichtigungen zugänglich, wenn auch teilweise nur an bestimmten Tagen oder nicht das ganze Jahr über. Meist können auch nur kleinere Gruppen zugelassen werden, weshalb es sich lohnt, sich vorab zu informieren. Da Amsterdam nur wenige Möglichkeiten bietet, die ganze Stadt von oben zu überblicken, ist dies jedoch eine ausgezeichnete Gelegenheit. Informationen (Preise, Öffnungszeiten, Kontaktformular) zu den verschiedenen Kirchtürmen sind auf der Website www.westertorenamsterdam.nl zu finden.

› **Westertoren** 42, Prinsengracht 281
› **Oudekerktoren** 6, Oudekerksplein 23

Mit dem **Tretboot** kann man ohne störenden Autoverkehr in aller Ruhe im eigenen Tempo durch die Grachten fahren und seine eigene Route festlegen. Man sollte jedoch bedenken, dass die teilweise recht hohen Mauern einen guten Blick auf die Grachtenhäuser behindern, sodass diese Art von Rundfahrt für Architekturstudien nur bedingt geeignet ist. Man kann die Tretboote jeweils auch an den anderen Abfahrtsstellen derselben Firma abliefern. Beim Tretbootverleih erhält man eine kleine Karte der Innenstadt, auf der die wichtigsten Grachten und die Stellen eingezeichnet sind, an denen man die Tretboote wieder zurückgeben kann. Auch kommt man immer wieder an Plätzen oder Gebäuden vorbei, die der Orientierung dienen können, wenn man einen gewöhnlichen Stadtplan besitzt.

Übrigens kann man in einer Gracht gar nicht so tief versinken, denn (kleiner Witz am Rande): Wie tief ist eine Amsterdamer Gracht? Drei Meter: ein Meter Schlamm, ein Meter Fahrräder und ein Meter Wasser.

› **Stromma,** Weteringschans 26, Tel. 2170501, www.stromma.com/de-nl/amsterdam/sightseeing/rundfahrten/pedal-boat. Abfahrtsstellen: Leidsebosje, Ecke Leidsekade; Rijksmuseum 68; Prinsengracht, zwischen Westermarkt und Anne-Frank-Haus 44

In der näheren Umgebung Amsterdams gibt es die Freilichtmuseen **Zaanse Schans** und das größere und noch interessantere **Zuiderzeemuseum Enkhuizen.** Es gibt einige Reiseunternehmen, die Tagesfahrten dorthin anbieten. Man kann dann in (Bauern-)Häusern und Windmühlen aus unterschiedlichen Regionen der Niederlande Handwerkern

*Das macht Spaß: Dinosaurier zum Anfassen im Zoo Artis*

*Orange, die Farbe des Königshauses, ist das wichtigste Accessoire am Koningsdag*

und Ladenbesitzern bei der Arbeit zusehen und teilweise auch selbst mitmachen. Es gibt dort Seiler, Korbmacher, eine Wäscherei, Segelflicker, Fischer, eine Heringräucherei, eine Grundschule und vieles mehr. In der Wintersaison wird nicht an allen Tagen das volle Programm angeboten.

- **De Zaanse Schans,** Schansend 7, 1509 AW Zaandam, www.zaanseschans.nl, täglich 9–17 Uhr
- **Zuiderzeemuseum,** Sluisweg 1, 1601 MM Enkhuizen, www.zzm.nl, täglich 10–17 Uhr, Freiluftmuseum Apr.–Okt. und Weihnachtsferien
- Die **Tagesfahrten** sind beispielsweise über die Touristeninformationen (s. S. 191) zu buchen. Die beiden Museen sind aber auch mit einem regulären Linienbus (Zaanse Schans) oder mit dem Zug (Zuiderzeemuseum) zu erreichen. Auskunft unter www.9292.nl oder Tel. 0900 9292

# Zur richtigen Zeit am richtigen Ort

In Amsterdam gibt es immer etwas zu erleben, genaue Termine findet man auf der Website des Amsterdam Magazines (www.amsterdammagazine.com) oder man erfährt sie bei der Touristeninformation (s. S. 191). Für große Veranstaltungen werden auch gesonderte Programmhefte gedruckt, die überall ausliegen.

## Januar/Februar

- Ende Januar oder Anfang Februar wird mit einem rauschenden Fest auf dem Nieuwmarkt 8 von der chinesischen Gemeinschaft das **chinesische Neujahr** begrüßt. Das traditionelle Feuerwerk wird begleitet von Löwentanz, akrobatischen Einlagen, chinesischer Oper und Kung-Fu- und Tai-Chi-Demonstrationen.

251am Abb.: bs

## April

- **Koningsdag am 27. April:** Gefeiert wird der Geburtstag des Königs – und zwar mit einem großen Fest im ganzen Land. An diesem Tag wird das calvinistische Gegenstück des katholischen Karnevals gefeiert. Ganz Holland ist auf den Beinen und verkauft Trödel auf dem *Vrijmarkt,* das heißt, man versucht mit möglichst witzigen Ideen anderen Leuten völlig nutzlosen Kram aufzuschwatzen. **„Freimarkt"** heißt das Ganze, weil im Prinzip jeder verkaufen darf und die üblichen Handelsbeschränkungen an diesem Tag nicht gelten. Die Stadt kontrolliert allerdings bei Händlern, die Essen und Lebensmittel verkaufen, ob die Sachen genießbar sind. Da die Probleme (Lärm, Vandalismus) nicht mehr in den Griff zu kriegen waren, darf man in Amsterdam jetzt erst ab 6 Uhr morgens (und nicht wie früher bereits in der vorhergehenden Nacht) einen Stand aufstellen. In Cafés, Bars, Tanzclubs und mit Vorstellungen auf verschiedenen Bühnen kann man aber dennoch stimmungsvoll in den Geburtstag hineinfeiern. Fällt der Geburtstag auf einen Sonntag, findet das Fest bereits am Samstag statt.

## Mai

- **Herdenkingsdag am 4. Mai:** Gedenk- und Trauertag anlässlich des Einfalls der deutschen Truppen in die Niederlande während des Zweiten Weltkriegs. Bei der zentralen Feier auf dem Dam [G6] legen der König sowie Vertreter des Kabinetts und verschiedener Veteranengruppen zum Gedenken an Bürger und Soldaten, die während und seit dem Zweiten Weltkrieg in Kriegen und bei Friedensoperationen gefallen sind, Kränze am Nationaldenkmal nieder. Dies ist zwar ein ganz normaler Arbeitstag, wird jedoch überall im Land um 20 Uhr durch zwei Gedenkminuten unterbrochen.
- **Bevrijdingsdag am 5. Mai:** Gefeiert wird die Befreiung der Niederlande von den Nazis durch die alliierten Truppen. Nur alle fünf Jahre ist dies auch ein freier Tag.
- Im ganzen Land gibt es zu diesen beiden Tagen ein Rahmenprogramm an **Bevrijdingsfestivals** (sogenannte „Befreiungsfestivals") mit Musikprogramm, Podiumsdiskussionen und einem Informationsmarkt, auf dem verschiedene Gruppierungen wie zum Beispiel Amnesty International oder die Flüchtlingshilfe Informationen zu ihrer Arbeit bieten. So soll auch Jahrzehnte nach dem Zweiten Weltkrieg bewusst gemacht werden, dass ein Leben in Freiheit ein Vorrecht ist. Informationen bekommt man im Internet unter www.4en5meiamsterdam.nl (niederländisch).

## Juni

- Von Fr. bis So. des dritten Wochenendes im Juni kann man **Gärten von Grachtenhäusern** besichtigen, die normalerweise nicht für die Öffentlichkeit zugänglich sind, www.opentuinendagen.nl (niederländisch, englisch).
- Seit Jahrzehnten bietet das **Holland Festival,** das sich über den ganzen Monat hinzieht, Musik-, Theater-, Tanz- und Opernaufführungen und zeigt dabei auch ein Programm, das gefestigte Bühnen nicht anzubieten wagen. Informationen unter www.hollandfestival.nl (niederländisch und englisch).

## Juli

- **Kwaku Festival:** Multikulti-Festival im Bijlmerpark, das eine Million Besucher anzieht. An vier Wochenenden Entertainment und Aktivitäten. Informationen unter http://kwakufestival.nl (niederländisch).

- **Over het IJ Festival:** Theater, bildende Kunst, Musik und Tanz auf dem NSDM-Werftgelände in Amsterdam Noord. Informationen unter http://overhetij.nl.
- **Julidans. International Festival for Contemporary Dance:** Nicht nur bekannte Choreografen, sondern auch junge Talente und Ensembles aus dem In- und Ausland erhalten während dieses Festivals die Gelegenheit, mutige und bahnbrechende Darstellungen zeitgenössischen Tanzes aufzuführen (www.julidans.nl).

## Juli/August

- **Freilufttheater** im Amsterdamse Bos und Vondelpark (s. S. 137). Informationen unter www.openluchttheater.nl bzw. unter www.bostheater.nl (beide niederländisch). Erste Vorstellung schon ab Mai.
- **De Parade:** reisendes Spektakel mit Theater, Tanz, Musik, Kunst, Magie. Informationen unter www.deparade.nl (niederländisch).
- **BankGiro Loterij ZomerConcerten:** Zwei Monate lang lädt das Concertgebouw 71 zu zahllosen, inspirierenden Konzerten ein – mit internationalen Künstlern von Klassik über Jazz bis Pop (www.concertgebouw.nl/bankgiro-loterij-zomerconcerten).

## August

- **Gay Pride:** Ein Wochenende lang gibt es Straßenfeste, Gay-Dance-Parties und als Höhepunkt die **Canal Parade** – der Umzug mit Booten auf den Grachten. Informationen gibt es im Internet unter www.amsterdamgaypride.org (niederländisch und englisch).

111am Abb.: bs

*Am Koningsdag wird gesungen, getanzt und viel gelacht – Jung und Alt lieben die typischen Amsterdamer Lieder*

## Feiertage

*An den traditionellen Feiertagen, die man auch im deutschen Sprachraum kennt, sind die Geschäfte normalerweise geschlossen. Restaurants, Cafés etc. sind jedoch geöffnet und an den jeweils zweiten Feiertagen (Ostern, Pfingsten, Weihnachten) haben auch die großen Möbelhäuser und Gartencenter geöffnet, ebenso wie einige Supermärkte in der Innenstadt Amsterdams.*

- *1. Januar: **Neujahrstag***
- ***Ostern** (So. und Mo.)*
- *27. April: **Koningsdag** – Geburtstag des Königs*
- *4. Mai: **Herdenkingsdag** – Gedenk- und Trauertag für Kriegsopfer*
- *5. Mai: **Bevrijdingsdag** – Befreiung der Niederlande im Zweiten Weltkrieg*
- ***Hemelvaartsdag** – Christi Himmelfahrt*
- ***Pfingsten** (So. und Mo.)*
- *5. Dezember: **Sinterklaas***
- *25. und 26. Dezember: **Weihnachten***

- **Grachtenfestival:** klassische Konzerte an besonderen Orten in der ganzen Stadt (http://grachtenfestival.nl)
- **Prinsengrachtconcert:** Ein besonderer Höhepunkt des Monats ist das frei zugängliche Konzert auf der Gracht (http://prinsengrachtconcert.nl).
- **Uitmarkt:** Am letzten Wochenende im August stellen die Kultureinrichtungen ihr Programm für die nächste Saison vor. Infos unter http://uitmarkt.nl (niederländisch).

## September

- **Open Monumentendag:** An einem Wochenende im September werden eine ganze Reihe von denkmalgeschützten Gebäuden, die normalerweise nicht für die Öffentlichkeit zugänglich sind, zur Besichtigung freigegeben. Informationen findet man im Internet unter http://openmonumentendag.nl (niederländisch).
- Beim **Jordaan Festival** spielen die Herz-Schmerz-Lieder die absolute Hauptrolle. Infos unter www.jordaanfestival.nl (niederländisch).

## November

- Während der **Museumnacht** bieten zahlreiche Museen ein besonderes Programm. Informationen unter www.n8.nl (niederländisch).
- **International Documentary Filmfestival Amsterdam (IDFA):** Neue Dokumentarfilme sowie das breite Rahmenprogramm ziehen Fachleute der Filmwelt und Zuschauer nach Amsterdam. Informationen unter www.idfa.nl (niederländisch und englisch).

## Dezember

- Das wichtigste Familienfest im Jahr ist **Sinterklaas.** Am **5. Dezember** bringt der heilige Nikolaus nämlich seine Geschenke zu den niederländischen Familien. Jedes Geschenk ist zusätzlich mit einem Gedicht ausgestattet, in dem man den Beschenkten in lustiger Form alles sagen kann, was man schon immer mal loswerden wollte. Die Geschenke müssen als Überraschung *(surprise)* verpackt werden. Zum Verpackungsservice bieten große Geschäfte daher auch einen Sinterklaasgedichteservice für diejenigen an, die sich nicht so reimfest fühlen. Zum Leidwesen vieler, die befürchten, eine nationale Tradition sterbe aus, macht der Weihnachtsmann Sinterklaas immer mehr Konkurrenz. Manche Familien geben inzwischen auch an Weihnachten Geschenke, was durch die Werbung unterstützt wird, ursprünglich aber nicht gebräuchlich war. Die meisten Geschäfte schließen an Sinterklaas um 17 Uhr, sodass sich auch noch der letzte Nachzügler Geschenke organisieren kann.

- **25. und 26. Dezember:** An Weihnachten besucht man die Familie. Am ersten Weihnachtsfeiertag wird ausgiebig gespeist, am zweiten Weihnachtsfeiertag sind „Möbelboulevards“ (alle großen Möbelhäuser sind meist an einer Stelle in einem Gewerbegebiet der Stadt zu finden, die dann *Meubelboulevard* genannt wird) und Gartencenter geöffnet, für den Fall, dass man sich sonst mit der Familie langweilt.

*Auch in der Stopera 34 gibt es während des Uitmarkts (s. S. 156) hochwertige kulturelle Leckerbissen*

# An der Zukunft bauen

Bereits seit den Anfängen der Stadt im 12. Jahrhundert wird in Amsterdam Land geschaffen, indem durch Eindeichungen und ein raffiniertes Entwässerungssystem Land trockengelegt wird. Da inzwischen Grachten zugeschüttet wurden, um dem Autoverkehr freie Bahn zu gewähren, fällt es heute nicht mehr so auf, dass die Innenstadt eigentlich aus zahllosen kleinen Inseln besteht, die durch 165 Grachten voneinander getrennt sind. Neue Projekte wurden immer dann in Angriff genommen, wenn die Stadt sozusagen „aus allen Nähten platzte“, denn diese Stadterweiterungen waren mit einem sehr hohen Kosten- und Arbeitsaufwand verbunden.

Auch für das neue Jahrtausend hat sich Amsterdam Großes vorgenommen. Die Beschlüsse dazu wurden in den 1990er-Jahren gefasst und seither werden mehrere Milliardenprojekte gleichzeitig bewältigt, die es der Stadt möglich

318am Abb.: bs

machen sollen, auch in diesem Jahrtausend eine zentrale Rolle in der Region zu erfüllen. Dabei werden das Fahrrad und der ÖPNV eine noch größere Rolle spielen. Das Auto bzw. die Autofahrer dagegen versucht man mit immer attraktiveren Angeboten im ÖPNV sowie neuen und besseren Fahrradwegen so weit wie möglich aus der Innenstadt zu verbannen. Diese ist mit ihren Grachten, Brücken und schmalen Straßen sowieso nicht für den Autoverkehr prädestiniert.

Eines der eingreifendsten Projekte der letzten Jahre ist die sogenannte **Noord-Zuid-Lijn** (Nord-Süd-Linie). Mit dieser **knapp 10 km langen, neuen U-Bahn-Verbindung** wird der Nordteil Amsterdams, der auf der anderen Seite des IJ liegt, mit dem Gebiet *Zuidas* (Südachse) beim Bahnhof Zuid/WTC verbunden. Dort entsteht bis 2040 ein neues Wirtschaftszentrum, das 60.000 Arbeitsplätze schaffen soll, und es werden 9000 Wohnungen sowie ein Ausgehzentrum mit Erholungsgebieten, Sporteinrichtungen, Restaurants und Cafés gebaut. Man entschloss sich zum Bau der U-Bahn, da die Innenstadt **verkehrstechnisch an ihren Grenzen angelangt** war. Das Vorhaben erforderte allerdings technische und finanzielle Höchstleistungen. Die verschiedenen Bahnhöfe liegen zwischen 11 und 25 m tief und man entschied sich dafür, den größten Teil des Baus zu realisieren, indem ein riesiger Bohrer sich täglich 10 bis 15 m durch den Boden frisst und gleichzeitig ein Tunnel gebaut wird.

Allerdings hat ein solches Projekt auch seine Tücken: Als in Köln 2009 das Historische Archiv bei Bauarbeiten zur Nord-Süd-Stadtbahn einstürzte und dabei auch zwei Menschen starben, wurden die Bauarbeiten in Amsterdam vorläufig eingestellt. Man wollte verhindern, dass hier das gleiche geschah, vor allem weil es bereits Probleme mit Häusern auf der Grabungsroute gegeben hatte, die versackten oder in die Wasser eindrang. Nachdem das Bauprojekt viel mehr Geld und Zeit verschlungen hatte als ursprünglich geplant, konnte die Noord-Zuid-Lijn im Sommer 2018 endlich in Betrieb genommen werden. Schon bevor die Metrolinie fertiggestellt wurde, hatten sich auf den nördlichen Inseln mehrere **alternative und moderne Kultureinrichtungen** und jede Menge hippe Clubs, Cafés und Restaurants niedergelassen. Die industrielle Architektur der früheren Häfen und Werften führt zu einer ganz eigenen Atmosphäre, die entspannter daherkommt als in der Innenstadt.

Zeitgleich wird auch die Hauptbahnhofsinsel umgestaltet. Ein neuer, zentraler U-Bahnhof soll entstehen, in dem alle U-Bahn-Linien zusammenlaufen. Der Amsterdamer Bahnhof ist außerdem auch ein **Knotenpunkt** für verschiedene internationale Hochgeschwindigkeits-Verbindungen (ICE, Thalys) und an der Rückseite des Gebäudes wurde ein neuer, überdachter Busbahnhof gebaut, sodass alle Buslinien (städtische und Überlandbusse) an einer zentralen Stelle zusammenkommen.

Seit jeher ist der Bereich, an dem heute der **Hauptbahnhof** steht, das sprichwörtliche Tor zur Stadt. Im 17. Jahrhundert fuhren von hier aus, als Amsterdam über diesen nördlichen Punkt noch Zugang zum offenen Meer hatte, die Handelsschiffe zum Löschen ihrer so gewinn-

⊡ *Der Hauptbahnhof ist seit jeher der Verkehrsknotenpunkt der Stadt*

289am Abb.: bs

bringenden Fracht zu den Speicherhäusern an den Grachten der Stadt. Heute ist dies für ca. 300.000 Reisende täglich die Stelle, an der sie in Amsterdam ankommen oder abfahren.

Nach der Fertigstellung der neuen Metrolinie Noord-Zuid-Lijn, die unter dem Hauptbahnhof durchführt, wird jetzt das Gebiet an der dem Zentrum zugewandten **Südseite des Bahnhofs gründlich renoviert** und erneuert. So werden links und rechts des Gebäudes größere Wasserflächen enstehen, die mit den Grachten verbunden sind. Die Rundfahrtboote erhalten hier **Anlegestellen** und es werden Sitzterrassen zum Wasser hin gebaut. Unterirdisch entstand ein neues **Parkhaus für 7000 Fahrräder.** Die Straßenbahnhaltestellen und -gleise werden erneuert, die Brücke zwischen Bahnhof und Stadt wird verbreitert, wobei der Vorplatz mit Natursteinen ausgelegt wird. Die Offenheit der Stadt zeigt sich den Bewohnern und Besuchern schon bei der Ankunft: Ein Teil der Trasse wird mit Steinen roter Farbe ausgelegt: In Amsterdam wird man mit dem sprichwörtlichen roten Teppich begrüßt.

Der Autoverkehr verschwindet in einem Tunnel und das gesamte Gebiet wird den Reisenden gehören, die dann schnell und einfach zwischen verschiedenen Verkehrsmitteln (Bus, Bahn, Straßenbahn, U-Bahn, Fahrrad) wechseln können. Das **Bahnhofsgebiet wird damit weniger hektisch und sicherer** – ein großer Gewinn für die Stadt und eine wesentlich angenehmere Ankunft für alle Reisenden, die jetzt wieder entspannt und ohne Slalomlauf zwischen den verschiedenen Baustellen in Amsterdam ankommen können.

Ein weiteres mehrjähriges Infrastrukturprojekt in der Stadt dreht sich um das beliebteste Fortbewegungsmittel der Amsterdamer: das Fahrrad. Es werden fortlaufend neue und noch breitere **Fahrradwege** angelegt. Radler sollen so wenig wie möglich mit Autos in Berührung kommen und so gut wie möglich ohne Hindernisse wie Ampeln oder Kreuzungen vorwärtskommen. Außerdem werden mehr **Radparkplätze** in der Innenstadt gebaut. Kein überflüssiger Luxus, wenn man sich vor Augen hält, dass in der niederländischen Hauptstadt jeden Tag rund 2.000.000 (!) Fahrradkilometer zusammenkommen – das entspricht 50 Umrundungen des Äquators – wie gesagt: täglich! Mit mehr als einem Drittel aller Verkehrsbewegungen steht das Rad an erster Stelle, kein Wunder, braucht man doch mit dem Auto Nerven wie Drahtseile.

Die Stadt ist sich sehr wohl bewusst, was die Besucher am meisten anzieht: die Kunst. Politisch und finanziell oft als Stiefkind behandelt, scheint man immer mehr zu verstehen, dass genau hier der Mehrwert liegt. Der Amsterdamer Gemeinderat hat sich jedenfalls für die kommenden Jahre die **Förderung des Kunst- und Kultursektors** auf die Fahnen geschrieben. Die Renovierung der drei großen Museen auf dem Museumplein hat sich bereits als gute Investition erwiesen, wie die gestiegenen Besucherzahlen zeigen.

Für die nächsten Jahre ist die Stadt bereit, für die Künste deutlich mehr Mittel zur Verfügung zu stellen als zuvor. Schwerpunkte sollen dabei die **Förderung der Zusammenarbeit verschiedener Institutionen, die Kunsterziehung und die Talentförderung sein.** Als Besucher darf man sich also auf spannende und innovative Projekte in dieser lebendigen Stadt freuen.

⊡ *Für das beliebteste Fortbewegungsmittel der Amsterdamer sollen in den nächsten Jahren noch weitere Parkplätze – vor allem in der Innenstadt – entstehen*

290am Abb.: bs

# AMSTERDAM VERSTEHEN

276am Abb.: bs

# Von den Anfängen bis zur Gegenwart

## Entstehung der Stadt

### Mittelalter

Wann sich die ersten Menschen an der Mündung des Flusses Amstel in die Nordseebucht, der Zuiderzee (heute IJsselmeer), niedergelassen haben, ist ungewiss. Zum ersten Mal urkundlich erwähnt wird Amsterdam 1275, als dem damals noch kleinen Dorf vom Grafen von Holland, Floris V., die **Zollfreiheit** für den Warenverkehr auf der Amstel zugesprochen wurde. Dieser hoffte, die Niederlassung, die bis dahin zum Bistum Utrecht gehört hatte, so an sein Einflussgebiet zu binden. Die Siedlung **Amstelledamme** entschied sich tatsächlich für Holland und damit für Handel und Betriebsamkeit. Ein weiterer wichtiger Schritt war die Verleihung der Stadtrechte um das Jahr 1300.

Die **geografische Lage** Amsterdams hatte **Vorteile:** Zum einen gab es den direkten Zugang zum Meer, zum anderen konnte man über die Amstel das Hinterland erreichen und Amsterdam kontrollierte den Zufluss der Amstel ins Meer. Auch aus militärischer Sicht war die Lage günstig. Im Norden war man durch das Meer geschützt und von der Landseite war es beinahe unmöglich, durch das sumpfige Gebiet bis zum Ort durchzudringen. Allerdings musste sich die Stadt an den Seiten durch Dämme gegen Ebbe und Flut sowie Überschwemmungen schützen und für Stadterweiterungen musste man dem Meer neues Land abgewinnen oder Sümpfe trockenlegen.

◁ *Vorseite: Die Grachten werden nicht nur für Vergnügungsfahrten genutzt*

### Stadterweiterungen

Seit der Verleihung der Stadtrechte begann man damit, eine **Befestigungsanlage** zu bauen. Zunächst wurden die Grachten Oudezijds Voorburgwal und Nieuwezijds Voorburgwal um den bewohnten Kern gezogen. Im Jahr 1380 musste die Stadt dann erweitert werden. So entstanden der Oudezijds und der Nieuwezijds Achterburgwal zur Verteidigung der Stadt. Aus den bisherigen **Verteidigungsgrachten** machte man Stadtgrachten, an deren Ufern Wohn- und Lagerhäuser gebaut werden konnten. Im 15. Jahrhundert wurde die Stadtgrenze erneut verlegt. Zunächst bis zum Kloveniersburgwal und zur Geldersekade. Danach entstand der Singel als Verteidigungsgrenze, der den Halbkreis mit dem Kloveniersburgwal schloss.

### Vom Fischerdorf zum Handelszentrum

Dass die Zollfreiheit (1275) für Amsterdam eine Bedeutung hatte, weist darauf hin, dass in der Niederlassung zu dieser Zeit bereits Handel getrieben wurde. Zwar hatte Amsterdam keinen großen **Hafen**, aber fünf Jahre bevor der Siedlung die Zollfreiheit zugesprochen wurde, baute man von der Mündung der Amstel aus landeinwärts einen Damm, der als Hafen diente. Dieser Hafendamm befand sich an der Stelle, die heute **Damrak** heißt.

Die Amsterdamer fuhren in ihren Koggen bis ins damals noch ferne Hamburg. Ein wichtiger Handelsfaktor war dabei die Erhebung des Bierzolls (1323) für die Einfuhr des Gerstensaftes aus Hamburg. Die handelslustigen Amsterdamer

044am Abb.: bs

verschifften außerdem flämische Stoffe, Nahrungsmittel und Rohstoffe und brachten aus den Ländern an der Ostseeküste Weizen, Häute, Teer, Holz und Wolle mit. Später (um das Jahr 1400) kam auch noch der Handel mit Heringen hinzu, die aus unerklärlichen Gründen auf einmal von der Ostsee in die Nordsee gewandert waren. Amsterdam verdankte den wachsenden Wohlstand auch der Tatsache, dass Güter nicht nur an- und wieder verkauft, sondern zum Teil auch weiterverarbeitet wurden.

*Die „versteckte" schuilkerk Ons Lieve Heer op Solder* 5

## Zeit der Reformation

### Unificatie

Karl V. vereinte die **Niedrigen Lande** *(unificatie),* wodurch das Gebiet dem Umfang der heutigen Beneluxstaaten entsprach. Doch mit dem Aufkommen der Reformation kam dieser Zusammenschluss in Gefahr, auch wenn die Wirren um die Reformation in Amsterdam erst in der zweiten Hälfte des 16. Jahrhunderts wirklich Auswirkungen hatten. Selbst der Bildersturm fand in Amsterdam erst 44 Jahre später (1566) statt und war auch dann eher ein laues Lüftchen.

Die **Katholiken** behielten die Oberhand, weshalb viele der Reformation wohlgesinnte Einwohner die Stadt verließen. Unter ihnen befanden sich auch führende Kaufleute, was der Stadt viel Kapitalkraft und Wissen entzog. Die **Entwicklung der Stadt** stagnierte. Calvinistische Kaufleute versuchten – zunächst vergeblich – im Rathaus Einfluss zu gewinnen. Von Brüssel aus wurde der Herzog von Alba nach Amsterdam gesandt, um dem reformatorischen Streben mit harter Hand entgegenzutreten.

### Achtzigjähriger Krieg

Zwei Jahre nach Albas Einzug in Amsterdam begann der Achtzigjährige Krieg (1568–1648), in dem sich die nördlichen Niederlande gegen die katholischen, spanisch-habsburgischen Herrscher auflehnten. 1572 schlossen sich die gesamten nördlichen Niederlande dem Prinzen Willem van Oranje an. Lediglich Amsterdam blieb den spanischen Befehlshabern treu. Mithilfe von Amsterdamer Schiffen konnten die Spanier die Flotte der Geusen (wie sich die Widerständler selbst nannten) bezwingen, wodurch Haarlem (eine der sechs größten holländischen Städte und wichtiges Handelszentrum) sich nicht mehr verteidigen konnte und zur Kapitulation vor den spanischen Truppen gezwungen war.

Später allerdings verloren die Amsterdamer gegen die Geusen und die Stadt schloss **Frieden mit Holland** *(satisfactie).* Dies führte am 26. Mai 1578 zu einem unblutigen Umsturz in der Stadt, bei dem die katholischen Amtsinhaber und Priester abgesetzt und auf ein Schiff gebracht wurden, mit dem sie die Stadt verlassen mussten. Alle Einwohner, die katholisch bleiben wollten, wurden verbannt und die Klöster entweder abgerissen oder einer anderen Bestimmung zugeführt. Jetzt hatten die **Protestanten** und Orangisten (Orange ist die Farbe des Hauses Oranje) endlich auch hier die **Macht übernommen** *(alteratie).*

Ein Jahr später fielen die Niederlande auseinander. Die nördlichen Niederlande (die Union von Utrecht) entschied sich 1587 dafür, keinen neuen Landesherrn zu ernennen, sondern eine Vertretung ihrer sieben Provinzen (Generalstaaten) einzuberufen. In dieser **Republik der sieben Provinzen** gab die Provinz Nordholland und damit auch Amsterdam den Ton an.

## De Gouden Eeuw – das goldene Zeitalter (1585–1670)

### Besetzung Antwerpens

Die katholischen **Spanier** verhalfen Amsterdam ungewollt zu einer erneuten Blütezeit, indem sie 1585 die zu dieser Zeit reichste Stadt Europas, Antwerpen, eroberten. Antwerpen war mit seinem Hafen bis dahin der größte Konkurrent Amsterdams, mit der **Belagerung der Scheldemündung** durch die Spanier kam der Handel allerdings fast gänzlich zum Erliegen.

In sehr kurzer Zeit kamen Tausende reformierter und jüdischer **Antwerpener Asylanten** nach Amsterdam. Diese kleine Völkerwanderung sollte das *gouden eeuw,* das goldene Zeitalter, einleiten.

Die ebenso handelslustigen wie wohlhabenden Antwerpener brachten nicht nur Geld und Wissen, sondern auch ihre Handelsbeziehungen mit in ihr Exil. So **erweiterten sich die Handelsbeziehungen Amsterdams** von den Anrainerstaaten der Ostsee (hier wurden auch weiterhin die höchsten Gewinne erzielt) bis ins Weiße Meer (zwischen Finnland und Russland im Nordosten und dem norwegischen Spitzbergen im Norden, wo man sogar einen Handelsstützpunkt für den Walfang mit dem Namen *Amsterdam Øy-*

*alinsel* gründete) und zur Straße von Gibraltar, mit den an das Mittelmeer angrenzenden Ländern im Süden.

Interessanterweise florierte auch der Handel mit Portugal und Spanien, mit denen man ja noch immer im Krieg lag. Hier bestätigte sich ein niederländisches Sprichwort: „Man braucht jemanden nicht zu lieben, um mit ihm Geschäfte zu machen."

## Handel mit den Kolonien

Bei einer weiteren Gelegenheit verhalfen die Spanier den Amsterdamern auf ungewollte Weise zu noch mehr Wohlstand. Amsterdam trieb nämlich viel Handel mit Lissabon, da von hier Waren aus Indien nach Amsterdam verschifft wurden. Die **Besetzung Lissabons** durch die Spanier trieb viele Kaufleute nach Amsterdam. Und wieder brachten diese ihr Geld und ihr Wissen mit. Da Amsterdam nun über Lissabon keine Waren mehr aus Indien erreichten, beschloss man, selbst dorthin zu fahren. 1597 kam das erste Schiff mit Waren aus Indien zurück. Dies läutete einen für Amsterdam sehr lukrativen Handel mit den Kolonien ein.

Die **Vereenigde Oostindische Compagnie (VOC)** wurde mit dem Ziel gegründet, einem Konkurrenzkampf der einzelnen Firmen zuvorzukommen und die Transporte aus Indien und dem Fernen Osten zu monopolisieren. Das Gleiche galt für die **Westindische Compagnie** (1621 gegründet), die das Monopol für den Handel an der Westküste Afrikas erhielt.

## Erneute Stadterweiterung

Außer den **Flüchtlingen** aus Antwerpen und Portugal strömten auch Juden aus Polen und Deutschland, die vor dem Dreißigjährigen Krieg (1618–1648) flohen, französische Hugenotten, armenische Kaufleute und Friesen nach Amsterdam. Dies führte allerdings zu einer förmlichen **Explosion der Bevölkerungszahl.** Während der *alteratie* 1578 hatte Amsterdam noch weniger als 30.000 Einwohner, 1610 waren es dann bereits 50.000 und fünfzig Jahre später zählte man schon über 200.000 Einwohner! Die Stadt platzte geradezu aus ihren Nähten.

Zu Beginn des 17. Jahrhunderts wurde Amsterdam deshalb enorm erweitert. Der **Grachtengürtel**, der der Stadt bis heute seine typische Form gibt, wurde von Osten nach Westen angelegt. An den Ufern bauten die **reichen Kaufleute** Wohnhäuser und angrenzende Lagerhäuser, die mit Waren aus aller Welt bis an den Rand gefüllt waren.

Weniger begüterte Kaufleute und Handwerker zogen in die alten, kleineren Häuser an den alten Grachten. Um noch mehr Wohnraum zu gewinnen, wurde in westlicher Richtung weitergebaut. Die **armen Einwohner** wurden im westlichen Teil der Stadt zwischen dem Grachtengürtel und der neuen Stadtmauer, der Singelgracht, eingepfercht. Das Viertel wurde **Jordaan** genannt, was wahrscheinlich ursprünglich vom französischen *jardin* (Garten) stammt.

Viele Gebäude sind hier bis heute erhalten geblieben, was das einheitliche Erscheinungbild der gesamten Innenstadt erklärt.

## Höhepunkte einer Glanzzeit

Amsterdam führte **auf dem ganzen Erdball Handel** und sah sich selbst infolgedessen als den Mittelpunkt der Welt. Aus vielen Ländern kamen Schiffe, um Waren bei den Amsterdamer Händlern feilzubieten, die diese in ihren großen *pakhuizen* (Lagerhäusern) zwischenlagerten *(stapelmarkt)* und wiederum (natürlich nicht ohne einen gehörigen Aufschlag) an andere Händler weiterverkauften. Diese ihrerseits verluden die Ware wieder auf Schiffe und verkauften sie in der ganzen Welt. Der **schwunghafte Import und Export** zog auch einen Aufschwung der Werften nach sich.

Vorteilhaft war auch die Tatsache, dass die vielen Zuwanderer oft auch großes **handwerkliches Können,** insbesondere im Bereich der **Textilherstellung,** mitbrachten. Hugenotten, die aus dem katholischen Frankreich fliehen mussten, machten die feinsten Hüte der Welt, flämischen Stoffen und Spitzen aus Amsterdam konnte niemand das Wasser reichen und die ungarischen Flüchtlinge machten aus Amsterdam ein Modezentrum. Außerdem wurden jetzt in Amsterdam die besten **Atlanten** und **Drucke** hergestellt.

Auch die **Kunst** erlebte eine Blütezeit. Große Namen wie **Rembrandt** und **Vondel** sind auch heute noch bekannt.

Im Friedensjahr 1648 erreichte die Entwicklung Amsterdams einen Höhepunkt. In diesem Jahr wurde der **Grundstein für das Rathaus** auf dem Dam gelegt, das auf sage und schreibe 13.659 Pfählen (die übrigens zu einem Großteil aus dem Schwarzwald stammen) steht!

⊡ *Peter Stuyvesant war der letzte Gouverneur von Nieuw Amsterdam, bevor die Stadt an die Engländer übergeben und in „New York" umgetauft wurde*

## Rezession, Kriege und französische Besetzung

### Neutralitätspolitik

Der Glanz an Reichtum, Kultur und politischer Macht währte nicht so lange, wie es sich so mancher gewünscht hatte. 1672 erklärten England, Frankreich sowie die Bistümer Münster und Köln der Republik der sieben Provinzen den **Krieg.** Zwar konnte Willem III. die Feinde besiegen, doch Amsterdam fürchtete nicht nur den Krieg an sich, sondern vor allem den Verlust seiner Vormachtstellung im Handel, sowohl im indischen Raum als auch in Europa. Man bemühte sich deshalb unter allen Umständen, **Neutralität** zu bewahren, und verweigerte dem Statthalter der Republik, Willem III., eine Beteiligung Amsterdams am Krieg. Man stelle sich vor: Während der Rest der Republik einen Seekrieg mit Frankreich und vor allem England führt, treibt die wichtigste und größte Stadt dieser Republik ganz normal Handel mit dem Feind, so als sei nichts geschehen.

### Rückgang des Handels

Immerhin verhalf diese, auf den Handel bzw. auf Profit ausgerichtete Politik Amsterdam noch zu einem weiteren bescheidenen Wachstum. Wenn die fetten Jahre des „goldenen Zeitalters" auch vorbei waren, so ging es Amsterdam im 18. Jahrhundert doch recht gut. Die **Stadt verlor jedoch ihre Vormachtstellung** als Handels- und Umschlagplatz, da Frankreich und England ihre eigenen Märkte immer stärker schützten. Wurden bis zur Mitte des 17. Jahrhunderts in Amsterdam noch ungefähr fünfmal so viel Güter und Waren umgeschlagen wie in London, so war die englische Stadt nur 100 Jahre später bereits der größere Umschlagplatz. An die Stelle der Werften und Textilherstellung traten in Amsterdam jetzt vor allem die Tabakverarbeitung und die Diamantschleiferei sowie das Bankengewerbe.

## Kolonialzeit

Die Ausbeutung der **Kolonien** (sowohl der Arbeitskräfte als auch der Bodenschätze und Landbaugüter) wurde ein **immer größerer Faktor für den Wohlstand** Amsterdams. Allerdings bargen die Tätigkeiten in diesen fernen Ländern auch **finanzielle Unsicherheiten.** So konnte der Amsterdamer Investor oder Kaufmann weder den Spediteur noch den Landbesitzer vor Ort kontrollieren, sodass letztere den Wert ihrer Besitztümer in den Kolonien oft als zu hoch angaben, um höhere Kredite zu bekommen. Nach schlechten Ernten konnten viele ihren Kreditverpflichtungen nicht mehr nachkommen und somit auch keine Waren mehr einkaufen. Dies führte 1763, als der Schwindel langsam ans Tageslicht kam, zu einem ersten Börsenkrach.

## Kriegsfolgen

1780 kam es dann zum **Vierten Englisch-Niederländischen Krieg,** der vier Jahre dauern und der Republik großen Schaden zufügen sollte, da die für die Wirtschaft Amsterdams so wichtige VOC nach diesem Krieg weder genügend Schiffe noch Seeleute zur Verfügung hatte, um noch auf dem Indischen Ozean fahren zu können.

## Französische Besetzung

1795 wurde in Amsterdam der Freiheitsbaum der Französischen Revolution aufgestellt, die französischen Patrioten putschten sich an die Macht und die Batavische Republik wurde ausgerufen. 1806 wurde diese zum **Königreich Holland,** mit einem Bruder des französischen Kaisers, Louis Napoléon, an der Spitze. Amsterdam wurde zur Hauptstadt erklärt, büßte allerdings seinen Status als freie Stadt ein. 1810 wurde ganz Holland von Frankreich annektiert.

Unter der französischen Besatzungsmacht erlebte Amsterdam einen **wirtschaftlichen Niedergang.** Die Franzosen verboten den Handel mit England und dessen Kolonien. Dazu kam schließlich gegen Ende des 18. Jahrhunderts der **Verlust der eigenen west- und ostindischen Kolonien,** und damit der Haupteinnahmequelle Amsterdams (mit Ausnahme von Java), an England.

253am Abb.: bs

## Neunzehntes Jahrhundert

### Befreiung und Aufschwung

Im November 1813 befreiten die Kosaken Amsterdam von den Franzosen. Am 30. März 1814 wurde Wilhelm I. in Amsterdam als Herrscher des neuen **Königreichs der Vereinten Niederlande** eingesetzt. Amsterdam wurde, für viele überraschend, wieder zur Hauptstadt ernannt. Das Parlament sollte hier allerdings nicht seinen Sitz haben.

England zeigte sich in dieser Phase großzügig und gab **Holland** – wenn auch im eigenen Interesse – seine **Kolonien zurück.** Der Handel mit den west- und ostindischen Kolonien kam allerdings zunächst nur langsam wieder in Gang, da das notwendige Wissen für den Überseehandel in nur ein bis zwei Generationen fast gänzlich verlorengegangen war. 1824 wurde die Nederlandsche Handel Maatschappij, eine **neue Gesellschaft für den Überseehandel,** gegründet, die 1831 ihren Sitz zunächst in Den Haag hatte, ihn später aber nach Amsterdam verlegte. Diese Gesellschaft bekam das Monopolrecht für den Handel mit tropischen Produkten. So wurde Amsterdam wieder zu einem wichtigen **Umschlagplatz für tropische Waren** – insbesondere Kaffee und Tabak – in Europa.

### Industrialisierung

Ein großes Problem wurden die immer größeren Schiffe mit ihrem tiefen Seegang. Damit die Stadt überhaupt noch erreicht werden konnte, musste ein riesiger **Kanal** von Den Helder an der Nordwestspitze Hollands bis nach Amsterdam gegraben werden.

Bereits 1814 bekam Amsterdam vom König den Sitz der Nederlandsche Bank zugesprochen, die auch heute noch als **Zentralbank** fungiert.

1839 konnten die Amsterdamer zum ersten Mal mit dem **Zug** fahren – stolze 19 km bis nach Haarlem. Diese Eisenbahnstrecke war nicht nur von Engländern gebaut worden, sondern auch die ersten Lokomotiven, Maschinisten und Lokführer kamen aus England. Amsterdam hatte nicht nur die Vormachtstellung verloren, die es im 17. Jh. innegehabt hatte, sondern war in wirtschaftlicher Hinsicht sogar weit in **Rückstand gegenüber England** geraten, wo die industrielle Revolution fast 100 Jahre Vorsprung hatte.

Erst Mitte des 19. Jahrhunderts kam die Wirtschaft in Amsterdam durch die zunehmende Industrialisierung wieder in Schwung. Durch den Bau einiger Kanäle und die damit verbundene bessere Erreichbarkeit der Stadt für Hochseeschiffe und die Rheinschifffahrt erlebten auch die Werften und die Schiffbauindustrie wieder eine Blütezeit. Auch Druckereien sowie der Zucker- und Diamanthandel lebten wieder auf.

### Neuer Reichtum und Armut

Die Stadt wurde wieder wohlhabend und zog Menschen an. Von 1850 bis 1900 stieg die Einwohnerzahl von 245.000 auf 520.000. Es wurde wieder gebaut, einige Grachten wurden trockengelegt und zu Straßen umfunktioniert – auch aus hygienischen Gründen. In den äußerst dicht besiedelten Stadtvierteln (Jordaan) dienten die Grachten nämlich schlicht und ergreifend als Kloaken und Abfallbeseitigungssystem.

*Die reich ausgestattete portugiesische Synagoge* 57

Bis genügend Wohnungen gebaut waren, herrschte neben dem neu aufkommenden Reichtum aber auch eine unvorstellbare Armut und die Menschen mussten zum Teil unter unglaublichen und menschenunwürdigen Bedingungen leben. So war es in den ärmeren Vierteln nicht unüblich, dass acht oder sogar bis zu zwölf Personen in einem kleinen Zimmer einquartiert waren.

## Zwanzigstes Jahrhundert

### Erster Weltkrieg bis 1930er-Jahre

Bis ungefähr 1920 blühte die Wirtschaft Amsterdams, und zwar auch während des Ersten Weltkriegs, bei dem sich die Niederlande **neutral** verhielten und darum nicht mit hineingezogen wurden.

Von der **Weltwirtschaftskrise** der 1920er- und 1930er-Jahre blieb aber auch Amsterdam nicht verschont. Die Stadt zählte bereits mehr als 750.000 Einwohner, von denen im Jahre 1931 am Höhepunkt der Wirtschaftskrise offiziell ca. 16 % als arbeitslos registriert waren. Viele große Betriebe zogen aus der Stadt, da die Grachten den immer mehr werdenden Frachtverkehr nicht mehr bewältigen konnten.

Im Jahr 1928 fanden dann die **Olympischen Sommerspiele** in Amsterdam statt. Erst vier Jahre später gab es die **erste Ampel** in der Stadt. Sie stand auf dem Leidseplein.

Das allgemeine **Wahlrecht** für Männer wurde im Jahr 1917 eingeführt, das für Frauen folgte fünf Jahre später.

271am Abb.: bs

### Deutscher Überfall

Obwohl die Niederlande sich auch zu Beginn des Zweiten Weltkriegs neutral verhielten, überfielen die Deutschen das Land am 10. Mai 1940 ohne Kriegserklärung. Dabei wurde **Rotterdam** von der Luft aus **angegriffen** und die Innenstadt zerstört. Die Nazis drohten damit, alle großen Städte gleichermaßen zu bombardieren. Doch dazu kam es nicht mehr. Am 13. Mai flohen die königliche Familie und die Regierung nach London, am 19. Mai **kapitulierte die niederländische Armee.** Auf Amsterdam war glücklicherweise bis zu diesem Zeitpunkt nur eine Bombe gefallen, die allerdings 51 Opfer forderte.

Die *Moffen* (abfällige Bezeichnung für die Deutschen) errichteten neben einer **Militärregierung** auch eine **zivile Regierung.** Alle Parteien mit Ausnahme der **NSB (Nationaal-Socialistische Beweging)** wurden verboten. Diese Partei, unter der Leitung von Anton Mussert, hatte einen nicht gerade geringen Zulauf und organisierte des Öfteren Umzüge und Demonstrationen in der Stadt.

### Februarstreik

Während einer solchen Demonstration kam es am 11. Februar 1941 zu einer **Schlägerei** zwischen Juden und Anhängern der NSB, bei der einer der NSB-Anhänger so schwer verletzt wurde, dass er wenige Tage später starb. Als Vergeltung führte die Besatzungsmacht eine großangelegte Razzia im jüdischen Viertel durch. Ein paar Hundert junge jüdische Männer wurden ins Konzentrationslager Mauthausen verschleppt und dort, bis auf zwei, noch im selben Jahr von den Nazis ermordet.

Diese Razzia brachte die Amsterdamer Bevölkerung so auf, dass sich ein Streikaufruf der Kommunisten zum **Generalstreik** ausweitete. Dieser Generalstreik, der einzige Streik gegen das Regime des Nationalsozialismus in einem besetzten Land überhaupt, ging als *februaristaking* in die Geschichtsbücher ein.

### Vergeltung der Nazis

Der Aufstand hielt allerdings nicht lange an. Die Anführer des Aufruhrs wurden von den Nazis **zum Tode verurteilt,** der Stadtrat seines Amtes enthoben und die **Deportation fast aller Amsterdamer Juden** nach Auschwitz und Sobibor, über das Zwischenlager Westerbork im Nordosten der Niederlande, begann. Nur wenige konnten untertauchen, da es einige Zeit dauerte, bis eine schlagkräftige Widerstandsbewegung entstand. Zu den wenigen, die sich verstecken konnten, gehörte die Familie von **Anne Frank.** Doch auch sie wurden am Ende verraten und kamen bis auf den Vater alle im Konzentrationslager um. Durch ihr Tagebuch wurde Anne Frank nach dem Krieg zum wohl bekanntesten Flüchtling Amsterdams.

### Vorstoß der Alliierten

Im weiteren Verlauf des Kriegs waren es die Alliierten, die Bomben auf Amsterdam warfen. Sie hatten es v. a. auf die Flugzeugfabrik Fokker im Norden der Stadt abgesehen. Leider fielen aber auch hier wieder Hunderte Menschen aus der Zivilbevölkerung den Bombardements zum Opfer.

Mitte 1944 begann die **Offensive** der alliierten Truppen **zur Befreiung der Niederlande.** Angesichts der drohenden Niederlage zerstörten die Nazis ab Herbst 1944 die Hafenanlagen von Amsterdam. Im September versuchten die alliierten Bodentruppen bei Arnheim, ins Ruhrgebiet vorzustoßen. Der Süden der Niederlande war bereits befreit, der Norden jedoch immer noch besetzt.

## Hungerwinter

Das **Scheitern der alliierten Truppen bei Arnheim** hatte für Amsterdam katastrophale Folgen, da durch den Vorstoß die **Versorgungswege abgeschnitten** worden waren. Kaum ein Lebensmitteltransport erreichte noch die Stadt, der Strom wurde abgeschaltet, der öffentliche Verkehr brach zusammen. Der Winter 1944/1945 war bitterkalt. In diesem *hongerwinter* starben Hunderte an **Unterernährung und Kälte.** Daran konnten auch Mehllieferungen aus Schweden und die von den Alliierten organisierten Abwürfe von Lebensmitteln über der Stadt nichts ändern. Das öffentliche Leben war zusammengebrochen, selbst die Notküchen hatten keine Vorräte mehr. Alle kämpften nur noch ums nackte Überleben. So wurden nicht nur Tausende von Bäumen gefällt, sondern auch Möbel aus den frei stehenden Häusern deportierter jüdischer Familien als Brennstoff zweckentfremdet, um die Notöfen heizen zu können.

## Zunahme des Naziterrors

Im letzten Jahr vor der Kapitulation der Nazis nahm die Anzahl der **Deportationen** noch einmal zu und **vermeintliche Widerstandskämpfer** wurden auf offener Straße **hingerichtet.** Am Ende der Besatzungszeit zählte man 80.000 deportierte jüdische Einwohner Amsterdams.

## Kapitulation

Am 4. Mai 1945 kapitulierten die Nazis in Holland vor der alliierten Armee. Allerdings kam es drei Tage später auf dem Dam noch zu einer Schießerei zwischen Widerstandskämpfern und Deutschen, bei der 19 Menschen getötet und 117 verwundet wurden. Am 8. Mai fuhren schließlich kanadische Truppen in einem Triumphzug in Amsterdam ein. Der Krieg war jetzt wirklich vorbei.

## Wiederaufbau

Der **Wohnungsbau** war während der Besetzung durch die Nazis vollkommen zum Erliegen gekommen. Nun holte man Pläne aus den 1930er-Jahren aus den Schubladen und errichtete **neue Stadtteile.** Um den oberhalb des IJ liegenden Nordteil von der Innenstadt aus erreichbar zu machen, wurde 1968 der **IJ-Tunnel** eingeweiht. Fußgänger und Radfahrer fahren mit der Fähre über das IJ.

**Schlafstädte** wie Hoorn und Alkmaar entstanden und mit der Trockenlegung des südöstlichen Teils des IJsselmeers entstand die **neue Provinz Flevoland** mit den beiden größten Städten Almere und Lelystad (Provinzhauptstadt). Dies trägt heutzutage mit zum verkehrstechnischen Kollaps bei, da Tausende Zugreisende und Autofahrer jeden Tag in Richtung Amsterdam unterwegs sind.

## Demokratiebewegungen

Die „Wilden 1960er-Jahre" waren in Amsterdam besonders wild. Am bekanntesten wurden die *kabouters* mit ihren **Happenings** in der Stadt und die *krakers,* die **Hausbesetzer**, die auf eine vollkommen neue Art den Politikern das Wohnungsproblem unter die Nase rieben. Es wurde unruhig in der Stadt. Polizei und Demonstranten lieferten sich des Öfteren wahre **Straßenschlachten** und ein Bürgermeister musste seinen Hut nehmen, da er der Unruhen nicht Herr werden konnte. Die Demonstranten forderten eine demokratischere Politik und mehr Bürgernähe. Ihren Höhepunkt, zumindest bezüglich des Öffentlichkeitsinteresses auch außerhalb der Niederlande, erreichten die **Unruhen bei der Hochzeit der Prinzessin und Thronerbin Beatrix mit dem deutschen Claus von Amsberg** im Jahr 1966. Erstens bestanden (und bestehen zum Teil noch heute) antideutsche Ressentiments, zweitens war die Monarchie bei den demonstrierenden Bevölkerungsschichten zu dieser Zeit nicht gerade *en vogue*. Eine Straßenschlacht zwischen Polizei und Demonstranten führte dazu, dass das Hochzeitspaar in seiner Kutsche auf einem von Rauchbomben ziemlich vernebelten Dam ankam. Unter den Demonstranten war die Losung des Tages: „Kein Haus – kein Claus". Außer durch Rauchbomben wurden die Festlichkeiten jedoch nicht weiter gestört.

Eine wesentlich umfangreichere Demonstration fand erst 1984 statt. Es war Europas größte **Demonstration gegen den Nachrüstungsbeschluss der NATO-Staaten** und wurde zu einem richtigen Volksfest. Vor über 400.000 Leuten traten auf verschiedenen Bühnen die bekanntesten niederländischen Künstler und Musiker auf. Der Tag verlief friedlich – stationiert wurden die Pershing-II-Raketen und Cruise Missiles trotzdem.

Zwei Jahre vorher konnten Bürgermeister, Stadtrat und Stadtverwaltung endlich einen Beschluss in Bezug auf das Rathaus fassen. Nachdem Napoleon das ursprüngliche Rathaus auf dem Dam für sich beansprucht hatte, wodurch es in den Besitz des Königshauses überging, konnte man sich in der ganzen Zeit nicht recht entscheiden, wo denn das neue Rathaus gebaut werden sollte. Schließlich wurde das Gebäude, das auch ein Musiktheater und die Oper beherbergt, am Waterlooplein eröffnet, direkt neben dem Secondhandmarkt, der für die Atmosphäre dieser Stadt so typisch ist. Das Gebäude erhielt den Namen **Stopera** 34, als Abkürzung für *stadhuis* und *opera*.

## Die 1980er- und 1990er-Jahre

Was sich in den 1980er-Jahren zu einem ernsten Problem entwickelt hat, verschärfte sich in den 1990er-Jahren nur noch mehr: **Autos** sind in einer Stadt, die eigentlich für Kutschen und Boote gebaut wurde, einfach fehl am Platz – vor allem in dieser Menge. Zwar versucht die Stadt seitdem, die Leute durch horrende Parkplatzgebühren vom Auto in die öffentlichen Verkehrsmittel zu bewegen, doch dies gelingt offensichtlich nur in geringem Maße. Immerhin wurden eingeschränkte Belieferungszeiten für die Läden in der Innenstadt eingerichtet und DHL bringt seine Päckchen per Boot zu den Empfängern.

Am 4. Oktober 1992 fiel ein kurz zuvor in Schiphol gestartetes **Transportflugzeug der El-Al** über dem Amsterdamer Stadtteil Bijlmermeer ab und riss eine Schneise in einen Hochhauskomplex – viele Menschen starben. Überlebende, Anwohner und Hilfskräfte klagen bis heute über Gesundheitsstörungen, die niemand erklären kann, da man nicht weiß, was wirklich in dem Flugzeug transportiert wurde. El-Al weigert sich, die Frachtpapiere auszuhändigen. Erst 1999 kam es zu einer Sonderkommission des Parlaments, die zwar aufdeckte, dass alle Beteiligten Dreck am Stecken haben, eine vollständige Klärung des Unglücks und befriedigende Antworten für die Anwohner unterblieben aber.

1995 war das **Ajax-Jahr** schlechthin. Der Amsterdamer Fußballclub gewann die Meisterschaft, wurde Champions-League-Sieger und gewann auch noch den Weltpokal. Ein Jahr später wurde Ajax wieder Meister und musste sich in der Champions League erst im Finale geschlagen geben. Die Vereinsbosse versuchten, noch mehr Geld aus den Erfolgen zu schlagen und gingen mit dem Verein an die Börse. Sehr erfolgreich verläuft der Aktienkurs jedoch nicht gerade. Seit Ajax in der Amsterdam ArenA spielt (Spielzeit 1996/97), läuft es einfach nicht mehr so richtig. Bereits Ende der 1990er-Jahre war der Glanz schon ein wenig ab und ein Abonnement auf die Meisterschaft hat Ajax heute nicht mehr.

## Auf ins neue Jahrtausend

2002 entschlossen sich der **Thronfolger Willem-Alexander** und seine argentinische Braut **Maxima**, sich in der Hauptstadt das Jawort zu geben. Die Stadt wurde daraufhin auf Hochglanz poliert. Es wurde geputzt, Straßen wurden gesäubert, Mauern frisch gestrichen und alle Reklameschilder und -fahnen auf der Strecke, die das Brautpaar zurücklegte, entfernt. Um einen Eklat zu verhindern, distanzierte sich Maxima – wenn auch nicht wirklich von Herzen – von den Taten ihres Vaters, der dem ehemaligen Militärregime Argentiniens angehört hatte. Die niederländische Regierung entschied, dass Herr Zorreguieta „freiwillig“ nur zu Hause am Fernseher zuschauen sollte, wie seine Tocher in die königliche Familie einheiratete.

Am 30. April 2013 **dankte Königin Beatrix** zugunsten ihres Sohnes Willem-Alexander **ab**, der in einer feierlichen Zeremonie in der Nieuwe Kerk in sein Amt eingesetzt wurde. Mit ihm sitzt nach 123 Jahren zum ersten Mal wieder ein Mann auf dem niederländischen Thron.

### Zukunftsvisionen

Um der Stadt auch in der Zukunft eine wichtige Rolle in der Region zu erhalten, wurden seit Mitte der 1990er-Jahre einige Milliardenprojekte in Angriff genommen. Der Norden der Stadt wurde mit der Noord-Zuid-U-Bahn-Linie an den Süden angeschlossen, sodass sich der **Bahn-**

047am Abb.: bs

*Auf dem Weg zu neuen Inseln – moderne Architektur im östlichen Hafengebiet*

**hof Zuid/WTC** zu einem Wirtschafts- und Verkehrsknotenpunkt entwickeln konnte. Das hat zu großen **Veränderungen im Stadtteil Noord** geführt. Firmen und Kultureinrichtungen haben sich dort niedergelassen, neue Wohnviertel wurden erschlossen. Zweifellos ist der Norden jetzt enger mit dem Zentrum verwoben.

Um den zusätzlichen Verkehrsstrom bewältigen zu können, wird auch die gesamte **Bahnhofsinsel** grundlegend umgebaut. Der Großteil und die schwierigsten Projekte sind abgeschlossen.

Nach den neuen Inseln im IJmeer und der Umgestaltung der östlichen Stadtteile am Wasser wurden die westlichen Inseln in den Fokus genommen. Wo Industrie- und Hafenanlagen angesiedelt waren, entstanden und entstehen neue Wohnviertel.

Die jüngsten Renovierungs- und Bauprojekte in der Stadt dienen dazu, Fußgängern und Radfahrern noch mehr Raum zu bieten. Autos werden es immer schwerer haben, denn die Zukunft einer lebendigen Stadt stellt man sich in Amsterdam mit möglichst wenig Autoverkehr vor.

Die Pläne, um **De Wallen, das Rotlichtviertel** im Zentrum, aufzulösen, schreiten weiter voran. Sexarbeit gehört nun einmal zu Amsterdam und wird nicht verschwinden, wie Bürgermeisterin und Gemeinderat erkennen. Sie möchten den (meist) Frauen aber wenigstens einen möglichst sicheren Ort und gute Umstände bieten. Hierfür soll an anderer Stelle ein erotisches Zentrum für rund einhundert Sexarbeiter:innen errichtet werden.

# Leben in der Stadt

## Verwaltung und aktuelle Politik

### Hauptstadtfrage

Da man in den Niederlanden sehr viel mehr Wert darauf legt, einen gemeinsamen Nenner zu finden, statt nur Prinzipien zu vertreten, konnte man sich in der Hauptstadtfrage auf eine praktische Lösung einigen: **Amsterdam** ist die **Hauptstadt** der Niederlande, der **Regierungssitz** befindet sich hingegen in **Den Haag**, und das funktioniert prima.

### Basisdemokratie

Was aus Amsterdam kommt, zählt besonders auf kulturellem Gebiet, aber auch auf politischem Gebiet prägt die Stadt das Gesicht des Landes. Wichtige **basisdemokratische Impulse** haben sich immer wieder in dieser Stadt entwickelt. Schon die Studentenrevolte und Hausbe-

048am Abb.: bs

⊡ *Romantische Grachten zu vorgerückter Stunde*

KURZ & KNAPP

**Amsterdam in Zahlen**

- **Einwohner:** ca. 882.000
- **Nationalitäten:** 180
- **Einwohner/km²:** 5329
- **Fahrräder:** 881.000 (geschätzt)
- **Landfläche:** 165,5 km²
- **Wasserfläche:** 54 km²
- **Höhe ü. M.:** -1 m bis 6 m
- **Brücken:** 1281
- **Grachten:** 165
- **Hausboote:** 2500

setzerbewegung Amsterdams forderten mehr Basisdemokratie und Bürgernähe.

Anfang der 2000er-Jahre initiierte Amsterdam ein Projekt, bei dem Stadtteilräte gewählt werden, die kommunale Aufgaben in den jeweiligen Stadtteilen übernehmen. Zunächst gab es das Projekt nur in einigen wenigen Stadtteilen, später wurde es auf die ganze Stadt ausgeweitet. Damit sollte die Distanz zwischen Bürgern und Verwaltung verringert werden. 2018 und 2022 noch einmal weiter verstärkt, haben die Stadtteilräte erweiterte Aufgaben und Befugnisse erhalten, um ihren Stadtteil zu verwalten. Um jüngere Bürger stärker einzubinden, wurde das aktive und passive Wahlrecht für diese Stadtteilräte 2022 von 18 auf 16 Jahre herabgesetzt und EU-Bürger können bereits nach zwei Jahren mit Wohnsitz in Amsterdam für diese Räte abstimmen oder sich wählen lassen.

### Tourismus

Der Tourismus spielt für Amsterdam eine wichtige Rolle. **Über 24 Mio. Übernachtungen** und **über 24 Mio. Tagesbesucher** sorgen für gute Einnahmen, ohne die einige der ca. 1250 Restaurants und ebenso vielen Kneipen und Bars nicht überleben könnten. Die vielen Gäste in der Stadt sorgen dafür, dass sich auf kulinarischem Gebiet eine große Vielfalt hält.

Natürlich ist die Stadt auch auf kultureller Ebene für ihre zahllosen Besucher, die zu einem Konzert- oder Theaterabend, einem Museumsbesuch oder für eins der vielen Festivals herkommen, interessant. Das Kulturangebot ist vielseitig und begeistert Jung und Alt. Jeden Tag ist es möglich, Liveauftritte zu erleben oder besondere Ausstellungen zu besuchen.

## Die Amsterdamer und ihr Alltag

### „Dem Volk aufs Maul geschaut"

Der Schriftsteller **Simon Carmiggelt** hat in unzähligen kleinen Geschichten die Seele der Amsterdamer eingefangen. In seiner Geschichte über den „echten Amsterdamer" erzählt er, wie ein Mann über eine Brücke geht und sieht, dass ein Kind in eine Gracht fällt. Als echter Amsterdamer zieht er sofort seine Jacke aus und springt ins Wasser, um das Kind zu retten. Dann kommt ein zweiter „echter Amsterdamer" dazu. Dieser erkennt die Gunst der Stunde und stiehlt die Jacke.

Damit hat Carmiggelt **wesentliche Charakterzüge** der Amsterdamer eingefangen. Auf der einen Seite sind sie **hilfsbereit**, großherzig, häufig auch vorlaut und witzig, andererseits sind sie aber auch oft **auf den eigenen Vorteil bedacht.** Man besitzt traditionsgemäß ein **großes**

**Selbstvertrauen** und ein gesundes **Misstrauen der Obrigkeit gegenüber.** Beide Eigenschaften waren nötig, um in einer so schwierigen geografischen Lage eine blühende Stadt entstehen zu lassen. Man musste sich selbst helfen und konnte nicht immer auf Hilfe von oben warten.

Amsterdam versteht sich selbst als kulturellen Mittelpunkt der Niederlande und gleichzeitig empfindet man auch eine gewisse Verantwortlichkeit gegenüber der übrigen Welt. Man sieht sich gerne als **moralische Instanz** und hält sich auch mit moralischen Urteilen nicht zurück, denn das Image der toleranten, weltoffenen, freundlichen Stadt stimmt für die meisten Amsterdamer noch immer und sie setzen es täglich in die Tat um. Hier gilt generell, dass jeder nach seiner Auffassung glücklich werden sollte und die Einwohner der Stadt bleiben neugierig und offen, was eine Kontaktaufnahme erleichtert.

## Vielvölkerstadt

Inzwischen gibt es viele Einwohner Amsterdams, die ursprünglich aus aller Herren Länder stammen, ein Teil kommt **aus ehemaligen Kolonien**, wie etwa Surinam, Indonesien oder von den Antillen (die heute noch zum Königreich gehören), **Türken** und **Marokkaner** kamen als Gastarbeiter. In der Stadt wohnen jedoch auch jede Menge **Briten** und **Deutsche.**

„Gettobildung“ ist vielleicht zu stark ausgedrückt, aber manche Minderheiten konzentrieren sich deutlich in bestimmten Stadtvierteln oder Straßenzügen, weil dort z.B. der Wohnraum zwar in schlechterem Zustand, aber auch viel billiger ist oder in anderen Stadtteilen große Wohnungen zur Verfügung stehen.

Die Ermordung des Politikers Pim Fortuyn (2002) und des Filmemachers Theo van Gogh (2004) haben in den Niederlanden deutlich für einen Rechtsruck in der Politik gesorgt und auch das einfache Zusammenleben der Kulturen ist angespannt. Die Gegensätze und Probleme treten sehr viel schärfer hervor und gute Lösungen, wie die traditionell offene und tolerante Haltung mit extremistischen Entwicklungen in Einklang zu bringen ist, sind noch nicht in Sicht.

## Religionen und Brauchtum

Ein Niederländer glaubt an Gott, zwei Niederländer gründen eine Kirche und drei spalten diese wieder ... Es gibt in den Niederlanden **eine Menge verschiedene Kirchen** und innerhalb dieser wiederum unzählige Strömungen – vor allem innerhalb der evangelischen Kirche. Aber auch die Katholiken beherrschen das Spalten, weshalb in der Domstadt Utrecht zwei katholische Bischöfe (der römisch-katholische und der altkatholische) residieren.

### Versäulung

Im gesellschaftlichen Leben spielte sehr lange das Phänomen der „Versäulung“ eine wichtige Rolle. Diesem Prinzip zufolge, ruht die Gesellschaft auf **drei Säulen:** der **reformierten/evangelischen Kirche**, der **katholischen Kirche** und der **sozialistischen/humanistischen Überzeugung.** Früher wurde man in eine dieser Säulen hineingeboren und bewegte sich dann sein **ganzes Leben in bestimmten Kreisen.** Man ging in die katholische Schule, in den reformierten Fußballclub oder schaute sich die Sendungen des sozialdemokratischen Fernsehsenders an, man las die entsprechende Zeitung und brachte sein sauer verdientes Geld zur richtigen Bank.

Das **gesamte gesellschaftliche Leben** gab es in **dreifacher Form:** Schulen, Freizeitveranstaltungen und -gruppierungen (im niederländischen Profifußball spielt beispielsweise noch immer der römisch-katholische Fußballclub RKC Waalwijk), Arbeitgeber, Gewerkschaften oder Rundfunkanstalten.

Die einzelnen **Rundfunkanstalten** haben Mitglieder und bekommen je nach Mitgliederzahl Sendezeit zugewiesen. So schaute noch in den 1960er- oder 1970er-Jahren kein Reformierter Fernsehen, wenn der katholische Sender ausstrahlte, und es war Katholiken verboten, Mitglied bei der sozialdemokratischen Rundfunkanstalt zu werden.

Auch Zeitungen und Zeitschriften gehörten jeweils einer bestimmten Gruppierung an, ebenso wie **politische Parteien.** Die Christlich Demokratische Allianz (CDA), die niederländische Schwesterpartei der CDU, entstand beispielsweise erst in den 1970er-Jahren durch die Fusion vieler kleiner reformierter/evangelischer und katholischer Parteien. Noch heute gilt bei einer Postenbesetzung ein ungeschriebener Proporz, wonach Parteiposten gleichmäßig an Kandidaten aus den ehemaligen Fusionsparteien verteilt werden.

### Entsäulung

Seit Ende des letzten Jahrtausends beginnt sich das **Prinzip der Versäulung aufzulösen.** Die Menschen sind nicht mehr auf ihre Säule festgelegt und verschiedene Entwicklungen wie beispielsweise Finanzprobleme machen **Fusionen und Zusammenarbeit** nötig.

Die eintretende „Entsäulung“ bringt auch eine **sich verändernde politische Landschaft** mit sich. Parteien mit einem ehemals hohen „Versäulungsgrad“ (CDA, PvdA) bekommen wesentlich weniger Zulauf als noch in den 1980er-Jahren, während Parteien, die durch die Entsäulung überhaupt erst eine Chance bekamen (liberale Parteien), erheblich in der Wählergunst steigen. Die kleineren rechten (fundamentalistischen) reformierten Parteien können sich behaupten, da es für politische Gremien keine Prozenthürde gibt.

## Verhältnis zwischen Deutschen und Niederländern

### Wie Niederländer Deutsche sehen

Das **Verhältnis** zwischen Deutschen und Niederländern ist **teilweise etwas schwierig.** Niederländer stört z. B. häufig, dass viele Deutsche die Niederlande als ein weiteres deutsches Bundesland sehen und der niederländischen Kultur zuweilen wenig Respekt entgegenbringen. Mit Deutschland macht man vielleicht Geschäfte, aber es ist wichtig, durchscheinen zu lassen, dass man deshalb die Deutschen noch lange nicht liebt.

Zum einen sind diese Schwierigkeiten eine Folge des **Zweiten Weltkriegs,** als die deutschen Truppen in einem Blitzkrieg die neutralen Niederlande annektierten. Neben den Greueltaten schmerzt auch hier, dass Hitler einfach davon ausging, dass sich ein arisches Brudervolk mit fliegenden Fahnen auf seine Seite schlagen würde.

Mancher Amsterdamer würde den Deutschen auch heute noch gerne eins auswischen. So kann es durchaus vorkommen, dass man einfach in irgendeine Richtung geschickt wird, wenn man nach dem Weg fragt. Nicht immer, aber häufig spielen dabei die Geschehnisse des Zweiten Weltkriegs eine Rolle. Eine Art späte Genugtuung. Manchmal weiß es der Gefragte aber selbst nicht so genau. Da man jedoch helfen möchte, sagt man einfach mal was. Deshalb ist es immer nützlich, einem zweiten Passanten die gleiche Frage zu stellen. Manchmal hört man auch den Ausspruch: **„Gib mir mein Fahrrad zurück"** *(Geef mijn fiets terug).* Im Zweiten Weltkrieg hatten die Deutschen alles einsammeln lassen, was sich für die Weiterverarbeitung in der Stahlindustrie eignete. Zudem hatten vielerorts deutsche Soldaten auf der Flucht vor den alliierten Truppen Fahrräder und alle möglichen fahrbaren Untersätze konfisziert, um nicht selbst in ein Kriegsgefangenenlager zu kommen. Zum anderen nehmen es die Holländer den Deutschen sehr übel, dass diese 1974 die **Fußballweltmeisterschaft** in München gewonnen haben, obwohl die Holländer doch den „besten und schönsten Fußball der Welt" spielten. Jeder spätere Sieg der Holländer über die Deutschen kann nur zu einem kleinen Teil Wiedergutmachung bedeuten. Eine Ausnahme wäre möglicherweise eine Neuauflage des WM-Finales, allerdings mit umgekehrtem Ergebnis.

## Verhalten im Alltag

Normalerweise sind die Holländer und vor allem die Amsterdamer jedoch freundlich und **aufgeschlossen gegenüber Fremden.** Man kommt leicht mit den Menschen ins Gespräch. Niederländer interessieren sich sehr dafür, wie andere das Land sehen, allerdings sollten Ausländer mit Kritik vorsichtig sein.

Spricht man die niederländische **Sprache** nicht, dann wird es als höflich empfunden, wenn man zuerst fragt, ob ein Gesprächspartner Deutsch oder Englisch versteht, anstatt einfach draufloszuquasseln. Die Antwort wird häufig ein Ja sein, wobei Englisch den meisten leichter fällt als das Deutsche mit diesen „vielen schrecklichen Fällen".

Bei Bekanntschaften, auch auf geschäftlicher Ebene, geht man sehr **schnell vom „Sie" zum „Du"** über, da man diesem äußerlichen Statussymbol keinen Wert beimisst.

Das „Du" impliziert für Holländer auch nicht unbedingt eine größere persönliche Nähe. Relativ schnell nach dem ersten Kennenlernen werden Frauen (von Frauen und Männern) auch mit **drei Küsschen** auf die Wangen begrüßt und verabschiedet.

Dahingegen legt man sehr viel Wert darauf, dass sich **niemand in persönliche Angelegenheiten einmischt.** Man sollte niemals zur Essenszeit unangemeldet bei einer niederländischen Familie erscheinen. Man bevorzugt dort eine Einladung zum Kaffee nach dem Essen oder ein Treffen in einer Kneipe. Sollte man doch **zum Essen eingeladen** werden, sind Blumen oder Wein willkommen. Die Blumen werden *nicht* ausgepackt. Geht man zusammen aus, bezahlt man in einer **Kneipe** abwechselnd eine Runde für alle. Wird man zum **Geburtstag** eingeladen, dann gratuliert man nicht nur dem Geburtstagskind, sondern allen Familienmitgliedern.

Ein **Handzeichen** verdient Beachtung: Womit man in Deutschland jemanden als „Arschloch" kennzeichnet, sagt man in den Niederlanden „o. k.", „hervorragend".

# PRAKTISCHE REISETIPPS

293am Abb.: bs

# An- und Rückreise

Es ist sicher empfehlenswert, nicht mit dem eigenen Auto, sondern mit der **Bahn** oder eventuell mit dem **Flugzeug** anzureisen. Das öffentliche Verkehrsnetz in und um Amsterdam ist so gut ausgebaut, dass man sich die nervenaufreibende Autofahrerei in der völlig überlasteten Innenstadt sparen kann. Parkplätze sind in der Innenstadt ein Luxusgut und wer falsch oder zu lange parkt, erhält einen Strafzettel oder wird gnadenlos **abgeschleppt** (s. S. 184). Zudem hat Amsterdam eine sehr kompakte Innenstadt, was bedeutet, dass die meisten Sehenswürdigkeiten zu Fuß, mit dem Fahrrad oder mit den öffentlichen Verkehrsmitteln erreicht werden können.

## Mit der Bahn

Jeden Tag fahren sieben ICEs direkt von Frankfurt/Main über Düsseldorf, Köln, Duisburg und Oberhausen nach Amsterdam. Von Berlin aus (über Stendal, Wolfsburg, Hannover, Minden/Westfalen, Bünde/Westfalen, Osnabrück, Rheine, Bad Bentheim) verkehrt sechsmal am Tag der IC. Von größeren Städten Österreichs aus kommt man mit ein- bis zweimal Umsteigen einfach nach Amsterdam (von Wien nach Düsseldorf kann man auch bequem mit dem ÖBB Night Jet reisen). Von der Schweiz muss man von Bern und Zürich nur einmal umsteigen (ICE). Dies gilt auch für Basel (6- bis 7-mal pro Tag). Nachmittags gibt es vom SBB auch einen direkten ICE nach Amsterdam. (Sehr) früh buchen lohnt sich: Dann gibt es Fahrkarten schon für 40 bis 50 € in der zweiten Klasse.

Bahntickets gibt es direkt an größeren Bahnhöfen, wo auch reserviert werden kann. Ohne Warteschlangen geht es online oder per Telefon.

- **Deutsche Bahn,** www.bahn.de oder Tel. 01806996633 (aus Deutschland)
- **Östereichische Bundesbahnen,** www.oebb.at oder Tel. 05 1717 (aus Österreich)
- **Schweizerische Bundesbahnen,** www.sbb.ch oder 0900 300300 (aus der Schweiz)

## Mit dem Flugzeug

**Nonstop-Verbindungen** aus dem deutschsprachigen Raum nach **Amsterdam Airport Schiphol** mit Linienfluggesellschaften bestehen u.a. mit KLM von vielen Flughäfen in Deutschland, Österreich und der Schweiz, mit Lufthansa von Frankfurt und München, mit Swiss von Basel und Zürich sowie mit Austrian Airlines von Wien. Die Flugzeit z.B. von München nach Amsterdam beträgt etwa 1 ½ Stunden. Ein Hin- und Rückflugticket der Economy-Klasse von Deutschland, Österreich und der Schweiz nach Amsterdam bekommt man je nach Jahreszeit und Aufenthaltsdauer ab rund 200 € (einschließlich aller Steuern, Gebühren und Entgelte) bei Billigfliegern. Am teuersten ist es in der Hauptsaison von Mai bis September, in der die Preise für Flüge in den Sommerferien im Juli und Au-

*Vorseite: Die typisch holländischen „Klompen" sind pflegeleicht und halten die Füße angenehm warm*

*Mit der Bahn kommt man bequem und entspannt nach Amsterdam*

291am Abb.: bs

gust besonders hoch sind und auch um die 400 € betragen können.

**Billigairlines** bieten bei sehr zeitiger Onlinebuchung günstige Preise. Allerdings sind diese Tickets normalerweise nach der Buchung nicht mehr zu ändern und bieten so wenig Flexibilität. Während des Fluges werden alle Serviceleistungen extra berechnet. Nach Amsterdam fliegen:

- **Royal Dutch Airlines,** www.klm.com
- **Lufthansa,** www.lufthansa.com
- **Swiss,** www.swiss.com
- **Eurowings,** www.eurowings.de
- **EasyJet,** www.easyjet.de
- **Austrian Airlines,** www.aua.com

## Airport Express und Travel Taxi

Der **Amsterdam Airport Express** verbindet den Flughafen mit der Innenstadt. Der Bus (397, nachts N97) fährt mehrmals pro Stunde von der Bushaltestelle B17 zu mehreren Haltestellen in der Innenstadt.

- www.connexxion.nl/de/unsere-strecken/sonderbuslinien/amsterdam-airport-express, Tel. 09002666399, einfache Fahrt 6,50 €, Hin- und Rückfahrt 11,75 €, Tickets online oder mit Kartenzahlung auch im Bus

Ein **Schiphol Travel Taxi** fährt direkt zum Hotel.

- https://schipholtraveltaxi.nl, Tel. 09008876, einfache Fahrt 1–4 Personen 57 €, bis 8 Personen 70 €, nur mit Buchung bis 24 Std. im Voraus

## Mit dem Zug in die Stadt

Vom Bahnhof Schiphol, der sich direkt unter der Eingangshalle des Flughafens befindet, gibt es eine sehr günstige Zugverbindung zum Hauptbahnhof von Amsterdam. Die Fahrt dauert ca. 20 Minuten. Eine einfache Fahrt kostet 4,90 € oder 8,33 € in der 1. Klasse. Vom Hauptbahnhof kann man dann zu Fuß, mit Straßenbahn oder Bus weiterkommen.

# Autofahren

Normalerweise ist Amsterdam schon vor, auf jeden Fall aber **gleich nach der Grenze ausgeschildert.** Auch die grobe Orientierung ist recht einfach. Alle Ausfahrten auf den Amsterdamer Autobahnen und Ringwegen sind nummeriert („S" und dann drei Ziffern, z.B. S109). Hotels o.Ä. geben oft die Nummern bei Wegbeschreibungen an, so weiß man auch sofort, in welcher Richtung man auf dem Autobahnring fahren muss. Auch in der Stadt sind die Nummern auf den Straßenschildern angegeben.

Die Frage ist eher, ob man in Amsterdam wirklich mit dem Auto unterwegs sein will. Für den **Straßenverkehr in der Innenstadt** braucht man sehr viel Zeit und gute Nerven, denn es kann schon mal vorkommen, dass man eine Weile festsitzt, weil gerade ein Lastwagen beladen wird. Auch überhaupt ans Ziel zu kommen, ist durch die vielen Einbahnstraßen nicht immer ganz einfach. Zudem muss man gut auf Radfahrer und gedankenlose Fußgänger achten. Radfahrer dürfen z.B. auch umgekehrt in Einbahnstraßen fahren, weshalb sie oft an unerwarteten Stellen auftauchen, und Fußgänger interessiert die Farbe der Ampel sowieso recht wenig. Wenn die Straße frei erscheint, dann überquert man diese einfach, ohne auf grünes Licht zu warten. Also Vorsicht! Darüber hinaus ist Parken in Amsterdam ein teurer Luxus.

Einigermaßen günstige **Parkplätze** gibt es im Parkhaus Parking Centrum Oosterdok, Oosterdoksstraat 150 (10–25 €, Parkzeit 0–23.59 Uhr, www.parkingcentrumoosterdok.nl), wenn man für ein bestimmtes Datum und Kennzeichen im Voraus bucht (solange der Vorrat reicht). Der Maximaltarif in der Innenstadt liegt bei 7,50 €/Std. (s. a. S. 184).

Das **öffentliche Verkehrsnetz** in Amsterdam ist sehr gut ausgebaut. Wer noch weiter reisen möchte, kommt in Holland mit dem Zug oder mit Überlandbussen normalerweise recht schnell ans Ziel.

## Verkehrsregeln

Die Verkehrszeichen und -regeln sind im Prinzip die gleichen wie im übrigen Europa.

Die **zulässige Höchstgeschwindigkeit** in geschlossenen Ortschaften ist 50 km/h, auf Landstraßen 80 km/h und auf Autobahnen 120 km/h. Fährt man mehr als 30 km/h zu schnell, ist man entweder seinen Führerschein oder gar gleich sein Auto los! Wie in Deutschland auch gibt es an Autobahnen und Landstraßen gelbe Notrufsäulen.

Die **Promillegrenze** liegt in den Niederlanden bei 0,5 ‰. Für Fahrer, die ihren Führerschein kürzer als fünf Jahre besitzen, gilt 0,2 ‰ als Grenze. Beachten sollte man zudem, dass Niederländer den vielen „Blitzampeln" zum Trotz die Angewohnheit haben, auch noch bei Rot über die Ampel zu fahren.

In den Niederlanden gibt es **zwei Arten von Kreisverkehr.** Die häufigste Art ist der in ganz Europa bekannte Kreisverkehr, bei dem der Verkehr, der in den Kreis fahren möchte, dem Verkehr im Kreis selbst Vorfahrt gewähren muss. Dies ist deutlich mit Vorfahrt-Achten-Schildern angegeben. In selteneren Fällen gibt es aber noch Situationen, in denen das von rechts kommende Fahrzeug (also das Auto, das in den Kreis hineinfährt) Vorfahrt hat und nicht der Verkehr im Kreis. Da man allerdings dahintergekommen ist, dass dies eine reichlich unpraktische Idee ist, weil es so zu Staus im Kreis kommt und gar nichts mehr geht, ist diese Art von Kreisverkehr weitgehend abgeschafft. Befindet man sich einmal im zwei- oder dreispurigen Kreisverkehr, fährt man zunächst innen und arbeitet sich immer weiter nach rechts vor, um bei der gewünschten Abzweigung nicht eingeklemmt zu werden. Auf der Spur ganz rechts fährt normalerweise nur, wer bei der nächsten Ausfahrt raus möchte. **Radfahrer** dürfen in vielen Einbahnstraßen auch gegen die Fahrtrichtung fahren. Es kann also durchaus sein, dass sie völlig unerwartet aus Seitenstraßen auftauchen. Außerdem kümmert es Radler hier im Allgemeinen wenig, ob sie an einer bestimmten Stelle fahren dürfen oder nicht. Wenn man fahren kann, fährt man.

Für die **Versicherung** gilt: Man ist berechtigt, in den Niederlanden zu fahren, wenn man im Besitz eines gültigen Führerscheins aus dem eigenen Land ist. Die grüne Versicherungskarte ist Pflicht. Außerdem ist es empfehlenswert, sich bei der Versicherung ein europäisches Unfallformular zu besorgen.

## Tanken

Benzin ist in den Niederlanden ungefähr 9 Cent und Diesel ca. 6 Cent teurer als in Deutschland (Stand: Sommer 2023).

- Normalbenzin (89 Oktan) wird in den Niederlanden nicht verkauft.
- *Super* (98 Oktan) = Super Plus
- *Euro* (95 Oktan) = Super
- *Diesel* = Diesel
- *LPG* = Gas
- *Water* = Wasser
- *Lucht* = Luft

# Barrierefreies Reisen

Amsterdam bemüht sich, auch Menschen mit Behinderungen den Aufenthalt so angenehm wie möglich zu machen, doch natürlich ist hier wie auch in den meisten anderen Großstädten noch nicht alles perfekt.

Bei der holländischen Bahn (NS) kann man sich für die Ankunft oder Abfahrt an einem der **Amsterdamer Bahnhöfe** Hilfe von einem Assistenten anfragen. Die Anfrage sollte allerdings mindestens drei Stunden vor Reisebeginn beim *Bureau*

*Verkehrte Welt: Da die Stadt mit dem Verkehrskollaps kämpft, kommt die Polizei in der Innenstadt zu Pferd besser voran als mit dem Auto*

266am Abb.: bs

## Parken in Amsterdam – ein teures Vergnügen

*Zur Abschreckung für alle, die es doch nicht lassen können:*

*Die historische Innenstadt Amsterdams ist absolut nicht für den enormen Autoverkehr gebaut, der sich heutzutage durch die Straßen wälzt. Die Straßen sind nicht nur ziemlich eng, sondern durch die gebogenen Brücken häufig auch recht unübersichtlich. Deshalb hat man sich zu Beginn der Neunzigerjahre zu drastischen Maßnahmen entschlossen, um den* ***Autoverkehr*** *möglichst weitgehend* ***einzudämmen.*** *Die Parkgebühren sind mit 1,40 € (Noord) bis 7,50 € pro angebrochener Stunde relativ hoch und in der Innenstadt muss man überall von 9 bis 24 bzw. teilweise bis 4 Uhr nachts an Parkuhr oder Parkscheinautomaten bezahlen. Tages- und Wochenkarten sind etwas günstiger.*

*Wer seine Parkgebühr nicht bezahlt, kann mit einem Strafzettel rechnen. In der Stadt wird sehr viel kontrolliert und Abkommen mit anderen Ländern verhelfen Amsterdam auch zu Zahlungen von Touristen. Wer den Verkehr behindert oder zu lange nicht bezahlt, wird abgeschleppt. Unter der Telefonnummer 14020 (rund um die Uhr) nachfragen, ob das Auto tatsächlich abgeschleppt wurde und wann man es abholen kann. Bei der* ***Abholung in der Daniël Goedkoopstraat 9*** *muss das Bußgeld für Abschleppen und Strafzettel sofort bezahlt werden (bar oder Kreditkarte). Auch für die Standzeit dort wird eine weitere Parkgebühr berechnet. Man erreicht das Gelände mit dem Taxi, der Metrolinie 53 oder 54 (Spaklerweg) und Metrolinie 51 (Overamstel). Dann der Beschilderung an den Laternenpfählen folgen (ca. 15 Gehminuten). Nachts mit der Nachtbuslinie 285 bis zur Bushaltestelle Spaklerweg und dann weiter mit dem Taxi.*

*Um das Auto zurückzubekommen, muss man sich ausweisen können und die Kosten per Kreditkarte oder bar bezahlen. Man kann zwar hinterher eine Beschwerde einlegen, aber ohne zu bezahlen, wird das Auto nicht herausgegeben.*

*2023 betragen die Kosten für ein abgeschlepptes Auto 373 €. Dazu kommen die Kosten für den Strafzettel. Alle 12 Stunden wird außerdem automatisch eine weitere Parkgebühr dazugerechnet. Es lohnt sich also, das Auto bald wieder abzuholen.*

*Möchte man aber sichergehen, sollte man sein Auto lieber in einem* ***Parkhaus*** *abstellen. Die größten Parkhäuser befinden sich am* ***Hauptbahnhof*** *1, am* ***Damrak*** *22 (Kaufhaus Bijenkorf), unter dem* ***Rathaus/Muziektheater*** *34 (Waterlooplein), am* ***Leidseplein*** *(Byzantium), an der* ***Marnixlaan/Elandsgracht*** *(Europarking) und rund um den* ***Mr. Visserplein*** *(Waterlooplein, Markenhoven).*

*Auf dem Stadtring sind* ***acht P+R-Plätze*** *ausgeschildert, auf denen man* ***bis zu 96 Std. günstig parken*** *kann (P+R Rai nur 24 Std. möglich). Nutzt man das Parkhaus werktags vor 10 Uhr, zahlt man für die ersten 24 Std. 8 €, nach 10 Uhr und am Wochenende nur 1 €. Die weiteren Tage kosten 1 €/24 Std. Wenn man hineinfährt, nutzt man entweder die spezielle P+R-Einfahrt oder man drückt die P+R-Taste.* ***Achtung:*** *Beim Einfahren nicht mit Kreditkarte zahlen, sonst gilt der günstige P+R-Sondertarif nicht! Bei der Fahrt ins Zentrum*

265am Abb.: bs

nutzt man die eigene OV-Karte oder kauft eine P+R-GVB-Fahrkarte im Parkhaus (1–2 Pers. 6 €, 3 Pers. 7 €, 4 Pers. 8,50 €, 5 Pers. 9,50 €, gültig jeweils 1 Std. für Hin- und Rückfahrt). Wenn man zurückkommt, steckt man beim Bezahlen die P+R-Karte in den Automaten, der per Scan die Fahrkarten prüft, ob man tatsächlich ins Zentrum und zurückgereist ist, nur dann gilt der P+R-Tarif. Bei der Fahrt ins Zentrum mit ÖPNV also nicht das Auschecken im Zentrum vergessen!

Die Parkhäuser sind bewacht, ihre **Öffnungszeiten** erfährt man unter www.iamsterdam.nl/parkandride. **Johan Cruijff ArenA** (A2/A9, Ausfahrt „Ouderkerk"), Olympisch Stadion, **VUmc** (A10, Ausfahrt S108, VUmc nur Sa./So.) und **Zeeburg** (A10, Ausfahrt S114), **P+R Noord + Boven 't Y** (A10, Ausfahrt S116) bieten eine einfache, recht schnelle Verbindung ins Zentrum. **Sloterdijk** (A10, Ausfahrt S102), **RAI** (A10, Ausfahrt S109) und **Bos en Lommer** (A10, Ausfahrt S105 oder S104 von Norden kommend) haben einen längeren Reiseweg. Da der P+R-Tarif nicht bei Großveranstaltungen gilt, sollte man dies vorher prüfen (besonders bei RAI und ArenA).

Einige Hotels bieten ihren Gästen gegen Gebühr einen **Sonderparkschein** an, der drei Tage gültig ist und gut sichtbar am Auto angebracht werden muss.

Überall gilt: **Keine Wertsachen** oder was danach aussieht im Auto liegenlassen! Jedes Autoradio stellt, so traurig das ist, bereits eine Herausforderung dar (s. S. 204).

⌃ Um die Luftverschmutzung in Amsterdam zu verringern, fördert die Stadt Amsterdam die Nutzung von Elektroautos, indem sie ein dichtes Netz an Ladestationen zur Verfügung stellt

*Assistentieverlening Gehandicapten* (Büro Unterstützung für Behinderte) getätigt werden bzw. bei Reisen am Abend und in der Nacht bis 9 Uhr morgens, vor 19.30 Uhr am Vortag. Für internationale Züge beträgt der Reservierungszeitraum eine Woche.

› Tel. 030 2357822 (rund um die Uhr), www.ns.nl/en/travel-information/traveling-with-a-disability

Auf dem **Flughafen Schiphol** stehen für Gehbehinderte freie Rollstühle zur Verfügung, die man wie einen Einkaufswagen mit einer 2-Euro-Münze loskoppeln kann. Das Personal von Axxicom Airport Caddy übernimmt die Betreuung während eines Aufenthalts auf dem Flughafen in Zusammenarbeit mit der jeweiligen Fluggesellschaft.

› Tel. 020 4069810, www.schiphol.nl/en/page/extra-assistance

Da viele **Hotels** in Amsterdam in alten Gebäuden untergebracht sind, ist es sehr wichtig, sich schon vorher zu erkundigen, ob eine Unterkunft auch für Gehbehinderte geeignet ist. Nicht immer steht für alle Zimmer ein Aufzug zur Verfügung und es erfordert manchmal einiges an Kondition, über viele Treppen sein Zimmer zu erreichen.

Viele, allerdings nicht alle **Ampelanlagen** sind mit einem Signalton oder einem vibrierenden Knopf ausgestattet, sodass **Sehbehinderte** hören oder tasten können, wann die Ampel auf Rot (langsames Signal) oder Grün (schnelles Signal) schaltet. Bei Ampeln sind die Bordsteine abgesenkt und der Rand ist durch Platten mit Wellenmuster oder Gummiplatten deutlich spürbar. Die Platten mit Wellenmuster markieren beispielsweise auch auf Bahnhöfen die Nähe des Bahnsteigrandes.

Für Rollstuhlfahrer ist die Innenstadt im Prinzip gut zugänglich, viele Straßen sind allerdings mit **Kopfsteinpflaster** ausgestattet, was das Vorwärtskommen etwas erschweren kann.

U-Bahnen sowie die neueren Straßenbahnen und Busse sind durch einen niedrigen Einstieg gut zugänglich und die Verkehrsbetriebe arbeiten daran, alle **Haltestellen** zu erhöhen, sodass sie einen **leichten Einstieg** bieten. Die Haltestellen, die noch nicht umgebaut wurden, sind in den Broschüren nicht durch einen Punkt, sondern durch einen Kreis gekennzeichnet und bei den Fahrplänen an den Haltestellen ist dies durch Fußnoten angegeben.

In den Straßenbahnen geben Laufbänder die nächsten Haltestellen an, in U-Bahnen, Bussen und Straßenbahnen werden die Haltestellen aber normalerweise auch durch die Lautsprecheranlage angesagt.

Die großen **Museen und Sehenswürdigkeiten** sind wenigstens größtenteils mit Rollstuhl zugänglich, bei kleineren Museen oder Sehenswürdigkeiten in alten Grachtenhäusern kann es Probleme geben. Es ist daher empfehlenswert, sich vorher zu erkundigen. Nicht alle Museen bieten genügend Plätze zum Ausruhen während eines Rundgangs. Das Personal ist aber normalerweise freundlich und hilfsbereit.

› **www.toegankelijkamsterdam.nl,** Informationen über behindertengerechte Einrichtungen in Amsterdam

› **www.gvb.nl/en/customer-service/accessible-public-transport,** Information über die Möglichkeiten beim Bus- und Tramfahren in Amsterdam

# Diplomatische Vertretungen

Die Botschaften *(ambassades)* befinden sich meist in Den Haag, dem politischen Zentrum der Niederlande. Deutschland unterhält ein **Generalkonsulat** in Amsterdam. Wegen der begrenzten Öffnungszeiten ist es ratsam, vorher anzurufen und sich zu informieren, welche Unterlagen man für sein Anliegen dabei haben muss.

- •**202** [F11] **Generalkonsulat Deutschland (Duitsland),** Honthorststraat 36–38, 1071 DG Amsterdam, Tel. 0031 20 5747700 (Tel.-Service: Mo.–Do. 8.30–11.30, 13.30–15 Uhr, Fr. 8.30–11.30 Uhr), www.amsterdam.diplo.de, Straßenbahn 2, 5 (Museumplein), Mo.–Fr. 8.30–12 Uhr nur nach telefonischer Vereinbarung, Passangelegenheiten und Visa-Anfragen nur nach telefonischer Vereinbarung.
- › **Botschaft Österreich (Oostenrijk),** Van Alkemadelaan 342, 2597 AS Den Haag, Tel. 0031 70 3245470, www.bmeia.gv.at/botschaften-konsulate, Mo./Di./Do./Fr. 10–12, Mi. 14–16 Uhr
- › **Botschaft Schweiz (Zwitserland),** Lange Voorhout 42, 2514 EE Den Haag, Tel. 0031 70 3642831/32 (Tel.-Service: Mo.–Fr. 10–12, Mo.–Do. 14–16 Uhr), www.eda.admin.ch/denhaag, Termine nur nach Vereinbarung

# Drogen, Rauchen

Allen Gerüchten zum Trotz ist der **Handel und der Besitz von harten sowie auch weichen Drogen** auch in den Niederlanden **strafbar.** Der Besitz von weichen Drogen wie Haschisch wird allerdings in der Regel nicht geahndet, wenn die Menge darauf hindeutet, dass es für den persönlichen Gebrauch bestimmt ist (bis ca. 5 g).

Auch der Verkauf dieser Drogen in sogenannten **Coffeeshops** wird geduldet, ist aber ebenso wenig legal. Die Qualität der Drogen dort ist sehr hoch, das heißt, man sollte vorsichtig sein, denn hier hat sich schon mancher Tourist zu viel des Guten genehmigt.

Häufig wird man auf Touristenstraßen wie etwa auf dem Damrak (22) von der Seite leise mit *Hasj te koop* („Hasch zu kaufen") angequatscht. Von allem was auf der Straße angeboten wird, ist **generell abzuraten.** So soll schon manch einer die Waschkraft neuester Waschmittel in der Nase zu spüren bekommen haben. Straßenverkäufer nutzen nur die Angst der Touristen vor der Polizei aus.

Inzwischen ist es in der Altstadt, auf dem Dam, Damrak und auf dem Nieuwmarkt **verboten, im Freien zu kiffen.** Nur auf den Terrassen von Coffeeshops ist dies noch erlaubt.

Außerdem sind in diesem Gebiet die **Verkaufszeiten für Alkohol und die Zeiten für Prostitution eingeschränkt,** um Ärger und Ruhestörungen einzudämmen.

- › www.coffeeshopdirect.com
- › www.amsterdam.info/coffeeshops

## Smartshops

In Smartshops werden Produkte verkauft, die die Energie aufpeppen oder beruhigend wirken sollen, die Konzentration und den Fokus verbessern, außerdem Gesundheits- und Nahrungsergänzungsmittel, Psychodelika sowie Grow kits für Magic Mushrooms, mit denen man selbst seine Pilze züchten kann.

Prinzipiell kann jeder einen solchen Laden eröffnen, man braucht nur einen Raum und eine Genehmigung zur Führung eines Geschäfts. Ein solcher Laden sagt also nichts darüber aus, wie viel das Personal tatsächlich über die Produkte weiß, die verkauft werden.

## Geld

Die Niederlande gehören zu den Euro-Ländern. Hier werden bei Barzahlungen die Preise auf 5 Cent auf- oder abgerundet. Die meisten Geschäfte nehmen keine 100-, 200- oder 500-Euro-Banknoten an!

Zahlreiche Geschäfte, Bars, Kneipen, Cafés und Clubs akzeptieren inzwischen **nur noch Zahlungen mit Geldkarte** und keine Barzahlung mehr. Falls man mit Bargeld bezahlen möchte, sollte man sich vorab erkundigen, ob das möglich ist.

Die preiswerteste Art der Geldbeschaffung ist die Barabhebung vom Geldautomaten mit der **Debitkarte** (auch Girocard genannt). Je nach Hausbank wird dafür pro Abhebung eine Gebühr von ca. 1,30–4 € bzw. CHF 4–6 berechnet.

Innerhalb der Euro-Länder sollte die Barauszahlung per **Kreditkarte** nach der EU-Preisverordnung nicht mehr kosten als im Inland, aber je nach ausgebender Bank kann das Kreditkartenkonto mit

### Rauchverbot

*In den Niederlanden darf in öffentlichen Gebäuden nicht mehr geraucht werden, es sei denn, es sind extra „Raucherräume“ vorhanden, in denen allerdings dann nicht bedient werden darf. Man muss sich also sein Getränk an der Theke bestellen, es mit in den „Raucherraum“ nehmen und die Tür hinter sich schließen. Häufig sind die Restaurants auch so klein, dass kein Platz bleibt, um extra Raucherräume einzurichten. Da Holländer sowieso am liebsten draußen sitzen, sind die Terrassen vor den Lokalen fast immer mit Wärmestrahlern ausgestattet.*

*Das Rauchverbot gilt auch für Coffeeshops, allerdings mit einer kuriosen Ausnahme: Da nur das öffentliche Rauchen von Tabak verboten ist, dürfen Marihuana(„wiet“)-Joints und Haschisch(„canabis“)-Pfeifen, die keinen Tabak enthalten, auch weiter geraucht werden – und zwar ohne extra Raucherraum!*

107am Abb.: bs

*Lollies in besonderen Geschmacksrichtungen als harmloser Nebenerwerb für Smartshops*

bis zu 5,5 % der Abhebungssumme belastet werden (am Schalter in der Regel teurer als am Geldautomaten). Mit VISA- und Mastercard kann man in Hotels, vielen Restaurants und vielen größeren Geschäften bargeldlos bezahlen (Amex und Diners Club werden nicht überall akzeptiert). Für das bargeldlose Zahlen per Kreditkarte innerhalb der EU dürfen die ausgebenden Banken keine Gebühr für den Auslandseinsatz veranschlagen, für die Schweizer wird jedoch ein Entgelt von ca. 1–2 % des Umsatzes berechnet.

## Preise und Kosten

**Übernachtungskosten** für ein Doppelzimmer in Amsterdam beginnen in der Nebensaison bei ca. 85 € und in der Hauptsaison bei ca. 130 €. Nach oben ist die Skala offen und Preise von etwa 190 € sind inzwischen keine Ausnahme mehr. Jugendhotels und Jugendherbergen bieten billigere Schlafsaalbetten ab ca. 16 €, Doppelzimmer gibt es hier ab etwa 70–80 €. Das **Frühstück** ist nur noch selten im Zimmerpreis inbegriffen. In den Hotels kostet es zwischen 10 und 25 € pro Person, etwas billiger ist es meist, sich einfach ins nächste Café zu setzen.

**Erfrischungsgetränke, Kaffee und Tee** kosten in der einfachen Ausführung zwischen 1,40 und 3 € im Supermarkt oder am Kiosk beziehungsweise zwischen 3,20 und 4,50 € im Café. Soll es etwas Spezielleres sein (mit Sahne, Milchkaffee, Cappuccino, heiße Schokolade), kann sich der Preis schon einmal auf bis zu 5 € erhöhen. **Kuchen** ist recht teuer (4–5,50 €), manchmal ist die Kombination Kaffee/Tee mit Apfelkuchen etwas billiger.

Kleinere **Mahlzeiten** wie belegte Brote und Suppen liegen zwischen 7 und 15 € (Restaurants/Eetcafés) bzw. in Pommesbuden oder Snackbars zwischen 4 und 8 €. Ausgiebiger essen gehen kann man ab 25 € pro Person.

## Ermäßigungen

Bei bestimmten Unterkünften, Veranstaltungsorten, Museen usw. kann man **Rabatte** bekommen, wenn man im Besitz eines **internationalen Studentenausweises (ISIC)** ist. Dies gilt mit Einschränkungen auch für den **Lehrerausweis (ITIC)** oder den **Schülerausweis (IYTC)**. Die Ausweise muss man allerdings bereits zu Hause bei STA Travel oder z. B. beim Studentenwerk erwerben (18 € in Deutschland und Österreich, CHF 20 in der Schweiz). Hierzu muss man eine Immatrikulationsbescheinigung/Schülerausweis, einen Personalausweis und ein Passbild vorlegen.

› Näheres unter www.isic.de, www.isic.ch, www.isic.at

Ebenfalls ermäßigten Eintritt bietet die **European Youth Card** für jüngere Reisende der EU (einschl. Schweiz), wobei u. a. auch ein Auslandsversicherungsschutz in den Jahresbeiträgen (14 € bzw. CHF 25) enthalten ist.

› Näheres unter www.eyca.org

### I amsterdam City Card

Die „I amsterdam City Card" bietet **kostenlosen Eintritt** in die wichtigsten **Museen** der Stadt und zusätzlich die **freie Nutzung der öffentlichen Verkehrsmittel** sowie **Vergünstigungen** in einigen Restaurants, für zahlreiche Sehenswürdigkeiten, Rundfahrtboote und Attraktionen.

## Amsterdam preiswert

Im Sint Luciënsteeg 26 kann man einige in kräftigen Farben ausgemalte **Fassadensteine** bewundern. Ein Verein setzte sich dafür ein, dass Fassadensteine von Gebäuden, die abgerissen wurden, hier wieder eingemauert wurden. So können sie bequem und ohne lange Fußwege auf einen Blick genauer betrachtet und bewundert werden.

Sozusagen um die Ecke hiervon liegt der **Begijnhof** 27. Ein besonders schöner Flecken in Amsterdam, denn man hat das Gefühl, in eine andere Zeit und einen anderen Raum zu treten. Selbst wenn sich dort viele andere Mitbesucher befinden, strahlt der Ort Ruhe und Beschaulichkeit aus.

Interessant für Liebhaber der Reitkunst ist sicherlich die „Koninklijke Rijschool". Die besser unter dem Namen **„Hollandse Manege"** bekannte Reitschule wurde 1882 eröffnet. Der Architekt Adolf Leonard van Gendt, der auch das Concertgebouw gestaltet hat, ließ sich für das stilvolle Interieur von der Spanischen Hofreitschule in Wien inspirieren. Da die Inneneinrichtung aus dem 19. Jahrhundert kaum verändert wurde, ist die Manege für Liebhaber zu empfehlen.

› Vondelstraat 140 (beim Vondelpark), www.dehollandschemanege.nl

Eine gute Gelegenheit, zwischendurch etwas auszuruhen, sind die **Mittagskonzerte** in verschiedenen Konzertsälen der Stadt (s. S. 138). Kostenlose **(Theater-) Vorstellungen** finden im Sommer im Vondelpark statt (s. S. 137).

Amsterdam besitzt neun **Glockenspiele** aus der Blütezeit der Stadt. Die meisten stammen von den berühmten Glockengießern François und Pierre Hemony. Sie waren die ersten, die große Glocken mit sauberen Tönen herzustellen wussten. Die Glocken ertönen viertelstündlich und auf vier dieser alten Glockenspiele werden wöchentlich auch richtige **Glockenspiel-Konzerte** gegeben. Die Glockenspiele werden dann live betätigt. Je nach Lust und Laune des Spielers werden gleich mehrere Lieder passend zur Jahreszeit zu Gehör gebracht.

› Westerkerk 42, Di. 12 Uhr
› Oude Kerk 6, Di. 15,30, Sa. 16 Uhr
› Munttoren 31, Sa. 14 Uhr
› Zuiderkerk 17, Di. 14.30, Sa. 19 Uhr

Kostenlosen Eintritt bieten die **Bibliotheken** in Amsterdam. Die Hauptstelle der Bibliothek (s. S. 192) verfügt über eine umfangreiche Sammlung an Literatur über Amsterdam, darunter befinden sich auch sehr viele fremdsprachige Bücher, Bildbände und Literatur zu Gebäuden, Stilrichtungen oder auch bestimmten Epochen der Stadt und Stadtgeschichte. Attraktiv ist auch die Aussicht von der Terrasse des Restaurants.

1864 gründeten begüterte Bürger der Stadt den **Vondelpark** 12 als ersten öffentlichen Park. Teiche, Reitwege, Rosengärten und lange Alleen laden auch heute noch zum Verweilen ein.

Interessant sind auch die kostenlosen Führungen, die einige **Diamantschleifereien** in Amsterdam durch ihre Firmengebäude anbieten (s. S. 141).

› Die Karte kostet 60 € (24 Std.), 85 € (48 Std.), 100 € (72 Std.), 115 € (96 Std.), 125 € (120 Std.). Sie ist bei den Touristeninformationsstellen und den Verkaufsstellen der Verkehrsbetriebe GVB sowie in vielen Hotels erhältlich.

# Haustiere

Für EU-Länder gilt, dass man eine **gültige Tollwutschutzimpfung** und einen **blauen EU-Heimtierausweis** für Hund oder Katze haben muss. Darüber hinaus muss das Tier mit einem **Mikrochip** oder durch eine deutlich lesbare Tätowierung, die vor dem 3. Juli 2011 vorgenommen wurde, gekennzeichnet sein.

# Informationsstellen

## Touristische Informationsstellen

Die offizielle Tourismusseite der Niederlande bietet allgemeine Reiseinformationen für das ganze Land, aber auch spezielle Informationen zu Amsterdam.

› **www.holland.com**

Informationsstellen in der Stadt erkennt man am iAmsterdam-Logo oder am Logo des **Fremdenverkehrsvereins (VVV).**

› **I amsterdam Visitor Centre (Flughafen),** Aankomstpassage 2, Schiphol Plaza, Mo.–So. 7–22 Uhr

ⓘ**203** [J4] **I amsterdam Store,** De Ruijterkade 28A–D (Nordseite Hbf.), Mo.–Fr. 10–19, Sa./So. 9–18 Uhr, www.iamsterdam.com/en/whats-on/calendar/attractions-and-sights/sights/i-amsterdam-store. Anlaufstelle für alle Informationssuchenden, außerdem Souvenirs, Tickets, Geschenke und Bücher über die Stadt.

› **www.iamsterdam.com**

## Veranstaltungs- und Kartenservice

Karten für Veranstaltungen erhält man bei den jeweiligen Veranstaltern oder über deren Internetseiten. Außerdem findet man auf www.iamsterdam.com/en/whats-on/calendar einen sehr ausführlichen Veranstaltungskalender.

## Publikationen und Medien

### Infoblätter

Es gibt einige kostenlose niederländische Infoblätter (beispielsweise bei den Touristeninformationen und in Cafés, Kneipen, Discos, Bibliotheken und den Universitäten), die ausführliche Auskünfte zu den Inhalten von Theateraufführungen, Filmen und Vorstellungen geben. Selbst wenn man kein Niederländisch lesen kann, können die nach Datum, Veranstaltungsort oder Angebot geordneten Listen helfen, einen Überblick über das derzeitige Programm zu erhalten.

Auf der Website des **Amsterdam Magazines** (www.amsterdammagazine.com) kann man sich über aktuelle Veranstaltungen informieren.

### I amsterdam City Guide

Diese englischsprachige Zeitschrift erscheint zweimal pro Jahr und enthält jede Menge Infos zu Veranstaltungen, Ausstellungen und Vorstellungen sowie allgemeine Tipps für Touristen. Erhältlich ist sie für 4,95 € bei den Touristeninformationen – Hotelgäste erhalten im Hotel oft ein Gratisexemplar und beim Kauf ei-

EXTRATIPP

**Schmökern und Internet**

Die Hauptstelle der Bibliothek ist die größte Bibliothek des Landes und bietet mehrere Hundert Computer, WLAN-Zugang (Zugangsdaten an der Rezeption) und eine umfangreiche Sammlung an Literatur über Amsterdam, Zeitschriften und (internationalen) Zeitungen. Im obersten Stock hat man von der Terrasse des Restaurants Babel einen schönen Ausblick über die Altstadt.

**205** [K5] **OBA Centrale Bibliotheek,** Oosterdokskade 143, www.oba.nl, Mo.-Fr. 8-22, Sa./So. 10-22 Uhr

ner I amsterdam City Card bekommt man auch ein Exemplar umsonst. Außerdem ist sie an sehr vielen weiteren Stellen in der Stadt erhältlich sowie online unter:

› www.iamsterdam.com/en/travel-stay/visitor-information/i-amsterdam-city-guide

## Amsterdam im Internet

› **www.amsterdam.nl:** Die offizielle Internetseite der Stadt Amsterdam. Grafisch interessant aufgemacht und gut zugänglich mit vielen interessanten und aktuellen Infos.

› **www.iamsterdam.com/de:** Offizielle Seite des Amsterdam Tourism & Convention Boards mit jeder Menge Informationen für Touristen. Die englische Version der Website ist etwas ausführlicher als die deutsche.

› **https://maps.amsterdam.nl:** Zahllose Karten, auf denen die verschiedensten Themenbereiche abgedeckt werden, z. B. wo es öffentliche Toiletten, Kunstwerke im öffentlichen Raum, Sportmöglichkeiten oder Grillstellen in Parks gibt. Aber auch Karten mit denkmalgeschützten Gebäuden und historische Karten der Stadt.

# LGBT+

In Amsterdam exisitiert eine **lebendige Schwulen- und Lesbenszene** und die Stadt ist im Allgemeinen für ihr **tolerantes Image** bekannt. Hier wie auch im Rest der Niederlande versucht man das Thema Homosexualität mithilfe von Aufklärungsarbeit, Gesprächsgruppen und Veranstaltungen aus der Tabusphäre zu holen. Es gibt zum Beispiel ein nationales Büro zur Interessenvertretung von Schwulen und Lesben *(COC)*. 2001 waren die Niederlande das erste Land, in dem Paare gleichen Geschlechts mit allen Rechten und Pflichten heiraten konnten.

Amsterdam ist als weltoffene und tolerante Stadt bekannt, doch kommt es auch hier vereinzelt zu Übergriffen auf Mitglieder der LGBT+-Community. Stadt, Polizei und Unternehmer arbeiten jedoch eng zusammen, um die offene und entspannte Atmosphäre zu erhalten. Wer beleidigt, belästigt oder angegriffen wurde, kann dies bei einer Sondereinheit der Polizei melden: **Pink in Blue**, 0881691234, www.facebook.com/rozeinblauw (niederländisch).

## Informationen

Eine Reihe von Zeitungen oder Flugblättern, z. B. eine Karte von Amsterdam mit vielen Bars, Hotels, Restaurants und Geschäften (**Gay Tourist Map**), liegen in Kneipen, Cafés und Restaurants aus.

**204** [G8] **Atria,** Vijzelstraat 20, www.atria.nl, Tel. 3031550. Internationales Informationszentrum und Archiv für die Frauenbewegung. Hier findet man jede Menge Zeitschriften, Zeitungen, Bücher und wissenschaftliche Veröffentlichungen zu Themen der Frauenbewegung.

**206** [H11] **COC Amsterdam** (Nationales Büro für Schwule und Lesben; Niederlassung Amsterdam), Stadhouderskade 89, Tel. 6263087, www.cocamsterdam.nl. Aufklärungs- und Beratungsarbeit sowie Gesprächsgruppen. Auf der Website findet man unter „activiteiten“ die kommenden Veranstaltungen und Veranstaltungsorte (auf Niederländisch).

› **IHLIA,** im 3. Stock der Bibliothek (s. S. 192), Tel. 5230837, www.ihlia.nl. Internationales Informationszentrum für Schwule, Lesben, Bisexuelle und Transgender sowie Archiv Amsterdam: Zeitungen, Zeitschriften, Bücher, wissenschaftliche Veröffentlichungen, nicht publizierte Artikel, audio-visuelle Medien und Ausstellungsstücke. Alles archiviert und in einer Datenbank aufgearbeitet.

**207** [F5] **Pink Point,** Westermarkt, Tel. 4281070, www.pinkpoint.nl, Mo.–Sa. 10–18 Uhr, So. 12–18 Uhr. Informationskiosk, der von Ehrenamtlichen geführt wird. Dort erfährt man alles über „Gay Amsterdam“ und erhält Infomaterial. Absolut der beste Startpunkt.

› **www.patroc.de/gay/amsterdam:** Informationen und Rezensionen zu Bars, Clubs und Hotels sowie zu regelmäßigen und aktuellen Veranstaltungen.

› **www.gayamsterdam.com.** Auch hier findet man gute Infos, z. B. Rezensionen zu Clubs und Bars, das aktuelle Programm und Tipps.

› **https://switchboard.coc.nl:** Das Switchboard bietet Antworten auf spezifisch schwul-lesbische Fragen. Grundsätzlich ist die Website auf Niederländisch, aber die Links und der Kalender (Agenda) können interessant sein. Beratungshotline Tel. 6236565.

## Hotels für Schwule und Lesben

Die folgende Liste enthält Hotels, die für jeden offen sind, egal ob hetero, bi, schwul oder lesbisch. Steht ein Hotel nur Schwulen und/oder Lesben offen, ist dies extra vermerkt. In den Niederlanden ist es gesetzlich verboten, Gäste aufgrund welcher Kriterien auch immer zu diskriminieren. Hotels profilieren sich häufig als „gay-friendly“, wenn die Eigentümer oder Mitarbeiter selbst schwul bzw. lesbisch sind. Außerdem weiß man dann, dass im Hotel auch andere schwule und lesbische Gäste verbleiben (Preiskategorien s. S. 209).

0088am Abb.: bs

*Der Pink Point an der Westerkerk ist eine gute Informationsquelle für Schwule und Lesben*

185am Abb.: bs

**208** [F8] **Amistad Hotel & Apartments** €€, Kerkstraat 42, Tel. 6248074, www.amistad.nl. Kleines gay-friendly Hotel in zentraler Lage, Frühstück im Preis inbegriffen.

**209** [J5] **Anco Hotel** €€€, O.Z. Voorburgwal 55, Tel. 6241126, www.ancohotel.nl. Im Rotlichtviertel gelegenes Hotel (Einzel-, Doppel-, Mehrbettzimmer und Studio, größtenteils Gemeinschaftsbad/-WC). Frühstück inbegriffen.

**210** [F4] **Barangây Bed and Breakfast** €€, Herenstraat 26, www.barangay.nl, Tel. 0625045432. Alle Zimmer in dem historischen Gebäude von 1777 sind in tropischem Design gestaltet. Übernachtung inkl. Frühstück.

**211** [D9] **Hotel Espresso** €€€, Overtoom 57, Tel. 4120880, www.hotelespresso.nl/de. Kurze Fußwege zum Zentrum, Museumplein und Vondelpark. Auch Zimmer für Rollstuhlfahrer.

**212** [D8] **NL Hotel district Leidseplein** €€€, Nassaukade 368, Tel. 6890030, https://nlhotel-leidseplein.com. Das Hotel liegt in unmittelbarer Nähe zum Leidseplein und ist komplett in Zen-Atmosphäre gestylt.

› Die Agentur **Enjoy Bed & Breakfast** vermittelt zahlreiche private und auch gewerbliche Unterkünfte in Amsterdam und anderen Städten: www.ebab.de

## Szenestraßen

Wer ausgehen möchte und sich in der Schwulen- oder Lesbenszene bewegen will, kann einen Großteil der Spezialgeschäfte, Bars, Cafés und Discos in einigen wenigen Straßen finden, wobei die Ausgehmöglichkeiten für Frauen etwas weniger deutlich sichtbar sind.

Hat man dort erst einiges gesehen und besucht, erhält man mit Sicherheit gute Tipps für andere interessante Möglichkeiten:

› **Warmoesstraat** ungefähr zwischen Wijde Kerksteeg und Oudezijds Armsteeg, vor allem Fetisch- und Lederszene
› **Zeedijk**, das erste Stück ab der St. Nicolaaskerk
› **Reguliersdwarsstraat** zwischen Koningsplein und Utrechtsestraat
› **Amstelstraat**, Amstel und Seitenstraßen
› **Kerkstraat**, um die Leidsestraat

## Girlscafés und Partys

Zu den beliebtesten **Girl-Partys** gehören: Flirtation (www.flirtation.nl), Girlesque (www.girlesque.nl), This=Us (www.twinparties.nl) und Housewives (www.vrouwenfeesten.nl). Die jeweiligen Termine findet man auf den verschiedenen Websites oder unter www.nighttours.com/amsterdam.

213 [G12] **Bar Buka,** Albert Cuypstraat 124, Tel. 3419460, www.barbuka.nl. Frauenbar, in der alle willkommen sind.

214 [J5] **Café 't Mandje,** Zeedijk 63, Tel. 6225375, www.cafetmandje.nl. Der Klassiker schlechthin. Mittlerweile auch für Männer zugänglich.

215 [E7] **Saarein,** Elandstraat 119, Tel. 6234901, www.saarein2.nl. Mixed Gay Café.

212am Abb.: bs

## Quer durch die Szene

Die meisten der aufgeführten Treffpunkte, Bars und Clubs werden von einem gemischten Publikum besucht. Wo dies nicht der Fall ist, ist es extra angegeben.

216 [G8] **Bar Blend,** Reguliersdwarsstraat 41, Tel. 0629557092, www.barblend.nl. Lebendige Schwulenbar.

217 [J8] **Brug 34**, Utrechtsestraat 19, Tel. 2236793, www.brug34.nl. Freundliches Café für einen Kaffee, ein Sandwich oder einen Drink.

218 [G8] **Club Nyx,** Reguliersdwarsstraat 42, clubnyx.nl. Drei Stockwerke für Gay Clubbers und ihre Heterofreunde.

219 [F8] **Church,** Kerkstraat 52, www.clubchurch.nl. Kinky Cruising.

220 [H8] **Lellebel,** Utrechtsestraat 4, Tel. 2336533, www.lellebel.nl. Dragshowbar, Performances, Karaoke.

221 [H8] **Montmartre,** Halvemaansteeg 17, Tel. 0652004763, www.cafemontmartre.nl. Beliebte Bar, daher meist voll und laut.

222 [G5] **Prik,** Spuistraat 109, Tel. 3200002, www.prikamsterdam.nl. Modern gestylte Bar mit entspannter Atmosphäre, Cocktails, DJs und Snacks.

223 [G8] **Soho Amsterdam,** Regulierdwarsstraat 36, www.soho-amsterdam.com. Eine der größten Schwulenbars der Stadt, mit Tanzfläche und Cocktailbar.

224 [G8] **Taboo-Bar,** Reguliersdwarsstraat 45, Tel. 0687863444, www.taboobar.nl. Gay-Bar mit beliebter Terrasse, Musik-Clips auf Videobildschirmen.

225 [J5] **The Queen's Head,** Zeedijk 20, Tel. 4202475, www.queenshead.nl. Schwulenbar mit gemischtem Publikum, beliebt bei Amsterdamern.

*Die Amsterdamer und die Regenbogenflagge wehen einträchtig nebeneinander*

*Nippes von Gays and Gadgets*

## Shopping

226 [G4] **Gays and Gadgets,** Spuistraat 44, Tel. 3301461, www.gaysandgadgets.com. Geschenkeladen mit riesiger Auswahl.

227 [G10] **Mail&Female,** Nieuwe Vijzelstraat 2, Tel. 6233916, www.mailfemale.com. Hier gibt es alles, was Sex und Erotik spannender und lustvoller macht. Sehr kompetente Beratung.

# Maße und Gewichte

In den Niederlanden gelten die in Europa gängigen Maße und Gewichte. 100 g werden teilweise als *ons* bezeichnet. 300 g sind also *drie ons*. Bei **Kleidung** verwenden die Niederländer ebenfalls die gewohnten Größen. Allerdings herrscht hier eine Vorliebe für besonders lange Hosenbeine.

# Medizinische Hilfe

Das Gesundheitssystem in den Niederlanden ist gut ausgebaut. Mit den meisten Ärzten kann man sich wahrscheinlich auf Deutsch verständigen, Englisch fällt den meisten Niederländern leichter.

Bei Problemen kann man sich zunächst an die Hotelrezeption wenden.

- 228 [J3] **Central Doctors,** De Ruyterkade 24a, Tel. 2357823, www.centraldoctors.nl, Hausarztpraxis und Apotheke im Hauptbahnhof
- 229 [E5] **Expat Medical Centre,** Bloemgracht 112, Tel. 4275011, www.expatmc.net
- **Hoteldoc,** Tel. 2624282, www.hoteldoc.nl
- **Zahnarztvermittlungsservice,** 0900 8212230
- **Apothekendienst.** Viele Apotheken haben inzwischen großzügige Öffnungszeiten, auch am Wochenende. Die Apotheke des Onze Lieve Vrouwe Gasthuis (West) ist auch nachts für die Ausgabe von Notfallmedizin geöffnet. Die Apotheke im Hauptbahnhof verfügt über einen Ausgabeautomaten. Dort kann man auch außerhalb der Öffnungszeiten mithilfe eines Touchscreens nicht rezeptpflichtige Dinge kaufen (nur Kartenzahlung, www.amsterdamcentralpharmacy.nl, Tel. 2357822).

## Krankenhäuser mit Notaufnahme

- 230 **Academisch Medisch Centrum,** Meibergdreef 9, Tel. 5669111
- 231 **Boven IJ Ziekenhuis,** Statenjachtstraat 1, Tel. 6346346
- 232 **OLVG locatie West,** Jan Tooropstraat 164, Tel. 5108911
- 233 [M10] **Onze Lieve Vrouwe Gasthuis,** Oosterpark 9, Tel. 5999111
- 234 **VU Ziekenhuis,** De Boelelaan 1117, Tel. 4444444

# Notfälle

## Notrufnummern

In **Notfällen** gilt die landesweite Notrufnummer. Man wird zuerst gefragt, ob man mit Polizei *(politie),* Krankenhaus *(ambulance)* oder Feuerwehr *(brandweer)* verbunden werden will und dann weitergeleitet.

- **Landesweite Notrufnummer** *(alarmnummer)* 112
- **Polizei:** Tel. 09008844. Diese Nummer kann man anrufen, wenn man keine sofortige Hilfe benötigt.

## Verlust von Geldkarten

Bei **Verlust der Debit-/Giro-, Kredit-** oder **SIM-Karte** gibt es für Kartensperrungen eine **deutsche Zentralnummer** (unbedingt vor der Reise klären, ob die eigene Bank bzw. der jeweilige Mobilfunkanbieter diesem Notrufsystem angeschlossen ist).

**Aber Achtung:** Mit der telefonischen Sperrung sind die Bezahlkarten zwar für die Bezahlung/Geldabhebung mit der PIN gesperrt, nicht jedoch für das **Lastschriftverfahren mit Unterschrift.** Man sollte daher auf jeden Fall den Verlust zusätzlich **bei der Polizei zur Anzeige bringen,** um gegebenenfalls auftretende Ansprüche zurückweisen zu können.

In **Österreich** und der **Schweiz** gibt es keine zentrale Sperrnummer, daher sollten sich Besitzer von in diesen Ländern ausgestellten Debit- oder Kreditkarten vor der Abreise bei ihrem Kreditinstitut über den zuständigen Sperrnotruf informieren.

Generell sollte man sich immer die **wichtigsten Daten** wie Kartennummer und Ausstellungsdatum **separat notieren,** da diese unter Umständen abgefragt werden.

› **Deutscher Sperrnotruf:** Tel. +49 116116 oder Tel. +49 3040504050
› **Weitere Infos:** www.kartensicherheit.de, www.sperr-notruf.de

## Fundsachen

### Fundbüro Polizei

Fundsachen werden erst in den Stadtteilbüros gesammelt und dann an das zentrale Fundbüro weitergeschickt.

•**235** [F9] **Bureau Gevonden Voorwerpen (Fundbüro),** Korte Leidsedwarsstraat 52, www.amsterdam.nl/contact/gevonden-voorwerpen, Tel. 14020, Mo.–Fr. 9–16 Uhr, Do. bis 18 Uhr, Tel. Mo.–Fr. 12–16 Uhr

### Öffentliche Verkehrsmittel

› GVB-Kundendienst *(klantenservice),* Tel. 0900 8011, Mo.–Sa. 8–19 Uhr, www.gvb.nl, Auskünfte ab dem folgenden Tag

### Bahn

Fundsachen *(gevonden voorwerpen)* werden fünf Tage dort aufbewahrt, wo sie abgegeben wurden, und dann ins zentrale Fundbüro in Utrecht geschickt.

⊡ *Auch für Krankenwagen gilt der Notruf 112*

211am Abb.: bs

Um etwas zurückzubekommen, muss man online ein Formular ausfüllen (www.ns.nl/en → Customer service → Lost and found items).

### Flughafen Schiphol

- Tel. 0031 20 3330333, www.schiphol.nl. Online kann man auf Englisch ein ausführliches Suchformular ausfüllen.

### Autopannen

In Amsterdam findet man den **Automobilclub ANBW** (Schwesterorganisation des ADAC), oder man wendet sich direkt an den eigenen Automobilclub.

- **ANWB,** Tel. 088 2692888, www.anwb.nl., Hilfe z. B. für ADACPlus- oder ÖAMTC-Mitglieder teilweise kostenlos
- **ADAC,** Tel. +49 89 222222, unter Tel. +49 89 767676 gibt es Adressen von deutschsprachigen Ärzten in der Nähe des Urlaubsortes (Liste auch vorab anforderbar)
- **ÖAMTC,** Tel. +43 1 2512000 oder Tel. +43 1 2512020 für medizinische Notfälle, www.oeamtc.at
- **TCS,** Tel. +41 58 8272220, www.tcs.ch

Bei allen weiteren Problemen wie z. B. dem Verlust des Ausweises wendet man sich am besten an die zuständige Diplomatische Vertretung (s. S. 187).

## Öffnungszeiten

Ämter und Banken haben normalerweise Mo.–Fr. von 9–16 Uhr geöffnet (manche haben donnerstags länger geöffnet, dann aber meist auch nur bis 17 oder 18 Uhr).

- Ladenöffnungszeiten s. S. 139
- Cafés und Eetcafés s. S. 125

## Orientierung

### Aufbau der Innenstadt

Die Innenstadt ist durch die **Grachten in Halbkreisform** aufgebaut. Vom Hauptbahnhof ❶ aus verlaufen Nieuwezijds Voorburgwal, Damrak ㉒ sowie Oudezijds Voor- und Achterburgwal senkrecht in die Himmelsrichtung Südsüdwest. Um diese Straßen wurden die Grachten mit ihrer halbrunden Form angelegt. Gerade bei Adressen an den Grachten ist es äußerst nützlich, sich bereits vorher zu erkundigen, wo man ungefähr hin muss, da sich an den Grachten teilweise über 1000 Hausnummern befinden und man u. U. recht lange unterwegs ist. Am leichtesten ist es, wenn man weiß, zwischen welchen Querstraßen der Grachtenabschnitt liegt, den man besuchen möchte.

### Orientierungspunkte

In der westlichen Innenstadt sieht man von vielen Stellen aus den **Westertoren** mit seiner blaugoldenen Krone.

In der östlichen Innenstadt sieht man relativ häufig den **Zuiderkerktoren** ⑰. Des Weiteren befinden sich in der Innenstadt ziemlich viele **Richtungsanzeiger** für touristische Ziele (z. B. Museen), aber auch **Stadtteilpläne** an Säulen, mit deren Hilfe man sich gut orientieren kann.

Alle **Straßenschilder** geben an, in welchem Stadtteil man sich gerade befindet (Centrum, Oud-Zuid, De Pijp usw.).

### Postleitzahlen

Eine weitere Orientierungsmöglichkeit bieten auch die Postleitzahlen. Diese bestehen aus vier Ziffern und zwei Buchstaben. Die ersten beiden Ziffern stehen für die Stadt (Amsterdam hat die 10), darauf folgen zwei weitere Ziffern, die den Bezirk kennzeichnen. Diese beiden Ziffern sind auf Karten Amsterdams manchmal vermerkt (z. B. sind die Zahlen dann ganz hell aufgedruckt). Die darauffolgenden Buchstaben sind die Kennzeichnung der einzelnen Straßenabschnitte.

## Post

Die **Briefkästen der TNT Post** in den Niederlanden sind orange oder rot. An jedem Briefkasten befinden sich zwei Schlitze. Einer für Post im Zustellbezirk Amsterdam und einer für Post in den Rest der Welt *(overige bestemmingen)*. Mo.–Fr. und So. wird einmal pro Tag geleert (um 17, 18 oder 19 Uhr; steht jeweils auf dem Briefkasten). Ins Ausland gibt es schnelle und langsame Post, die schnelle Variante heißt *Priority* und braucht innerhalb von Europa 2–3 Tage, die normale Post ist etwas billiger, braucht aber auch etwas länger (innerhalb Europas 4–5 Tage). Als Brief gilt alles unter 2 kg, sofern es durch den Briefschlitz passt. Alles andere muss als Paket verschickt werden, egal ob es 50 g oder 5 kg wiegt.

› **Porto** für Priority-Postkarten und Briefe innerhalb Europas: 1,65 € (bis 20 g), 3,30 € (bis 50 g), 4,50 € (bis 100 g), 7,80 € (bis 350 g), 8,70 € bis1 kg und 9 € (bis 2 kg)

› **Briefmarken** bekommt man fast immer auch da, wo es Postkarten gibt, außerdem in Bruna-Buchläden und bei der Post.

› Alle **Briefkästen und Postämter** mit Adressen und Öffnungszeiten finden sich hier: www.postnl.nl/locatiewijzer. Einfach Amsterdam eingeben und alle Orte werden angezeigt.

072am Abb.: bs

*Vielerorts hängen Stadtpläne zur Orientierung*

# Radfahren

Die Niederlande sind natürlich das Radfahrerland schlechthin: Alles ist **flach** und es gibt ein riesiges Netz von **breiten und meist auch baulich getrennten Fahrradwegen.** Zudem fahren fast alle Autofahrer auch selbst Rad. Daher werden Abstände und die Geschwindigkeit von Radlern meist gut eingeschätzt.

Im **hektischen Verkehr von Amsterdam** selbst ist das Fahrradfahren allerdings nicht immer ganz so einfach. In der Stadt wird teilweise ziemlich schnell gefahren, enge Straßen, Straßenbahnschienen und gewölbte Brücken machen das Ganze zudem manchmal etwas unübersichtlich. Besonders nervenaufreibend sind gedankenlose Fußgänger und Straßenbahnfahrer, die zwar klingeln, aber nicht unbedingt bremsen!

In der Innenstadt (ungefähr der Teil, den die Grachten umschließen) helfen gute Nerven und große Aufmerksamkeit, besonders an den Stellen, wo es viele Straßenbahnen und Touristen gibt. Man gewöhnt sich allerdings schnell daran. Auch kann man sich weniger belebte Straßen suchen und mit dem Fahrrad in weiter entfernt liegenden Stadtvierteln fahren.

Jahrelang hat man in Amsterdam darauf hingearbeitet, dass die Leute vom Auto aufs Fahrrad umsteigen, was auch

184am Abb.: bs

gelungen ist. Allerdings ist damit ein neues Problem entstanden: Es gibt nun so viele Radfahrer in der Stadt, dass der „**Fahrradkollaps**" droht. Die Stadt entwickelt darum neue Konzepte für noch mehr und noch besser angelegte Fahrradwege und Fahrradparkplätze.

## Verkehrsregeln

Als besondere Verkehrsregel für Radfahrer gilt, dass diese auch **umgekehrt in Einbahnstraßen** fahren dürfen, wenn unter dem Sperrschild ein kleines weißes Schild mit einem Fahrradsymbol und einem Pfeil nach oben hängt oder ein Schild mit der Aufschrift *uitgezonderd* („ausgenommen") und dann die Symbole.

**Fahrradwege** haben meist eigene Ampelschaltungen. An Ampeln, an denen nicht ständig jemand vorbeikommt, muss man drücken.

Grundsätzlich müssen sich auch Radfahrer an die Verkehrsregeln halten, allerdings sieht die Rechtsprechung meistens so aus, dass der Autofahrer bei einem Unfall zunächst die Schuld bekommt, auch wenn sich ein Radfahrer nicht korrekt verhalten hat.

## Kauf von gebrauchten Fahrrädern

In der Stadt gibt es jede Menge **Fahrradreparaturwerkstätten**, die u.a. gebrauchte Fahrräder verkaufen. An dieser Stelle bitten wir ausdrücklich darum, **keine Fahrräder von Junkies zu kaufen.** Die Räder wurden meist nur ein paar Straßen weiter geklaut. Wer ein Rad für 15 oder 20 € kauft, muss wissen, dass dies irgendwo gestohlen wurde und er sich durch den Kauf strafbar macht (Hehlerei). Zudem führt ein Kauf dazu, dass in Amsterdam auch weiterhin jedes Jahr Tausende von Fahrrädern gestohlen werden.

## Fahrradverleih

Möchte man ein Fahrrad leihen, bezahlt man für einen Tag zwischen 9,25 und 20 € (zudem muss man 30–100 € oder einen Ausweis pro Fahrrad hinterlegen).

Oft kann man aus verschiedenen Radtypen wählen und Satteltaschen oder Kindersitze bekommen.

- •**236** [M4] **Amsterbike,** Piet Heinkade 25, Tel. 4199063, www.amsterbike.eu. Vermietung von E-Bikes (32 € pro Tag)
- •**237** [E5] **Bike City,** Bloemgracht 70, Tel. 6263721, www.bikecity.nl
- •**238** [H6] **Damstraat Rent a Bike,** Damstr. 20, Tel. 6255029, www.rentabike.nl. Broschüren mit Routenbeschreibungen erhältlich.
- •**239** [G3] **Frédéric Rent a Bike,** Binnen Wieringerstr. 23, Tel. 6245509, www.frederic.nl
- •**240** [H5] **Holland Rent a Bike,** Damrak 247, Tel. 6223207, www.holland-rentabike.nl
- •**241** [J8] **Mac Bike,** Waterlooplein 289, Tel. 4287005, www.macbike.nl. Hier kann man auch Broschüren mit verschiedenen Touren kaufen oder geführte Touren buchen. Weitere Verleihstellen: De Ruijterkade 34B, Oosterdokskade 63A, Overtoom 45.
- •**242** [H5] **Yellow Bike,** Nieuwezijds Kolk 29, Tel. 6206940, www.yellowbike.nl. Auch Radtouren, Stadttouren unter Begleitung.

*In Amsterdam gibt es mehr Fahrräder als Einwohner*

086am Abb.: bs

## Bewachte Fahrradparkplätze

Bewachte Fahrradparkplätze gibt es an den **Bahnhöfen** und bei:

- **De Beurs,** Damrak 247
- **Städtische Parkplätze:** u. a. Hauptbahnhof ❶, Vijzelstraat 20 [G9], Pathe De Munt [H8] (Reguliersdwarsstraat 97H), Paradiso [F9] (Weteringschans 4a), OBA (s. S. 192), Station RAI (Europaboulevard 4) und Zuid WTC (Zuidplein) – bis 24 Std. gratis
- www.amsterdam.nl/parkeren-verkeer/fiets/fietsparkeren

⌃ *Stadterkundung mit dem Leihrad*

# Schiffsrundfahrten

Mit einer Rundfahrt durch die Grachten hat man **in relativ kurzer Zeit alle Sehenswürdigkeiten der Stadt** gesehen, sodass man eventuell hinterher bestimmte Stellen noch einmal in aller Ruhe besichtigen kann. Die Reedereien bieten alle ungefähr die gleiche Rundfahrt an, auch wenn die schönsten und wichtigsten Stellen der Stadt in unterschiedlicher Reihenfolge angefahren werden. Die klassische Tour dauert etwa 60–75 Minuten und kostet ca. 15 € für Erwachsene und 8 bis 12,50 € für Kinder bis zum zwölften Lebensjahr.

Entscheidet man sich für eine Reederei, dann sollte man vor der Fahrt fragen, ob die **Erklärungen von Band** abgespielt oder **live** dargeboten werden und ob auch in deutscher Sprache erklärt wird.

115am Abb.: bs

Während der Hochsaison wird dies fast immer der Fall sein, in der Nebensaison wird an diesen Dingen aber manchmal gespart.

Besondere Angebote der Rundfahrtgesellschaften sind **Lunch- oder Dinnerfahrten,** bei denen man die Mahlzeiten in eindrucksvoller Umgebung genießen kann. Romantikern sei außerdem eine abendliche **Candlelightfahrt** (Dauer 2 Std., Rederij Lovers) durch die beleuchteten Grachten empfohlen. Immer größerer Beliebtheit erfreuen sich auch **Themenfahrten** (z. B. Rock-, Jazz- und Pizza-Cruise). Die Abfahrtszeiten werden bei den Bootsstegen jeweils auf einer großen Uhr angegeben.

- **243** [G11] **Amsterdam Canal Cruises,** Stadhouderskade, N. Witsenkade 1, gegenüber der Heineken Brauerei (73), Tel. 6760302, www.amsterdamcanalcruises.nl
- **244** [E9] **Blue Boat Company,** Stadhouderskade 501 (beim Max Euweplein), Tel. 6791370, www.blueboat.nl
- **245** [H4] **Rederij Lovers,** Prins Hendrikkade, vor dem Hauptbahnhof (1), Tel. 5301090, www.lovers.nl
- **246** [G7] **Rederij P. Kooij,** auf der Höhe von Rokin 125, Tel. 6233810, www.rederijkooij.nl
- **247** [H5] **Rederij Plas,** Damrak, Anlegesteg 1–3, Tel. 6245406, www.rederijplas.nl
- **248** [H4] **Stromma Nederland,** Prins Hendrikkade 33A, beim Hauptbahnhof (1), Tel. 2170501, www.stromma.com

*Schiffsrundfahrten: ein empfehlenswerter Programmpunkt in Amsterdam*

# Sicherheit

Amsterdam ist so sicher oder so gefährlich wie jede andere Großstadt auch. Für **Kleinkriminalität** wie etwa Taschendiebe sind besonders die **touristischen Ballungsgebiete** gefährlich (zum Beispiel Hauptbahnhof, die Gegend um die Museen, Leidseplein und Ähnliches). Am besten, man nimmt keine Dinge mit, die nicht unbedingt nötig sind. Ein kleiner Tipp: Normalerweise ist es so, dass sich die Leute in Amsterdam auch auf den belebtesten Straßen nicht, beziehungsweise nur selten berühren. Wenn man doch angerempelt wird, könnte man gerade seinen Geldbeutel losgeworden sein.

Ein weiterer beliebter Trick ist es, **ermüdete Reisende** mit viel Gepäck in ein Gespräch zu verwickeln, während ein Komplize in dieser Zeit das Gepäck klaut.

Besonders dreist sind die sogenannten **Autobewacher**. Kommt man zum Auto zurück, steht da eine kesse Blondine, die fünfzig Mäuse verlangt, weil sie auf das Auto aufgepasst hat. Lehnt man dankend ab, da man ja nicht um diesen Service gebeten hatte, kommt der Freund der Blondine (Typ „Wandschrank") um die Ecke, um den Geldforderungen Nachdruck zu verleihen. Des Weiteren ist es ratsam, alle **Wertsachen** aus dem Auto herauszunehmen, denn auf eine heulende Autoalarmanlage achtet in Amsterdam niemand mehr. Selbst Amsterdamer nehmen alles, auch ihre Autoradios, mit.

Bei der italienischen Methode schlagen zwei Jugendliche auf einem Moped im Verkehrsstau blitzschnell die Scheibe der **Beifahrerseite** ein, klauen Taschen oder Laptops und verschwinden dann im Nu. Also nichts auf dem Beifahrersitz ablegen.

186am Abb.: bs

Um das Gefühl von Sicherheit zu erhöhen, gibt es inzwischen in der Innenstadt einige Gebiete, in denen die **Polizei** auf der Straße und in öffentlich zugänglichen Gebäuden **präventiv Personen kontrollieren** und durchsuchen darf. Dort sind auch jede Menge Überwachungskameras zu finden. Das Gebiet umfasst den größten Teil der Innenstadt.

## Sprache

Das Niederländische gehört zur Sprachgruppe der **westgermanischen Sprachen.** Die Grammatik hat sehr große Ähnlichkeit mit dem Englischen, die Wörter mit dem Deutschen. Viele moderne Wörter sind auch einfach aus dem Englischen übernommen. Allerdings ist hier Vorsicht angesagt, denn gerade Wörter, die wie im Deutschen klingen, haben inzwischen oft eine ganz andere Bedeutung. So heißt *huren* beispielsweise schlicht und ergreifend mieten, nicht mehr und nicht weniger.

Mit **Englisch** kann man sich in Amsterdam überall verständigen, in manchen Läden wird man zum Ärger vieler Einheimischer sogar schon auf Englisch angesprochen. Auch Speisekarten sind meistens auf Englisch und in anderen Sprachen zu bekommen.

**Deutsch** ist weit weniger beliebt, was teilweise mit Ressentiments im Zusammenhang mit dem Zweiten Weltkrieg zu tun hat. Auch lernen sehr viel mehr Leute Englisch als Deutsch und fühlen sich deshalb sicherer, wenn sie Englisch sprechen können. In jedem Fall ist es gut, zunächst auf Englisch oder Deutsch zu fragen, ob ein Gesprächspartner die jeweilige Sprache spricht. Es macht wenig Mühe und schafft viel guten Willen beim Gegenüber.

◁ *Das Auge des Gesetzes wacht auch im Park*

## Stadttouren

Die einfachste Adresse, um Informationen über angebotene Exkursionen und geführte Stadttouren zu erhalten, sind die einzelnen Niederlassungen der **Touristeninformation** (s. S. 191). Es gibt in Amsterdam jede Menge Firmen und selbstständig arbeitende Führer, die Touren zu verschiedenen **Themen** und **Gebieten der Stadt** anbieten. Ob mit dem Fahrrad, zu Fuß oder per Boot, Architekturführungen, Geisterwanderungen, Führungen durch den Grachtengürtel, das Jordaan- oder das Rotlichtviertel: Die Auswahl ist sehr groß und bei der Touristeninformation erhält man nicht nur Auskünfte darüber, in welchen **Sprachen** die Stadtführungen möglich sind, sondern man kann sie auch gleich vor Ort buchen.

› Bei **Mee in Mokum** („Mit in Mokum“) führen Senioren die Gäste von Dienstag bis Sonntag durch ihre Stadt. *Mokum* (abgeleitet vom arabischen Word *Makam* = Stadt) wird Amsterdam von den waschechten Amsterdamern genannt. Wichtig: Vorher erkundigen, in welcher Sprache eine Führung möglich ist. Gilde Amsterdam, Keizersgracht 346, Tel. 6254450 (Mo.–Fr. 13–16 Uhr), Dauer 2½–3 Std., 12,50 €, bis 12 J. 7,50 €, https://gildeamsterdam.nl/de/stadtfuehrungen

292am Abb.: bs

- **Sandeman's New Europe Tour** bietet englischsprachige Führungen an, bei denen die Guides auf freiwilliger Basis bezahlt werden (www.newamsterdamtours.com).
- Auch die meisten **Fahrradverleihfirmen** bieten geführte Radtouren durch die Stadt an und eine **Bootsrundfahrt** durch Amsterdam lässt sich oft als besondere Themenfahrt wie Candlelight-, Pizza- oder Jazz-Cruise buchen (s. S. 202).

# Telefonieren

In der EU gibt es **keine Roaminggebühren** mehr. Das Telefonieren und Surfen mit dem **Handy** ist im EU-Ausland so günstig wie zu Hause – es sei denn, man nutzt das Handy im Ausland über einen längeren Zeitraum hinweg, dann können je nach Anbieter Nutzungsobergrenzen gelten.

## Vorwahl

Um **ins Ausland telefonieren** zu können, muss man 0049 (Deutschland), 0043 (Österreich), 0041 (Schweiz) und daran anschließend die gewünschte Ortsnetzkennzahl ohne die Null wählen.

**Aus dem Ausland** muss man für die Niederlande die Vorwahl 0031 eingeben. Die **Ortsnetzkennzahl von Amsterdam** ist 020. Aus dem Ausland wählt man also 0031 20 und die jeweilige Teilnehmernummer.

# Uhrzeit

In den Niederlanden gilt die **mitteleuropäische Zeit.** Das heißt, **Sommer- und Winterzeit** werden gemeinsam mit den Nachbarländern Ende März und Ende Oktober angeglichen.

# Unterkunft

## Hotels

Amsterdam bietet mit über 89.000 Hotelbetten für jeden etwas. Von einigermaßen günstig bis luxuriös, von modern bis klassisch. Die Amsterdamer Hotelbranche lebt vom **Touristengeschäft**, was bedeutet, dass die Hotelzimmer in den Sommermonaten und an den Wochenenden gut ausgebucht und daher teuer sind. Das Preisniveau liegt im Allgemeinen recht hoch. Die besten Chancen auf ein echtes **Schnäppchen** hat man **in den Wintermonaten** (Feiertage wie Weihnachten oder Silvester natürlich ausgenommen). Frühes Buchen ist auf jeden Fall eine gute Idee, ebenso die Suche im Internet, da die Preise enorm schwanken können. In der Hochsaison kann ein Zimmer doppelt oder dreimal soviel kosten wie in der Nebensaison.

Amsterdam bietet in der Innenstadt zahllose Hotels in renovierten **historischen Gebäuden.** Große Hotelketten finden sich häufiger in Neubauten. Ein Hotelzimmer in einem historischen Gebäude bietet ein geschmackvolles Ambiente, ist aber meist eher klein. Auch sind die Flure und Zimmer nur teilweise oder gar nicht per Aufzug zugänglich. Wer gehbehindert ist, sollte sich daher unbedingt vorher genau erkundigen, denn **holländische Treppenhäuser** können gewöhnungsbedürftig steil sein. Mit schweren und großen Koffern kann das ebenfalls sehr beschwerlich sein. Des Weiteren sonnen sich manche Hotels in lange vergangenem Glanz, wobei man als Besucher eher auf Renovierungsarbeiten und – daraus folgend – schalldichtere und sich frischer präsentierende Räume gehofft hätte.

Amsterdam ist eine lebendige Stadt mit einem vielseitigen Nachtleben und einem hohen Verkehrsaufkommen, daher muss man in der Innenstadt mit einer gewissen **Lärmbelästigung** rechnen. Dennoch sind Hotels in der Innenstadt ideal für einen Besuch der Stadt, da in Amsterdam **alles leicht zu Fuß erreichbar** ist. Falls man mit dem Auto anreist, muss man zum Zimmerpreis pro Tag 40–85 € extra für einen Parkplatz in Hotelnähe einkalkulieren. Nur die wenigsten Hotels verfügen über eigene Parkmöglichkeiten.

Inzwischen hat es sich eingebürgert, dass im Preis für eine Übernachtung das **Frühstück nicht mehr inbegriffen** ist. Dafür fällt zumeist ein Betrag zwischen 10 und 25 € pro Person an. In den Vier- und Fünfsternehotels wird für den entsprechenden Preis normalerweise ein ausgezeichnetes Frühstücksbüfett geboten. Bei kleineren Hotels erfüllt, was Niederländer unter einem reichhaltigen Frühstücksbuffet verstehen, häufig nicht immer alle Erwartungen, aber in der Innenstadt gibt es ja zahlreiche Möglichkeiten, sich ein schönes Café zu suchen.

**Internet** ist in fast allen Hotels verfügbar, jedoch nicht immer gratis. Auch die Touristensteuer von 7 % plus 3 € pro Übernachtung ist oft nicht im Preis enthalten. Die Sterne in Beneluxhotels werden für Komfort und Ausstattung eines Hotels vergeben, z. B. die Zahl der Etagen mit Aufzügen.

*◁ Die Parks der Stadt bieten eine angenehme Kulisse für eine Verschnaufpause bei einer Stadttour*

Um zu reservieren und als Kaution für eventuelle Schäden, kommt es inzwischen immer häufiger vor, dass man eine Kreditkarte braucht. Diese wird bei der Ankunft registriert, selbst wenn man am Ende bar bezahlt.

## Zimmersuche von zu Hause aus

Wer die Hin- und Rückreise über ein **Reisebüro** bucht, kann sich dort auch nach Übernachtungsmöglichkeiten erkundigen. Die Chance, dass Reiseveranstalter durch die Abnahme einer Mindestzahl von Übernachtungen günstige Angebote machen können, ist ziemlich hoch. Normalerweise haben diese Unternehmen auch Erfahrungen mit dem Service und den Leistungen der bei ihnen angeschlossenen Hotels.

Wer die Sache lieber selbst in die Hand nimmt, orientiert sich am besten im Internet (z. B. auf der Website der Touristeninformation) und bucht anschließend direkt:

› **www.iamsterdam.com/en/travel-stay/where-to-stay,** viele Übernachtungsvorschläge mit direkter Verlinkung zu den Buchungswebsites der jeweiligen Hotels (Englisch).

Gute Angebote besonders bei frühen Buchungen findet man hier:

› **www.hoteliers.com/de.** Buchungssystem, mit dem man direkt beim jeweiligen Hotel bucht. Der Betrag der Kreditkarte wird erst in der Unterkunft abgebucht.

› **www.hotels.nl** bietet einen guten Überblick und Beschreibungen der einzelnen Hotels sowie Rezensionen anderer Hotelgäste. Außerdem kann man sich die Preise in einem Kalender anzeigen lassen, sodass flexible Reisende preisgünstige Tage buchen können.

EXTRAINFO

### Buchungsportale

Neben Buchungsportalen für **Hotels** (z. B. www.booking.com, www.hrs.de oder www.trivago.de) bzw. für **Hostels** (z. B. www.hostelworld.com) gibt es auch Anbieter, bei denen man **Privatunterkünfte** buchen kann. Portale wie www.airbnb.de oder www.wimdu.de vermitteln Wohnungen, Zimmer oder auch nur einen Schlafplatz auf einer Couch. Diese oft recht günstigen Übernachtungsmöglichkeiten sind nicht unumstritten, weil manchmal normale Wohnungen gewerblich missbraucht werden. Einige Städte greifen deshalb regulierend ein.

## Empfehlenswerte Hotels

### Gut und günstig

**249** [J10] **Boutique Hostel Cocomama,** Westeinde 18, Tel. 6272454, www.cocomama.nl. **Modern:** in einem ehemaligen stadtbekannten Bordell eingerichtetes Hostel mit 30 Betten im Schlafsaal (34–78 €, gemischt) und 4 Doppelzimmern (99–164 €). Freundliche Einrichtung, Gemeinschaftsraum, Küche, Garten.

**250** [G5] **Budget Hotel Tourist Inn,** Spuistraat 52, Tel. 4215841, www.tourist-inn.com. **Zweckmäßige Ausfallbasis:** Schlafsaalbetten (36–75 €) und Zimmer für 1 bis 6 Personen (70–160 € pro Person).

**251** [H4] **Flying Pig Downtown Hostel,** Nieuwendijk 100, Tel. 4206822, www.flyingpig.nl. **Keine Langeweile:** mitten in der Innenstadt. Preis pro Person 63–74 € (Schlafsaal) oder 60–86 € (DZ), inkl. Frühstück, Bettwäsche. Hostel-Bar.

**252** [E10] **Flying Pig Uptown Hostel,** Vossiusstraat 46–47, www. flyingpig.nl,

## Preiskategorien

Die Preiskategorien sind ein Annäherungswert für den Preis eines Doppelzimmers mit Dusche und WC pro Nacht (Hauptsaison). Die Preise vieler Hotels variieren jedoch je nach Jahreszeit enorm, Hotelketten bieten teilweise sehr günstige Sondertarife. Alle aufgeführten Hotels bieten einen Internetzugang.

| | |
|---|---|
| € | unter 100 € |
| €€ | 100–150 € |
| €€€ | 150–230 € |
| €€€€ | über 230 € |

Tel. 4004187. **Zum Kontakte knüpfen:** liegt in der schönen Wohngegend beim Vondelpark. Preis pro Person zwischen 49–55 € (Schlafsaal). Inkl. Frühstück, Bettwäsche. Hostel-Bar.

**253 Meininger Hotel Amsterdam Amstel,** Julianaplein 6, www.meininger-hotels.com/de/hotels/amsterdam/hotel-amsterdam-amstel. Schlafräume mit 4 und 6 Betten 40–68 € pro Bett, Doppelzimmer 150–190 €, Frühstück 10,90 €, auch Lunchpakte 7,50 €, für Mitglieder 5 % Rabatt.

**254** [Q8] **Stayokay Amsterdam Oost,** Timorplein 21, Tel. 5513190, www.stayokay.nl. **Altes Schulgebäude in der Indische Buurt:** Schlafräume für 4 bis 8 Personen. Restaurant, Bar, Waschmaschinen, Fahrradverleih. Bett 44–60 €, 2-Bett-Zimmer 100–150 €, für Mitglieder 10 % Rabatt, inkl. Bettwäsche, Frühstück 9,50 €.

**255** [E10] **Stayokay Amsterdam Vondelpark,** Zandpad 5, Tel. 5898996, www.stayokay.nl. **Vondelpark direkt vor der Tür:** das mit 536 Betten größte Hostel der Stadt. Zimmer für 2, 4, 6, 8, 10, 12, 14 und 20 Personen. Bar, Restaurant, Waschmaschinen, Fahrradverleih. Schlafsaalbett 52–57 €, Doppelzimmer 138–158 €, 4-Bett-Zimmer 263 €, 6-Bett-Zimmer 333 €, inkl. Frühstück und Bettwäsche. Mitglieder 10 % Rabatt. Reservierung empfohlen.

092am Abb.: bs

*Ein Hauseigentümer wollte keinen Platz machen für den Bau des Victoria Hotels*

## Für die ganze Familie

**256** [E7] **Amsterdam Wiechmann Hotel** €€, Prinsengracht 328–332, Tel. 6263321, www.hotelwiechmann.nl. **Alter Glanz:** familiengeführtes Hotel, das neben normalen Familienzimmern auch eine Suite bestehend aus zwei Zimmern hat.

**257** [H9] **Hampshire Inn Prinsengracht** €€, Prinsengracht 1015, Tel. 6237779, www.prinsengrachthotel.nl. **Grachtenidylle:** gemütliches Hotel (34 Zimmer) mit Garten an der Prinsengracht.

## Wohlfühlen und genießen

**258** [F7] **Ambassade Hotel** €€€€, Herengracht 341, Tel. 5550222, www.ambassade-hotel.nl. **Klassische Grachtenhäuser:** Untergebracht in zehn Grachtenhäusern aus dem 17. Jh. an der wichtigsten Gracht Amsterdams bietet dieses Hotel (59 Zimmer) mit einem stimmigen Ambiente und gutem Service einen angenehmen Aufenthalt. Viele Schriftsteller sind hier zu Besuch.

**259** [B7] **Hotel Larende** €€, De Clercqstraat 115hs, Tel. 6181168, www.hotellarende.com. **Freundliche Atmosphäre:** Das Hotel mit 14 modern und warm eingerichteten Zimmern liegt etwas außerhalb des Zentrums. Straßenbahnhaltestelle in direkter Nähe.

**260 Jaz in the City Amsterdam** €€, De Passage 88, Tel. 2105800, https://hrewards.com/nl/jaz-in-the-city-amsterdam. **Für Musik- und Fußballfans:** Modernes Hotel direkt bei Ziggo Dome und Johan-Cruyff-Arena. Große Zimmer mit Soundsystem.

## Ruhig und persönlich

**261** [H10] **Asterisk Hotel** €€, Den Texstraat 16, Tel. 6262396, www.asteriskhotel.nl. **Vielfältige Zimmerauswahl:** Das Hauptgebäude in einer ruhigeren Straße aus dem 19. Jh. wurde zunehmend erweitert, sodass die 40 Zimmer sehr unterschiedlich in Größe und Ausstattung (teilweise ohne eigenes Badezimmer) entstanden sind. Inkl. Frühstück. Kreditkartenzuschlag.

**262 Kapitein Anna** €€, NDSM-Pier 6, Tel. 0680187074, www.kapiteinanna.nl. **Auf dem Wasser träumen:** Die 12 einfachen Zimmer befinden sich auf einem umgebauten Raddampfer aus dem frühen 20. Jh. Gut erreichbar mit der Fähre (nachts braucht man eventuell ein Taxi).

**263** [D9] **Prinsen Hotel** €€, Vondelstraat 36, Tel. 6162323, www.prinsenhotel.nl. **Mit idyllischem Hinterhof:** in einer ruhigen Straße hinter dem Leidseplein gelegen und mit Hausbar. Dieses ca. 1870 gebaute Haus (und einige andere in der Vondelstraat) wurden vom Stararchitekten seiner Zeit, P. J. H. Cuypers (Rijksmuseum 68, Hauptbahnhof 1), entworfen. Inkl. Frühstück.

## Besonders gut gelegen

**264** [F8] **Dikker & Thijs Fenice Hotel** €€€, Prinsengracht 444/Ecke Leidsestraat, Tel. 6201212, www.dtfh.nl. **Im Herzen der Stadt:** moderne Einrichtung und absolut zentrale Lage. Günstige Arrangementpreise.

**265** [J8] **Eden Hotel Amsterdam** €€€, Amstel 144, www.edenhotelamsterdam.com, Tel. 5307878. **Sehr zentral:** an der Amstel, ganz in der Nähe des Rembrandtplein 33 gelegen. 218 modern renovierte Zimmer.

**266** [H4] **Hotel Ibis Styles Amsterdam Central Station** €€€, Martelaarsgracht 10, Tel. 7074500, www.ibis.com. **Schnelle Reiseanschlüsse:** in frischem modernem Design ausgestattete Zimmer, einen Katzensprung vom Hauptbahnhof 1 entfernt. Inklusive Frühstück.

**267** [G4] **Singel Hotel** €€, Singel 13–17, Tel. 6263108, www.singelhotel.nl. **Charmante Grachtenhäuser:** 36 Zimmer in drei authentischen Gebäuden aus dem 17. Jh. Inkl. Frühstück.

190am Abb.: bs

🏨**268** [G4] **Westcord Hotel City Centre Amsterdam** €€€, Nieuwezijds Voorburgwal 50, Tel. 4220011, www.westcordhotels.nl. **Ein Katzensprung zum Dam:** 106 moderne und gut ausgestattete Zimmer, zentral in der Innenstadt gelegen.

## Ausgefallene Konzepte

🏨**269** [M9] **Arena Hotel** €€€, 's Gravesandestraat 55, Tel. 8502400, www.hotelarena.nl. **Für Designliebhaber:** 139 minimalistisch modern ausgestattete Zimmer in einem ehemaligen Waisenhaus. Zum Komplex gehört auch ein Café/Restaurant.

🏨**270** [E8] **Backstage Hotel** €€, Leidsegracht 114, Tel. 6244044, www.backstagehotel.com. **Für Musikliebhaber:** der Musikszene verschriebenes Designkonzept. Bordcase-Möbel, Theaterspiegel, Schlagzeughocker, teilweise Gemeinschaftsbad. In der Nähe des Leidseplein gelegen. Kreditkartenzuschlag.

🏨**271** [N3] **Hotel Jakarta** €€€€, Javakade 766, https://hoteljakarta.amsterdam, Tel. 2360000. **Grüne, erholsame Atmosphäre:** Das Hotel verfügt über einen subtropischen Innengarten mit indonesischen Bäumen (bis zu 10 m hohe Palmen und Pflanzen), der in Zusammenarbeit mit dem Hortus Botanicus (s. S. 120) angelegt wurde. Mit Schwimmbad- und Wellnessbereich.

🏨**272** [J10] **Hotel V Frederiksplein** €€€, Weteringschans 136, www.hotelv.nl, Tel. 6623233. **Urban Chic:** Hotel mit stilvollem Design. Inklusive Frühstück bei Direktbuchung.

*Von einigen Zimmern des Dikker & Thijs Fenice Hotel kann man die Aussicht auf das Rijksmuseum* 68 *genießen*

### Aktiv und sportlich

**273** [H12] **Van Ostade Bicycle Hotel** €€, Van Ostadestraat 123, Tel. 6793452, www.bicyclehotel.com. **Guter Startpunkt für Radler:** bietet Stellplätze für mitgebrachte Fahrräder und vermietet auch welche. Sehr einfache Zimmer, inkl. Frühstück. Kreditkartenzuschlag.

## Campingplätze

Die Campingplätze rund um Amsterdam sind **gut ausgestattet:** Laden, Restaurant/Bar, Waschmaschinen, Trockner, Plätze für den Abwasch, Internetzugang. Bei den ganzjährig geöffneten Plätzen ist in der **Nebensaison** allerdings **nicht immer das ganze Serviceangebot** vorhanden. Am besten man erkundigt sich vorher. Teilweise bieten die Campingplätze auch **Hütten, Bungalows** oder **Schlafplätze** an. Nicht bei allen Plätzen sind Reservierungen möglich. Bei den Campingplätzen im Süden und Südosten der Stadt muss man mit Fluglärm rechnen. Durchschnittliche Preise der Amsterdamer Campingplätze: Pro Person 5–10 €, Auto 8–10 €, Wohnwagen/Wohnmobil 15–32 €, Zelt 8–12 €, Elektrizität 3,50–5 €.

**274** [S. 110] **Camping Vliegenbos,** Meeuwenlaan 138, 1022 AM Amsterdam, Tel. 6368855, www.amsterdam.nl/vliegenbos. Liegt in einem Waldgebiet im Norden Amsterdams. Sowohl die Stadt als auch die Umgebung sind von hier gut zu erreichen. Es werden auch Schlafplätze in Hütten vermietet. Geöffnet von Apr. bis einschl. Sept. Bushaltestelle (Linie 291) Richtung Innenstadt in 200 m Entfernung, Metro 52.

**275** **Camping Zeeburg,** Zuider IJdijk 20, 1095 KN Amsterdam, Tel. 6944430, www.campingzeeburg.nl. Liegt auf einer kleinen Insel im IJ-Meer und bietet von allen Campingplätzen die schnellste Verbindung in die Innenstadt Amsterdams, was den Campingplatz bei jungen Leuten beliebt macht. Fahrradverleih, Hütten- und Bauwagenvermietung. Ganzjährig geöffnet. Tram 14, 26 vom Hauptbahnhof.

**276** **De Badhoeve,** Uitdammerdijk 10, 1026 CP Amsterdam, www.campingdebadhoeve.nl, Tel. 4904294. Direkt am Wasser gelegener Familiencampingplatz im Naturschutzgebiet Kinselmeer, idealer Startpunkt für Wassersportaktivitäten und Ausflüge in die Dörfer der Umgebung. Will man Amsterdam nicht mit dem eigenen Auto besuchen, er-

213am Abb.: bs

*Träumen mit offenen Augen im Hotel V Frederiksplein*

EXTRATIPP

## Schlafen auf dem Wasser

Die Internetseite www.bookahouseboat.com vermittelt zwei Personen oder auch Gruppen das einmalige Erlebnis, auf verschiedenen Booten und Hausbooten in Amsterdam von einfacher bis Luxusausstattung zu übernachten.

Die Boote liegen an unterschiedlichen Stellen in der Stadt und sind mit Küchenecken und kleinen Badezimmern und zum Teil auch mit weiteren Annehmlichkeiten ausgestattet.

(Haus-)Boote sind geeignet für mobile Personen, Stege oder Leitern dienen als Zugang, es gibt diverse Stufen, Luken sind gebräuchlich. Wer hier mit kleinen Kindern übernachten möchte, sollte sich vorher erkundigen.

Minimumreservierungen von 2 bis 4 Nächten, Reservierungskosten, Anzahlungen, Kaution und recht rigide Annulierungs- und Änderungsbedingungen.

189am Abb.: bs

reicht man die Innenstadt per Bus (einmal umsteigen). Geöffnet Apr. bis einschl. Sept.

⚠277 **Gaasper Camping Amsterdam,** Loosdrechtdreef 7, 1108 AZ Amsterdam, Tel. 6967326, www.gaaspercamping.nl, Mitte März–Okt. Liegt im Naherholungsgebiet Gaasperplas im Südosten der Stadt. Auf dem See kann man segeln, surfen, rudern und fischen, Motorboote sind nicht zugelassen. Direkter S-Bahn-Anschluss in die Innenstadt.

⚠278 **Het Amsterdamse Bos,** Schinkeldijkje, Aalsmeer, Postadresse: Kleine Noorddijk 1, 1187 NZ Amsterdam, Tel. 6416868, www.europarcs.de/ferienparks/niederlande/nordholland/het-amsterdamse-bos. Familiencampingplatz mit viel Grün am Südzipfel des Stadtwalds. Ganzjährig geöffnet. Außer Stellplätzen für Wohnwagen, Wohnmobile und Zelte gibt es auch Cottages und einfache Schlafplätze in Hütten.

*Hier wird man von sanften Wellen in den Schlaf geschaukelt*

# Verkehrsmittel

## Öffentliche Verkehrsmittel

Die **Innenstadt Amsterdams** lässt sich **prima zu Fuß erlaufen.** Alle Sehenswürdigkeiten und Museen erreicht man aber auch hervorragend mit den **öffentlichen Verkehrsmitteln** des GVB, die Busse, Straßenbahnen und U-Bahnen umfassen.

Wer davon viel Gebrauch machen möchte, kauft sich am besten eine **Tages- oder Mehrtageskarte.** In der **„I amsterdam City Card“** ist eine solche Karte auch inbegriffen. Dann braucht man sich für den Rest der Zeit nicht mehr darum zu kümmern und kann sich auch mal den Luxus gönnen, nur eine oder zwei Haltestellen zu fahren. Außerdem gelten die Karten für alle Zonen des Stadtverkehrs und die Nachtbuslinien.

191am Abb.: bs

Alle Fahrscheine funktionieren mit einem **Chip**, weshalb man beim Ein- und Aussteigen **die Karte** immer an einem Lesegerät **aktivieren** muss (grünes Licht und Piepsignal). Die Aktivierung ist wichtig, da es sonst sein kann, dass die Karte später nicht mehr funktioniert. In der Metro befinden sich die Lesegeräte bei den Ein- und Ausgängen, bei Bussen und Straßenbahnen innen bei den Türen. Bei manchen Bussen und Straßenbahnen kann man überall einsteigen, bei einigen nur ganz vorne oder hinten. Letzteres ist außen durch dicke Pfeile angegeben.

Bei **Bussen** muss man durch **Handzeichen** an der Haltestelle deutlich machen, dass man mitfahren möchte. Straßenbahnen halten dagegen immer an jeder Haltestelle.

*In de kleine uurtjes,* das heißt, in den **Stunden nach Mitternacht**, werden mehrere Buslinien zu einer **Nachtbuslinie** zusammengefasst, die allerdings teurer ist. Die Routen sind dann auch anders gelegt. An den verschiedenen Bushaltestellen steht jeweils, welcher Nachtbus hier vorbeifährt.

› www.gvb.nl

### Kartenverkauf

Tages- und Mehrtageskarten, die „OV-Chipkaart“ und die „I amsterdam City Card“ (s. S. 189) gibt es bei allen Verkaufsstellen der Verkehrsbetriebe (GVB). An allen U-Bahn-Stationen gibt es auch Kartenautomaten, an denen man fast alle Kartensorten mit Bargeld oder Kreditkarte kaufen kann. Einzelfahrscheine

◁ *An Verkehrsknotenpunkten wie dem Bahnhof oder dem Leidseplein fahren die Straßenbahnen fast im Minutentakt*

(1 Std. gültig), Tages- und Mehrtageskarten können beim Schaffner gekauft werden. Die „I amsterdam City Card" gibt es auch bei allen Touristeninformationen.

Die Ein- oder Mehrtageskarte des GVB kostet: 24 Std. 9 €, 48 Std. 15 €, 72 Std. 21 €, 96 Std. 26,50 €. Alle Karten sind sowohl in Bus, Tram und Metro gültig. Die Fähren sind immer gratis.

### Verkaufsstellen der Verkehrsbetriebe (GVB)

- **Stationsplein** (vor dem Hauptbahnhof) sowie **U-Bahnhof Station Zuid:** tägl. 8.30–19 Uhr
- **Station Bijlmer ArenA:** Mo.–Fr. 8.30–19, Sa./So. 10–18 Uhr
- **Station Zuid:** Mo.–Fr. 8.30–19, Sa./So. 10–18 Uhr
- **Station Noord:** tägl. 10–18 Uhr
- **Fundsachen:** Tel. 09008011, Mo.–Fr. 14–18.30 Uhr, Auskünfte ab dem folgenden Tag
- GVB-Karten gibt es auch bei den Servicepunkten in den meisten Filialen der folgenden (Zeitschriften- und Buch-)Läden: Primera, AKO, Vivant, Techador, Cigo, Bruna.
- **Ticketautomaten** gibt es bei den oben genannten Verkaufsstellen und in allen Metrostationen. Aber nicht in allen Straßenbahnen und Bussen kann man Tickets kaufen.
- Man kann auch mit der **GVB-App** bezahlen: www.gvb.nl/en/customer-service/travel-and-plan-gvb-travel-app

### Reiseinformationen

Unter der Nummer 09009292 (90 ct/Minute, Mo.–Fr. 6–24 Uhr, Sa., So. 7–24 Uhr) oder www.9292.nl kann man Informationen darüber erhalten, wie man **mit öffentlichen Verkehrsmitteln von einer Adresse zur anderen kommt.** Eingespeichert sind alle niederländischen Adressen, auch öffentliche Einrichtungen, Museen oder Ähnliches.

## Taxi

Die **größte Taxizentrale der Stadt (TCA)** hat die Telefonnummer 7777777 oder 0900 6777777 (www.tca-amsterdam.nl). Sie arbeitet mit festen Tarifen und erfahrenen Fahrern und akzeptiert Kreditkartenzahlung. Die meisten Hotels dürften eine oder mehrere Nummern haben, mit denen man gute Erfahrungen gemacht hat, und sollten abschätzen können, was eine Fahrt in etwa kostet.

Die **Taxitarife** für bis zu 4 Personen berechnen sich aus einem Starttarif von 3,60 €, hinzu kommen ein Kilometerpreis von 2,65 € und 0,44 € pro Minute. Für Wartezeiten gilt ein Tarif von 49,64 € pro Stunde.

Mit den Taxis am **Flughafen Schiphol** gibt es öfter Ärger. Da die Taxifahrer teilweise Stunden warten müssen, kommt es vor, dass Fahrer noch in der Halle Kunden abfangen und deren Kosten erhöhen, indem sie ein paar Ehrenrunden drehen. Zur Orientierung: Der Standardtarif von TCA für die Strecke Schiphol–Innenstadt beträgt knapp 60 €. Vorbestellen geht auch, dann kostet die Fahrt ins Zentrum nur 40 €.

Umgekehrt kann es auch durchaus vorkommen, dass Taxifahrern eine Strecke zu kurz ist und sie deshalb eine Fahrt nicht annehmen, obwohl dies nicht erlaubt ist.

In der Stadt kann man ein **Taxi anhalten,** wenn das Schild oben beleuchtet ist. Darüber hinaus gibt es in der Nähe von Hotels, Museen, Bahnhöfen oder sonstigen Sehenswürdigkeiten in den meisten Fällen einen **Taxistand.** Normalerweise nimmt man dann das erste Taxi in der Reihe. Offizielle Taxis haben ein **blaues Nummernschild,** müssen die **Tarife auf**

192am Abb.: bs

**einer Karte angeben, die innen und außen zu lesen ist** und der Fahrer muss einen **Chauffeurspass auf dem Armaturenbrett** haben.

**Schnelltaxis** dürfen die Fahrstreifen für Busse und Straßenbahnen benutzen und kommen somit besser durch. Zu erkennen sind sie an einer **Freistellungskarte** *(ontheffing)*, die an der Windschutzscheibe auf der Beifahrerseite angebracht ist. Für diese Genehmigung muss man eine zusätzliche Taxifahrerprüfung machen. In Amsterdam gilt an vielen Stellen ein absolutes Halteverbot. Es kann also tatsächlich sein, dass ein Taxifahrer seine Gäste nicht direkt vor der Haustüre aussteigen lassen darf.

› **TCA-App:** Mit einem Knopfdruck das Taxi bestellen und den Preis berechnen. Download unter http://tca-app.nl (iOS und Android).

## Fietstaxi

Ein **Fahrradtaxi** als umweltfreundliche und etwas langsamere Alternative, um von A nach B zu kommen, kann man entweder auf der Straße anhalten oder per Telefon bestellen: Tel. 0653481860 (Kurzstrecken 10–15 €, 30 Min. 25 €, 45 Min. 35 €, 60 Min. 45 €).

› www.amsterdam-fietstaxi.nl, Standplätze: Damrak, Korte Leidsedwarsstraat

## Bootsfahrten

› **Candle Light Cruise:** Mehrere Reedereien (s. S. 203) bieten von April bis Oktober auch romantische Cruises durch das abendlich beleuchtete Amsterdam an.

› **Hop-On-Hop-Off Bus- und Bootstouren** bei denen man sowohl in ein Boot als auch in einen Bus an mehreren Haltestellen beliebig ein- und aussteigen kann, macht ein Anbieter möglich: www.lovers.nl, 24 Std. ab 42,50 €, 48 Std. ab 52,50 €; Hop-On-Hop-Off-Service nur mit dem Boot: 24 Std. ab 27,50 €, 48 Std. ab 35 €, www.lovers.nl/de/hop-on-hop-off.

EXTRATIPP

### Das Ruder in die Hand nehmen

Stromma Pedal Boat (www.stromma.nl) vermietet etwa 100 **Tretboote**, die man an einer Stelle abholen und einer anderen wieder abgeben kann: Leidseplein, Rijksmuseum 68.

Wer nicht ganz so sportlich ist, kann auf der Website www.boaty.nl sogenannte **Flüsterboote** (keine Emissionen, kein Lärm) für bis zu sechs Personen mieten und die Stadt angenehm vom Wasser aus erkunden (Anfang März–Ende Oktober).

## Fähren

Direkt hinter dem Hauptbahnhof **1** fahren mehrere Fähren in den Nordteil Amsterdams, die für Fußgänger und Radfahrer gratis sind. Falls man keine Lust auf eine lange Grachtenfahrt hat, so kann man man auf diese Art und Weise doch eine kleine Fahrt übers Wasser genießen.

› Fahrzeiten s. S. 104

# Versicherungen

Von allen Versicherungen sollte man die Notfallnummern notieren und zusammen mit der Policenummer gut aufbewaren! Bei Eintreten eines Notfalles kann man so die Versicherungsgesellschaft sofort telefonisch verständigen!

## Auslandskrankenversicherung

Die gesetzlichen Krankenkassen von **Deutschland** und **Österreich** garantieren eine Behandlung im akuten Krankheitsfall auch in den Niederlanden, wenn die Versorgung nicht bis nach der Rückkehr warten kann. Als Anspruchsnachweis benötigt man die **Europäische Krankenversicherungskarte,** die man von seiner Krankenkasse erhält.

Im Krankheitsfall besteht ein Anspruch auf ambulante oder stationäre Behandlung bei jedem zugelassenen Arzt und in staatlichen Krankenhäusern. Bezahlt werden die zu Hause üblichen Kostenvergütungen, weshalb im Ausland geleistete Zahlungen teilweise nicht gedeckt sein können.

Solche Kosten können über eine **private Reisekrankenversicherung** abgedeckt werden, eine Reiserückholversicherung erstattet die Ausgaben für einen Krankenrücktransport, der von den gesetzlichen Krankenkassen nicht übernommen wird.

**Schweizer** sollten bei ihrer Krankenversicherungsgesellschaft nachfragen, ob die Auslandsdeckung auch für die Niederlande inbegriffen ist. Sofern man

268am Abb.: bs

*Fahrradtaxis: ein umweltfreundliches Fortbewegungsmittel*

*Auch auf Amsterdams Wasserstraßen herrscht ordentlich Verkehr*

keine Auslandsdeckung hat, kann man sich kostenlos bei Soliswiss (Gutenbergstr. 6, 3011 Bern, Tel. 031 3810494, www.soliswiss.ch) über mögliche Krankenversicherer informieren.

Zur Erstattung der Kosten benötigt man **ausführliche Quittungen** (mit Datum, Namen, Bericht über Art und Umfang der Behandlung, Kosten der Behandlung und Medikamente).

## Wetter und Reisezeit

Amsterdam ist zu allen Zeiten gut besucht. Als Reisezeit besonders beliebt sind die Monate **April bis September** (wohl auch, weil man dann auf weniger Regen hofft). In dieser Zeit gibt es vermittelt und teilweise auch organisiert vom Amsterdamer Touristeninformationsbüro viele Extraangebote.

Allerdings haben im **Juli und August** auch einige Theater oder andere **kulturelle Einrichtungen Sommerpause.** Die Kunst- und Kultursaison wird jeweils am letzten Augustwochenende mit Sondervorstellungen, einem Markt, auf dem alle Kultureinrichtungen und Verlage ihr Angebot präsentieren, und Straßenauftritten eröffnet.

Architekturinteressierten seien auch die **Wintermonate** empfohlen, weil die Bäume an den Grachten dann den Blick auf die jeweils gegenüberliegende Seite freigeben. In Amsterdam herrscht **Seeklima,** auch wenn die ursprünglichen Seearme inzwischen durch Eindeichungen von den Gezeiten abgeschnitten sind. In Temperaturen ausgedrückt, bedeutet dies, dass es in Amsterdam im **Sommer** häufig **nicht wirklich heiß** wird. Die Obergrenze liegt normalerweise bei ca. 25 C°, vereinzelt steigt das Quecksilber auch auf oder etwas über 30 C° – eine Temperatur, die man hier bereits als „tropisch" bezeichnet. An solchen Tagen kommt es zu hoffnungslos überfüllten Zügen nach Zandvoort und zu den übrigen Stränden, auf denen man um ein Plätzchen kämpfen muss. Dafür wird es im **Winter** aber auch **nicht übermäßig kalt.** Unter 0 C° sinkt die Temperatur nur an wenigen Tagen. Dies kann einen Weihnachtsurlaub in Amsterdam durchaus zu einer Alternative zu den langen Warteschlangen am Skilift werden lassen.

Von Oktober bis Januar liegt der Durchschnitt bei rund 12 Tagen **Niederschlag** im Monat, in den übrigen Monaten liegt er bei etwa 10 Tagen. Wind- und regenfeste Kleidung ist also angebracht.

**Wetter in Amsterdam**

| Durchschnitt | Jan | Febr | März | Apr | Mai | Juni | Juli | Aug | Sept | Okt | Nov | Dez |
|---|---|---|---|---|---|---|---|---|---|---|---|---|
| Maximale Temperatur | 6° | 7° | 10° | 14° | 18° | 20° | 23° | 22° | 19° | 15° | 10° | 7° |
| Minimale Temperatur | 1° | 1° | 3° | 5° | 9° | 11° | 14° | 13° | 11° | 8° | 5° | 2° |
| Regentage | 18 | 16 | 15 | 13 | 13 | 13 | 15 | 16 | 15 | 17 | 19 | 19 |

# ANHANG

278am Abb.: bs

# Kleine Sprachhilfe

Die folgenden Wörter und Redewendungen wurden dem Reisesprachführer **Niederländisch – Wort für Wort** (Kauderwelsch-Band 66) aus dem Reise Know-How Verlag entnommen und sollen dem Leser eine erste kurze Einführung in die niederländische Sprache bieten.

## Aussprache

Folgende Buchstaben(kombinationen) werden anders als im Deutschen ausgesprochen. Die zweite Spalte gibt die Lautschrift wieder.

| | | |
|---|---|---|
| ch, g | ch | raues „ch" wie in „lachen" |
| g | sh | bei französischen Wörtern vor e, i, y wie zweites „g" in „Garage" |
| ng | ng | „ng" wie im Deutschen „bringen" |
| e | è | kurzes „e" wie in „bitte" |
| ei, ij | äj | wie „ey" |
| eu | öö | wie ein langes „ö" |
| oe | u | kurzes „u" wie in „Bus" |
| ou | au | wie „au" in „Maus" |
| s | ß | stimmloses „s" wie in „Bus" |
| sch | ßch | wie „ß" und dann „ch" in „Häuschen" (kein deutsches „sch") |
| sj | sch | deutsches „sch" wie in „Schule" |
| tj | tch | zwischen „tch" und „tj" wie in „Kärtchen" |
| u | üü | langes „ü" wie in „Mühe", oder: |
| | ö | kurzer Laut zwischen „i" und „ö" |
| ui | öi | etwa wie „öi" in „Feuilleton" |
| v | v | zwischen „f" und „w" |
| z | s | stimmhaftes „s" wie in „Rose" |

Am Wortende gibt es folgende Besonderheiten:

| | | |
|---|---|---|
| -b | -p | wie „p" |
| -d | -t | wie „t" |
| -ig | -èch | „ech" mit weichem „ch" (kein „ä") |
| -isch | -ieß | „ieß" (mit langem „i") |
| -n | | wird manchmal verschluckt |
| -lijk | -lèk | „lek", klingt fast wie „lök" |
| -tie | -zie | „zie" (mit langem „i") |

## Häufig gebrauchte Wörter und Redewendungen

### Zahlen

| | | |
|---|---|---|
| 0 | *nul* | nöll |
| 1 | *een* | een |
| 2 | *twee* | twee |
| 3 | *drie* | drie |
| 4 | *vier* | vier |
| 5 | *vijf* | väjf |
| 6 | *zes* | säß |
| 7 | *zeven* | seevèn |
| 8 | *acht* | acht |
| 9 | *negen* | neechèn |
| 10 | *tien* | tien |
| 11 | *elf* | älf |
| 12 | *twaalf* | twaalf |
| 13 | *dertien* | därrtien |
| 14 | *veertien* | veertien |
| 15 | *vijftien* | väjftien |
| 16 | *zestien* | säßtien |
| 17 | *zeventien* | seevèntien |
| 18 | *achtien* | achtien |
| 19 | *negentien* | neechèntien |
| 20 | *twintig* | twintich |
| 21 | *eenentwintig* | eenèntwintich |
| 22 | *tweeëntwintig* | tweeèntwintich |

| | | | | | |
|---|---|---|---|---|---|
| 23 | *drieëntwintig* | drieèntwintich | 60 | *zestig* | sßtich |
| 24 | *vierentwintig* | vierèntwintich | 80 | *tachtig* | tachtich |
| 25 | *vijfentwintig* | väjfèntwintich | 90 | *negentig* | neechèntich |
| 26 | *zesentwintig* | säßèntwintich | 100 | *honderd* | hondèrd |
| 27 | *zevenentwintig* | seevèn èntwintich | 101 | *honderdeen* | hondèrdeen |
| | | | 102 | *honderdtwee* | hondèrdtwee |
| 28 | *achtentwintig* | achtèntwintich | 200 | *tweehonderd* | tweehondèrd |
| 29 | *negenentwintig* | neechènènt wintich | 300 | *driehonderd* | driehondèrd |
| | | | 1.000 | *duizend* | döisènd |
| 30 | *dertig* | därrtich | 2.000 | *tweeduizend* | tweedöisènd |
| 40 | *veertig* | veertich | 10.000 | *tienduizend* | tiendöisènd |
| 50 | *vijftig* | väjftich | 1.000.000 | *een miljoen* | een milljunn |

## Die wichtigsten Fragewörter

| | | |
|---|---|---|
| *welke?* | wällkè | welches? |
| *wat voor een?* | wat voor een | was für ein? |
| *waar?* | waar | wo? |
| *waarvandaan?* | waarvanndaan | woher? |
| *waarnaartoe?* | waarnaatu | wohin? |
| *waarom?* | waaromm | warum? |
| *hoe?* | hu | wie? |
| *hoeveel?* | huveel | wie viel? |
| *wanneer?* | wanneer | wann? |
| *waarmee?* | waarmee | womit? |

## Die wichtigsten Richtungsangaben

| | | |
|---|---|---|
| *(naar) rechts/links* | naar rächtß/linkß | (nach) rechts/links |
| *rechtdoor* | rächtdoor | geradeaus |
| *terug* | tèröch | zurück |
| *tegenover* | teechènoovèr | gegenüber |
| *tussen* | tößèn | zwischen |
| *voor – achter* | voor – achtèr | vor(ne) – hinten/-r |
| *over – onder* | oovèr – onndèr | über – unter |
| *hier – daar* | hier – daar | hier – dort |
| *ver – dichtbij* | värr – dichtbäj | weit – nah |
| *buiten* | böitèn | außerhalb |
| *in het centrum* | in hèt ßäntröm | im Zentrum |
| *om de hoek* | om dè huk | um die Ecke |

## Die wichtigsten Zeitangaben

| | | |
|---|---|---|
| *(over)morgen* | (oovèr)morchèn | (über)morgen |
| *'s morgens* | ßmorchènß | morgens |
| *'s middags* | ßmiddachß | mittags |
| *'s avonds* | ßavèndß | abends |
| *dagelijks* | daachèlèkß | täglich |
| *eerder – later* | eerdèr – laatèr | früher – später |
| *nou, nu – gauw* | nau, nü – chauw | jetzt – bald |
| *altijd – nooit* | alltäjd – noojt | immer – nie |
| *maandag* | maandach | Montag |
| *dinsdag* | dinßdach | Dienstag |
| *woensdag* | wunßdach | Mittwoch |
| *donderdag* | dondèrdach | Donnerstag |
| *vrijdag* | vräjdach | Freitag |
| *zaterdag* | saatèrdach | Samstag |
| *zondag* | sonndach | Sonntag |

## Die wichtigsten Floskeln und Redewendungen

| | |
|---|---|
| *ja – nee*<br>jaa – nee | *ja – nein* |
| *dank u – dank je wel*<br>dank ü – dank jè wäl | danke (gesiezt – geduzt) |
| *alsjeblieft – alstublieft*<br>aßjèblieft – aßtüblieft | bitte (geduzt – gesiezt) |
| *Graag gedaan.*<br>chraach chèdaan | Keine Ursache./Gern geschehen. |
| *Dankjewel, hetzelfde!*<br>dankjèwäl, hètsälfdè | Danke gleichfalls! (geduzt) |
| *Goedemorgen!/Goededag!*<br>chujèmorchèn/chujèdach | Guten Morgen/Tag! |
| *Goedenavond!*<br>chujènaavènd | Guten Abend! |
| *Welterusten!*<br>wälltèrößtèn | Gute Nacht! |
| Hallo!/Hoi! – Doei! Hallo! – Tschüss!<br>hallo/hoj – duj | |
| *Tot ziens!*<br>tott sienß | Auf Wiedersehen! |
| *Hoe gaat het (met jou/u)?*<br>hu chaat hèt (mät jau/ü) | Wie geht's (dir/Ihnen)? |

| | |
|---|---|
| *Dank u wel, goed!*<br>dank ü wäll, chut | Danke, gut. (gesiezt) |
| *Eet smakelijk! – Proost!*<br>eet ßmaakèlèk - prooßt | Guten Appetit! – Prost! |
| *Sorry! – Het spijt me.*<br>ßorrie – hèt ßpäjt mè | Entschuldigung! – Es tut mir leid. |
| *Is niet erg./Is Okee.*<br>iß niet ärch/iß okee | Macht nichts! (Antwort auf Entschuldigung) |
| *Tot gauw.*<br>tot chauw | Bis bald. |
| *Welkom!*<br>wällkomm | Willkommen! |
| *Wat is dat?*<br>wat iß dat | Was ist das? |
| *Kunt u me vertellen ...?*<br>könnt ü mè vèrtällèn | Können Sie mir sagen ...? |
| *Is er ...? – Heeft u ...?*<br>iß èr – heeft ü | Gibt es ...? –<br>Haben Sie ...? |
| *Ik wou graag ...*<br>ik wau chraach | Ich hätte gerne ... |
| *Ik zoek ... – Ik neem ...*<br>ik suk – ik neem | Ich suche – Ich nehme ... |
| *Waar vind ik ...?*<br>waar vind ik | Wo finde ich ...? |
| *Ik heb ... nodig.*<br>ik häp noodich | Ich brauche ... |
| *Waar kan ik ... kopen?*<br>waar kann ik ... koopèn | Wo kann ich ... kaufen? |
| *Kunt u me ... geven?*<br>könnt ü mè ... cheevèn | Können Sie mir ... geben? |
| *Hoeveel kost dat?*<br>huveel koßt dat | Wie viel kostet das? |
| *Waar is ...?*<br>waar iß | Wo ist ...? |
| *Hoe kom ik naar ...?*<br>hu komm ik naar | Wie komme ich nach ...? |
| *Hoeveel kost de rit naar ...?*<br>huveel koßt dè rit naar | Wie viel kostet die Fahrt<br>nach ...? |
| *Ik wil graag naar ...*<br>ik will chraach naar | Ich möchte nach ... (Taxi) |
| *Hoe lang duurt ...?*<br>hu lang düürt | Wie lange dauert ...? |

Das ist
noch nicht alles!
Mehr Reise Know-How gibt es hier:
www.reise-know-how.de
Reiseführer | CityTrip | Wohnmobil-Tourguide | Landkarten

Zugspitze, Foto: Aneta Niemitz

# Schreiben Sie uns!

Wir hoffen, dass Ihnen dieser Reiseführer gefällt und er Ihnen ein guter Begleiter auf einer außergewöhnlichen und spannenden Reise ist.

Weil ein Reiseführer von Erfahrungen lebt, sind wir an Ihren Erlebnissen interessiert: Haben Sie in unserem Buch ein Restaurant entdeckt, das es nicht mehr gibt, eine Sehenswürdigkeit, die wir noch nicht aufgeführt haben, oder eine falsche Adresse? Dann schreiben Sie uns! **Wir nehmen jeden Hinweis und jede Kritik ernst und arbeiten kontinuierlich daran, die Bücher aktuell zu halten und immer weiter zu verbessern.** Jede Mail wird gelesen und beantwortet. Auch wenn wir nicht jeden Wunsch erfüllen können, machen wir uns immer Gedanken über Ihre Anmerkungen.

**Schreiben Sie uns:**
per Mail an info@reise-know-how.de oder an
Reise Know-How Verlag Peter Rump GmbH, Postfach 140666, 33626 Bielefeld

Wenn sich Ihre Infos direkt auf das Buch beziehen, würde uns die Angabe der Seitenzahl und der Auflagenzahl bzw. des Erscheinungsjahres Ihrer Ausgabe die Arbeit sehr erleichtern. Besonders hilfreiche Beiträge und Ergänzungen zu den Büchern belohnen wir mit einem Sprachführer Ihrer Wahl aus der über 240 Bände umfassenden „Kauderwelsch"-Reihe.

**Herzlichen Dank und gute Reisen**
Ihr Reise Know-How Verlag

# Register

281am Abb.: bs

316am Abb.: bs

# Die Autoren

**Sabine Burger** (1964) und **Alexander Schwarz** (1964) hat es 1990 von Baden-Württemberg in die Niederlande verschlagen. Eigentlich wollten sie nur ein Jahr bleiben, aber Land und Leute haben es ihnen angetan, weshalb ein zeitlich unbegrenzter Aufenthalt daraus wurde. Nach mehreren Jahren in Island leben die beiden wieder vorrangig in den Niederlanden. Beide lieben es, mit offenen Augen durch das sich seit Jahren verändernde Amsterdam zu laufen, mit den Menschen zu plaudern und neue Dinge zu erkunden oder Dinge neu zu entdecken.

Die Autoren schreiben u. a. Sprach- und Reiseführer: „Mit Carlos Ruiz Zafón durch Barcelona: Ein Reiseführer“ (Suhrkamp) und im Reise Know-How Verlag „CityTrip Amsterdam“, „CityTrip Utrecht“, „CityTrip Reykjavík“, „InselTrip Island“, die Kauderwelsch-Sprachführer „Schwäbisch – das Deutsch im Ländle“ und „Duits – woord voor woord“ sowie den „Kulturschock Island“. Aus Alexanders Feder stammt zudem der Roman „Die Entdeckerin der Welt“ über Maria Sibylla Merian, die es in Amsterdam zu Weltruhm brachte.

## Impressum

Sabine Burger, Alexander Schwarz

**CityTrip^PLUS Amsterdam**

© Reise Know-How Verlag
Peter Rump GmbH
**10., neu bearbeitete und aktualisierte Auflage 2023**



**ISBN 978-3-8317-3766-6**

Printed in Germany

**Druck und Bindung:**
mediaprint solutions GmbH, Paderborn

**Herausgeber:** Klaus Werner
**Layout:** amundo media GmbH (Umschlag, Inhalt), Wayan Rump (Umschlag)
**Lektorat:** amundo media GmbH
**Karten:** Ingenieurbüro K. Wendler, amundo media GmbH
**Anzeigenvertrieb:** KV Kommunalverlag GmbH & Co. KG, Alte Landstraße 23, 85521 Ottobrunn, Tel. 089 928096-0, info@kommunal-verlag.de
**Kontakt:** Osnabrücker Str. 79, 33649 Bielefeld, info@reise-know-how.de



**Bildnachweis**
Umschlagvorderseite: ©sborisov, stock.adobe.com | Umschlagklappe rechts und Umschlagrückseite: die Autoren
Soweit ihre Namen nicht vollständig am Bild vermerkt sind, stehen die Kürzel an den Abbildungen für die folgenden Fotografen, Firmen und Einrichtungen. Sabine Burger/Alexander Schwarz (die Autoren): bs

# CITYATLAS

312am Abb.: bs

## Amsterdam, Umgebung

0
5 km
© Reise Know-How 2023
Kadoelen
S117
S116
Nord-
centrum
ZUNDERDORP
Holysloot
BUIKSLOOT
NIEUWENDAM
Kinselmeer
Nieuwendam
S115
DURGERDAM
SCHELLINGWOUDE
Het IJ
IJssel-
meer
AMSTERDAM
P+R
S114
Zeeburg
10
IJBURG
Weesperstraat
Maurits-kade
Wiebautstr.
Middenweg
Amstel
S113
Diemen
DIEMEN
1
Centrum
Duivendrecht
S112
DUIVENDRECHT
E 231
S111
Westper-
trekvaart
P+R
ArenA
BIJLMEER
Bijlmeer
9
N236
2
DRIEMOND

1 cm = 66 m

100 m

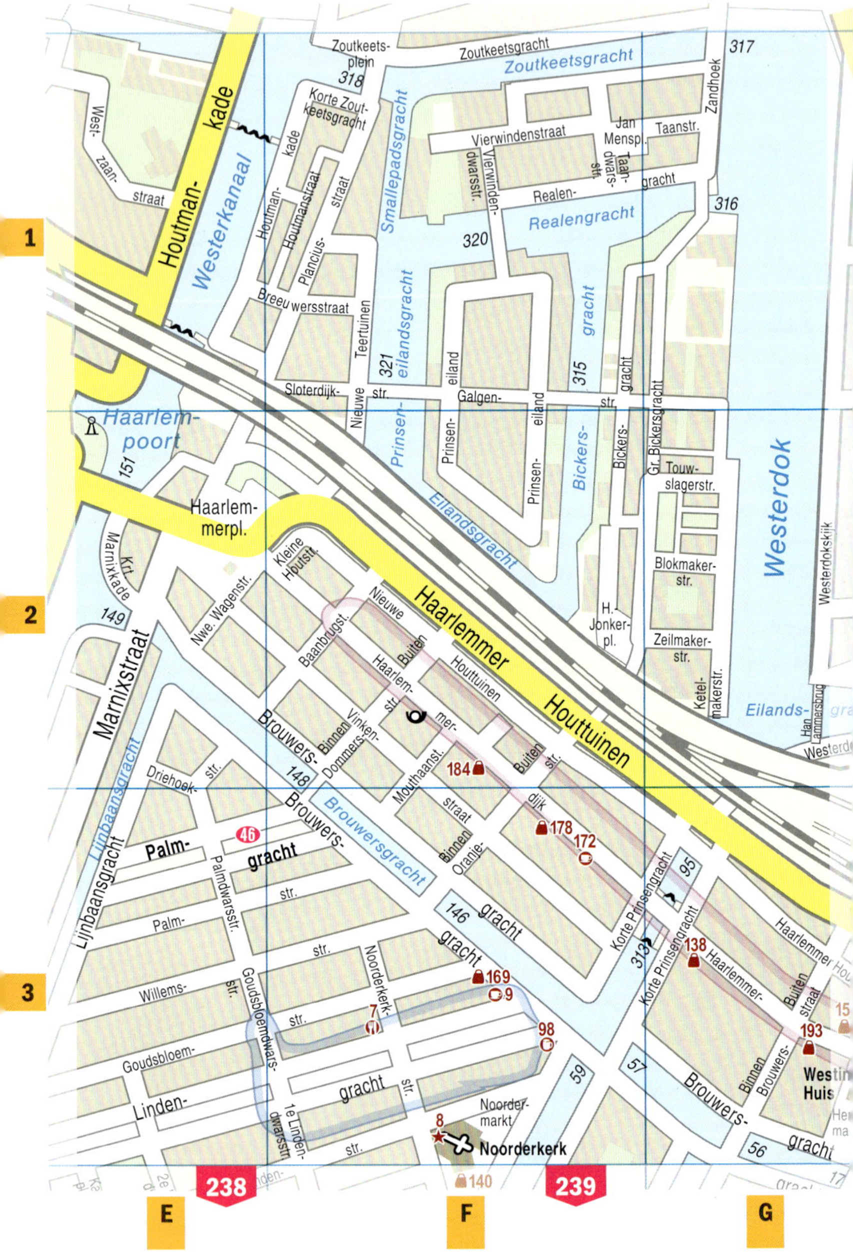
Zoutkeets-
plein
318
Zoutkeetsgracht
Zoutkeetsgracht
317
Zandhoek
Korte Zout-
keetsgracht
Houtman-
kade
West-
zaan-
straat
Westerkanaal
Houtman-
kade
Houtmanstraat
Plancius-
straat
Smallepadsgracht
Vierwindenstraat
Vierwinden-
dwarsstr.
Jan
Menspl.
Taanstr.
Taan-
dwars-
str.
Realen-
gracht
Realengracht
316
320
Breeu
wersstraat
Teertuinen
321
Prinsen-
eilandsgracht
eiland
gracht
315
Sloterdijk-
Nieuwe
str.
Galgen-
str.
Bickers-
gracht
Gr. Bickersgracht
Haarlem-
poort
151
Prinsen-
Prinsen-
eiland
Prinsen-
Bickers-
Bickers-
Touw-
slagerstr.
Westerdok
Eilandsgracht
Haarlem-
merpl.
Krt.
Marnixkade
Kleine
Houtstr.
Westerdokskijk
Blokmaker-
str.
149
Nwe. Wagenstr.
Nieuwe
Haarlemmer
H.
Jonker-
pl.
Zeilmaker-
str.
Marnixstraat
Baanbrugst.
Buiten
Haarlem-
Houttuinen
Houttuinen
Ketel-
makerstr.
Eilands-
Han
Lammersbrug
Westerd
Lijnbaansgracht
Brouwers-
Binnen
Vinken-
str.
mer-
Dommers-
Driehoek-
str.
148
184
Buiten
str.
Brouwers-
Brouwersgracht
Mouthaanst.
straat
dijk
178
172
Palm-
46
gracht
Palmdwarsstr.
str.
Binnen
Oranje-
Korte Prinsengracht
95
Lijnbaansgracht
Palm-
146
gracht
Haarlemmer
str.
Noorderkerk-
gracht
313
Korte Prinsengracht
138
Haarlemmer-
Buiten
straat
Willems-
str.
Goudsbloemdwars-
169
9
str.
7
98
15
193
Goudsbloem-
59
57
Binnen
Brouwers-
West
Huis
Linden-
gracht
str.
Noorder-
markt
Brouwers-
1e Linden-
dwarsstr.
8
str.
Noorderkerk
56
gracht
140
238
239
E
F
G
1
2
3

Centraal Station
Nieuwmarkt
1
Ceramiquelaan
HET IJ
Westerdokskijk
31
2
Westerdokskijk
314
gracht
Westerdoks- kade
Centraal Station – NSDM
Centraal Station – Buiksloter
Houttuinen
154
Buiten straat
Buiten straat
Droogbak
Droogbak
3
Westindisch Huis
45
Heren-markt
Binnen Wieringer-straat
239
Binnen Vissers-
58
387
228
Centraal Station
Brouwers
157
240
203
G
H
J

1 cm = 66 m

100 m

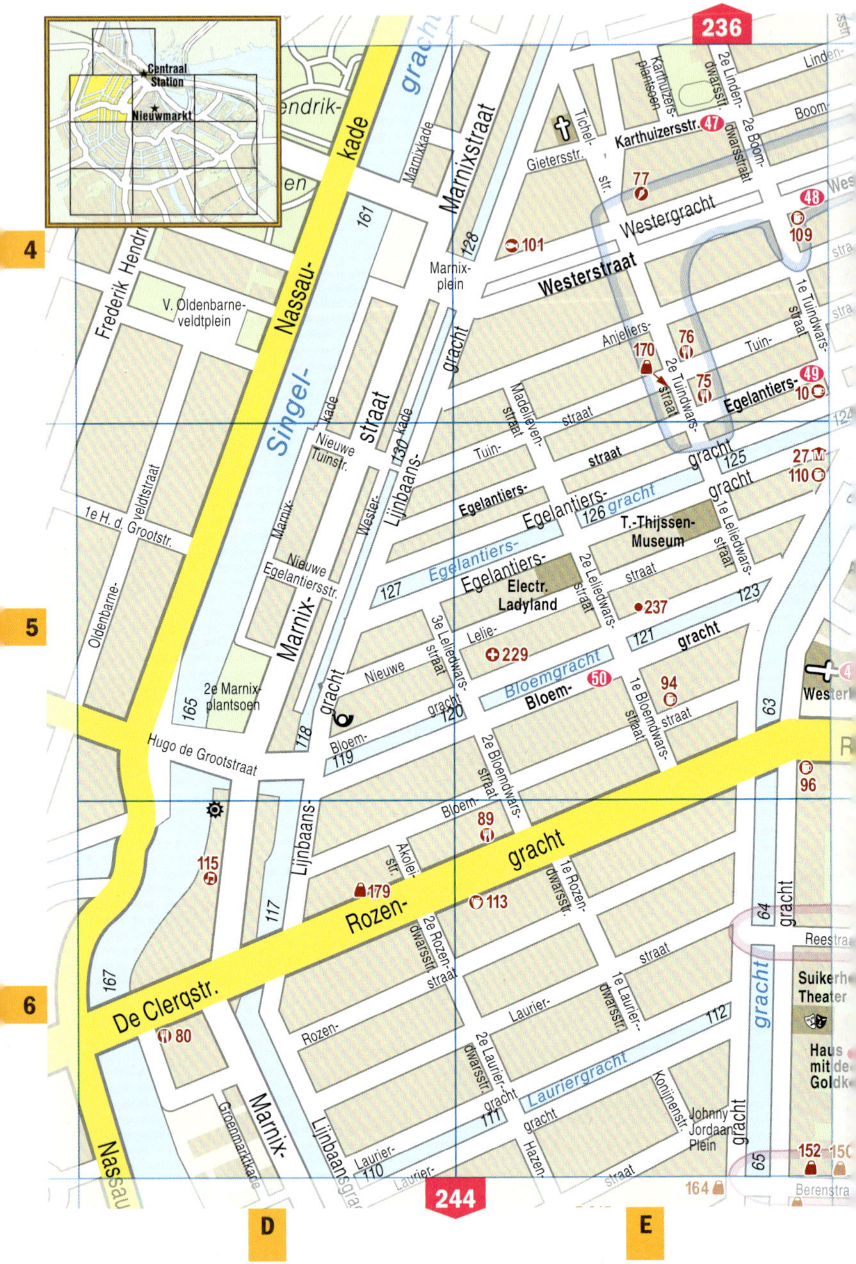

236
244
4
5
6
D
E
Centraal Station
Nieuwmarkt
Nassau-kade
Singel-gracht
Marnixstraat
Marnixkade
Marnix-plein
Westerstraat
Westergracht
Karthuizersstr.
Karthuizers-plantsoen
Gietersstr.
Tichel-str.
2e Linden-dwarsstr.
2e Boom-dwarsstraat
Linden-
Boom-
Frederik Hendr
V. Oldenbarne-veldtplein
Oldenbarne-veldtstraat
1e H. d. Grootstr.
Nieuwe Tuinstr.
Marnix-kade
Nieuwe Egelantiersstr.
Wester-
Lijnbaans-gracht
Madelieven-straat
Tuin-straat
Egelantiers-straat
Egelantiers-gracht
Anjeliers-
2e Tuindwars-straat
1e Tuindwars-straat
Tuin-
T.-Thijssen-Museum
Electr. Ladyland
2e Leliedwars-straat
1e Leliedwars-straat
3e Leliedwars-straat
Lelie-
Nieuwe Bloem-gracht
Bloemgracht
Bloem-straat
1e Bloemdwars-straat
2e Bloemdwars-straat
2e Marnix-plantsoen
Hugo de Grootstraat
Akolei-str.
Rozen-gracht
Rozen-straat
1e Rozen-dwarsstr.
2e Rozen-dwarsstr.
De Clerqstr.
Laurier-straat
1e Laurier-dwarsstr.
2e Laurier-dwarsstr.
Lauriergracht
Konijnenstr.
Hazen-straat
Johnny Jordaan Plein
Marnix-straat
Groenmarktkade
Nassau
Lijnbaansgracht
Wester
Reestraa
Suikerh Theater
Haus mit de Goldk
Berenstra
47 77 48 109 101 76 170 75 49 10 27 110 237 229 50 94 96 89 115 179 113 80 152 150 164
161 128 130 126 125 124 127 123 121 120 119 118 117 165 167 63 64 65 112 111 110

236
237
240
245
4
5
6
F
G
Westerstraat
Prinsengracht
Prinsenstr.
Keizersgracht
Herengracht
Herenstr.
Singel
Haus mit den Köpfen
Opvoedkunde
Anne-Frank-Huis
Homomonument
Westerkerk
Bartolottihaus
Multatuli-museum
Brouwersgracht
Roomolenstr.
Korsjespoortst.
Koggestr.
Teerketelstr.
Spuistraat
Kr. Korsjespoortst.
Oude Nieuwstr.
Blauwburgwal
Lijnbaansstr.
Krt. Lijnbaansstr.
Nieuwezijds Voorburgwal
Zuiker-bakkersst.
Nwe. Nieuwstr.
St. Gertruidenst.
St. Nicolaasstraat
Zwarte Handst.
Eggert-str.
Gravenstr.
Nieuwendijk
Damrak-steeg
Valken-steeg
Nieuwe Kerk
Mozes en Aäronstr.
Koninklijk Paleis
Dam
Magna Plaza
Molst.
Mosterdpotst.
Nwe. Spaarpotstr.
Torenstr.
Bergstr.
Leliegracht
Oude Leliestr.
Raadhuisstraat
Driekoningenstr.
Paleisstraat
Mad. Tussaud's
Papenbroekssteeg
Spaarpotst.
Gapersteeg
J. Roelenst.
Hermitenstr.
Nadorststr.
Rokin
Keizerrijk
Wijdestr.
Gasthuismolenstraat
Bungehuis
Hartenstraat
Spuistraat
Voorburgwal
Schoorsteenvegersst.
St. Luciënsteeg
Duifjesst.
Wijde Kapelst.
Wijde Lom-bardst.
Cellebroers-steeg
Amsterdam Museum
Amsterdam Dungeon
Haus mit der Goldkette
De Negen Straatjes
Wolvenstraat
Oude Spiegelstr.
Keizersgracht

1 cm = 66 m

100 m

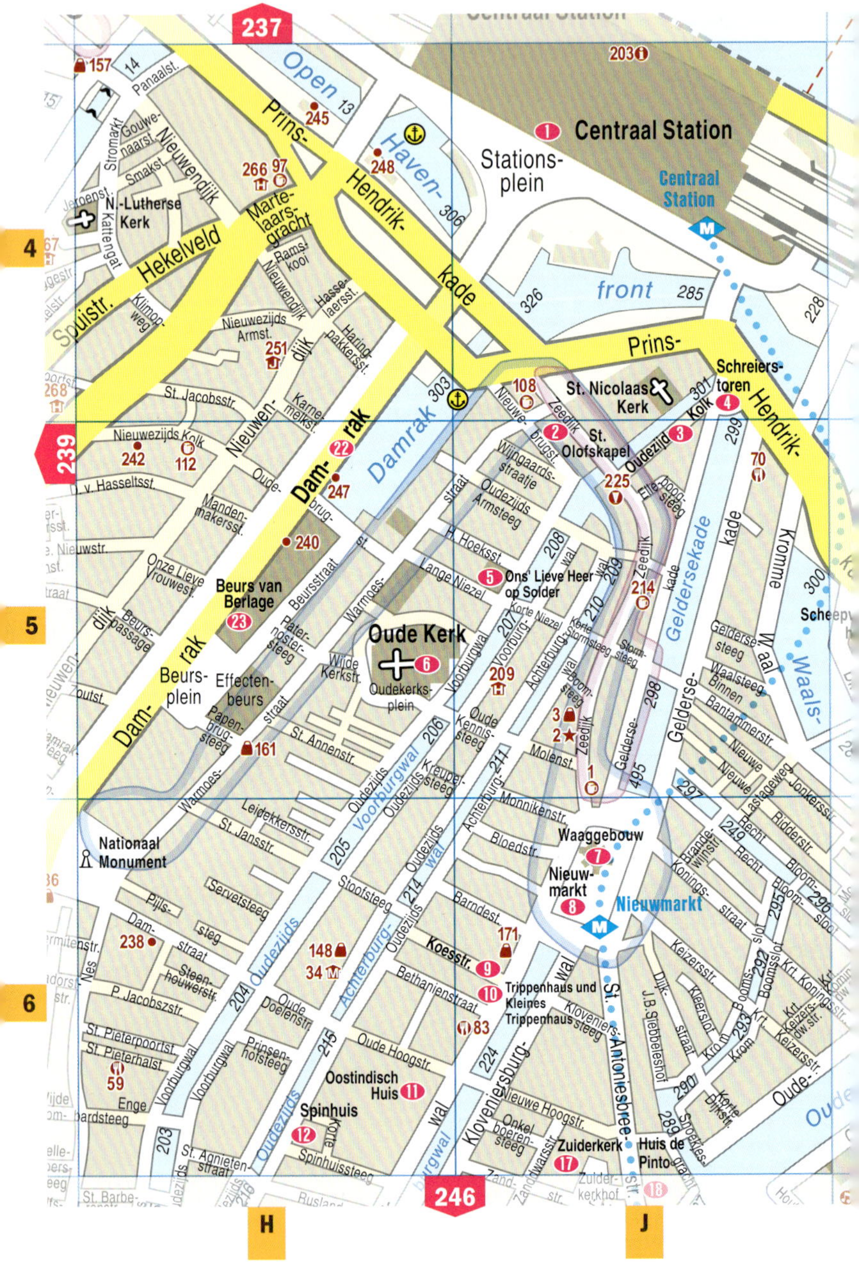
237
239
246
4
5
6
H
J
Centraal Station
Stationsplein
Centraal Station
Open Havenfront
Prins-Hendrik-kade
Nieuwendijk
Hekelveld
Spuistr.
Martelaarsgracht
Ramskooi
Hasselaerssteeg
Haringpakkerssteeg
Klimopweg
Kattengat
Stromarkt
Gouwenaarsteeg
Smakt
Panaalst.
N.-Lutherse Kerk
Nieuwezijds Armsteeg
St. Jacobsstr.
Nieuwezijds Kolk
Karnemelksteeg
Damrak
Damrak
Nieuwebrugsteeg
Zeedijk
St. Nicolaas Kerk
St. Olofskapel
Oudezijds Kolk
Schreierstoren
Geldersekade
Kromme Waal
Waalseilandsgracht
Beurs van Berlage
Beursplein
Effectenbeurs
Beursstraat
Paternostersteeg
Warmoesstraat
Oude Kerk
Oudekerksplein
Wijde Kerkstr.
Ons' Lieve Heer op Solder
Lange Niezel
Korte Niezel
Oudezijds Voorburgwal
Oudezijds Achterburgwal
Oudezijds Armsteeg
Wijngaardsstraatje
Molensteeg
Oude Kennissteeg
Monnikenstr.
Bloedstr.
Waaggebouw
Nieuwmarkt
Nieuwmarkt
Nationaal Monument
Dam
Leidekkerssteeg
St. Jansstr.
St. Annenstr.
Servetsteeg
Pijlsteeg
Damstraat
Steenhouwersteeg
P. Jacobszstr.
St. Pieterspoortsteeg
St. Pieterhalsteeg
Enge Bardsteeg
Oude Doelenstr.
Prinsenhofsteeg
Oude Hoogstr.
Oostindisch Huis
Spinhuis
Spinhuissteeg
St. Agnietenstraat
Stoofsteeg
Barndesteeg
Koesstr.
Bethanienstraat
Trippenhuis und Kleines Trippenhuis
Kloveniersburgwal
Nieuwe Hoogstr.
Zuiderkerk
Zuiderkerkhof
Huis de Pinto
St. Antoniesbreestr.
Keizersstr.
Kromme Waal
Recht Boomssloot
Koningsstraat
Ridderstr.
Jonkerstr.
Lastageweg
Brandewijnsteeg
J.B. Siebbeleshof
Snoekjesgracht
Oude Schans

Centraal Station
Nieuwmarkt
De Ruijterkade
485
133
114
Pass
4
228
Ooster- doks- straat
Ooster- doks- kade
205
135
Oosterdoks- doorgang
Oosterdoks- draaibrug
IJ-Tunnel
242
294
Oosterdokskade
kade
Mr. J.J. van der Veldebrug
1939
NEMO
43
5
Oosterdok
Scheepvaart- huis
21
Buiten Bantammer- str.
Binnen-
283
eilandsgracht
Schippersstr.
kant
Oude Waal
Montelbaanstr.
Oudeschans
280
Kalkmarkt
279
Prins- Hendrik- kade
Montelbaans- toren
20
's Gravenhekje
Peperstr.
Rapen- burg-str.
281
Oosterse- kade
288
schans
286
schans
burgwal
Uilenburgerstr.
Nieuwe- grachtje
Foeliestr.
Nieuwe Foeliestr.
Foelie- dwarsstr.
28
6
Schippersgracht
278
487
Kadijksplein
73
56
Rapenburg
Oude-
Oude- schans
Nieuwe Batavier- str.
Nieuwe
gracht
128
247
K
L

1 cm = 66 m

100 m

M

N

☐ Liste der Karteneinträge Seite 256

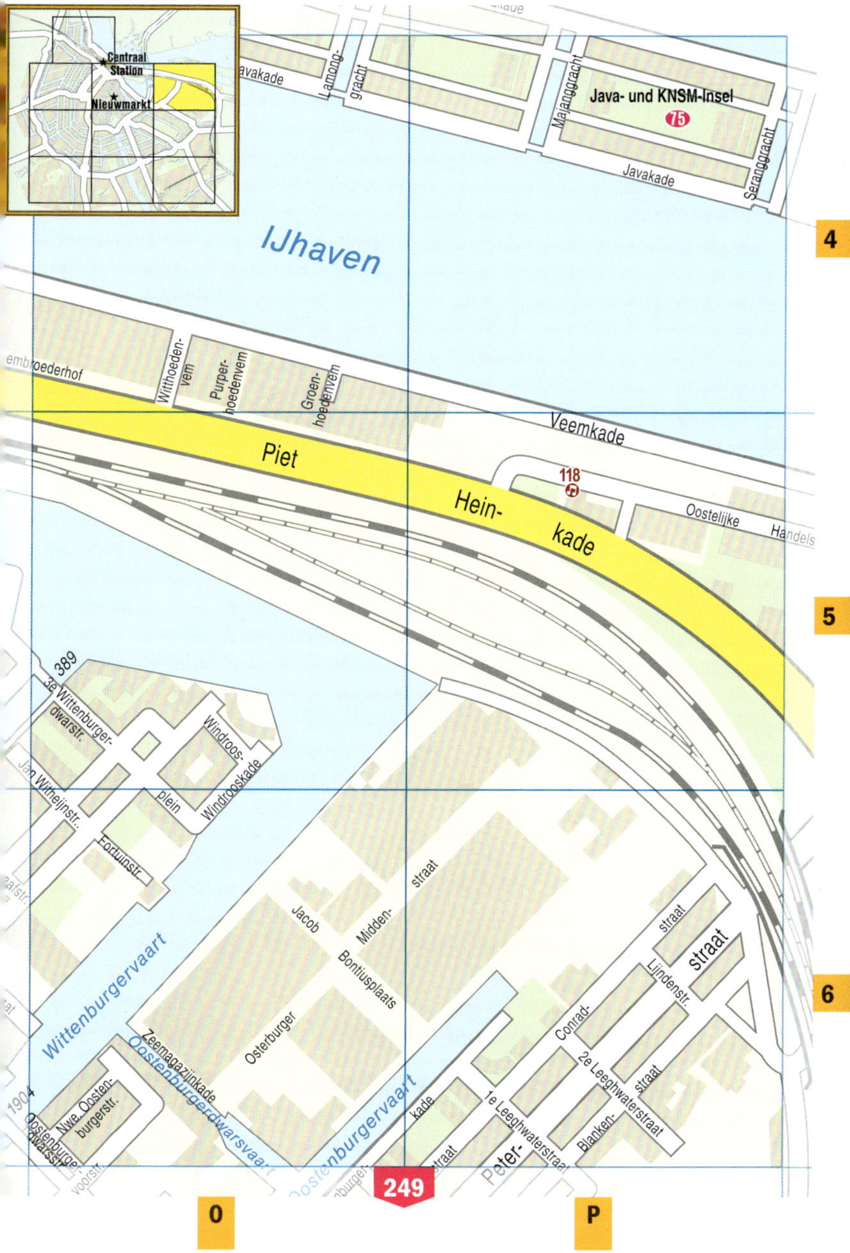

1 cm = 66 m

100 m

238

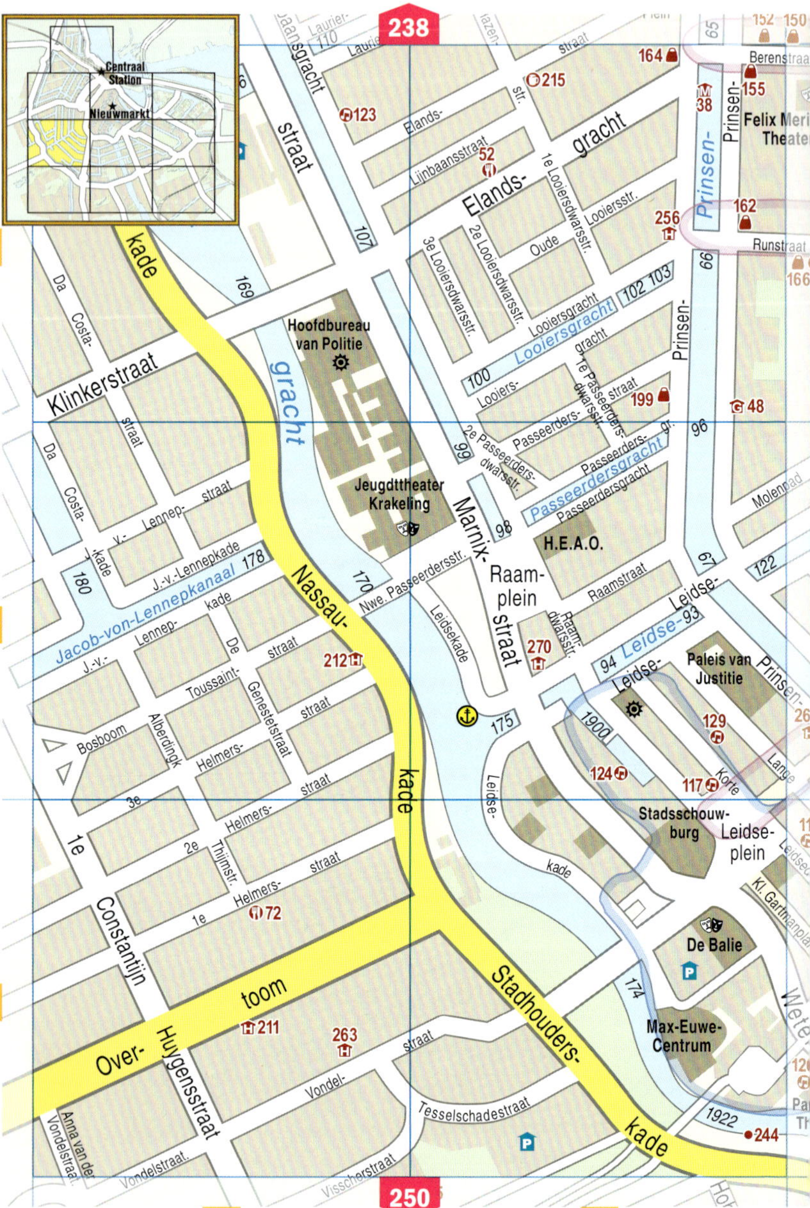


250

D E

7 8 9

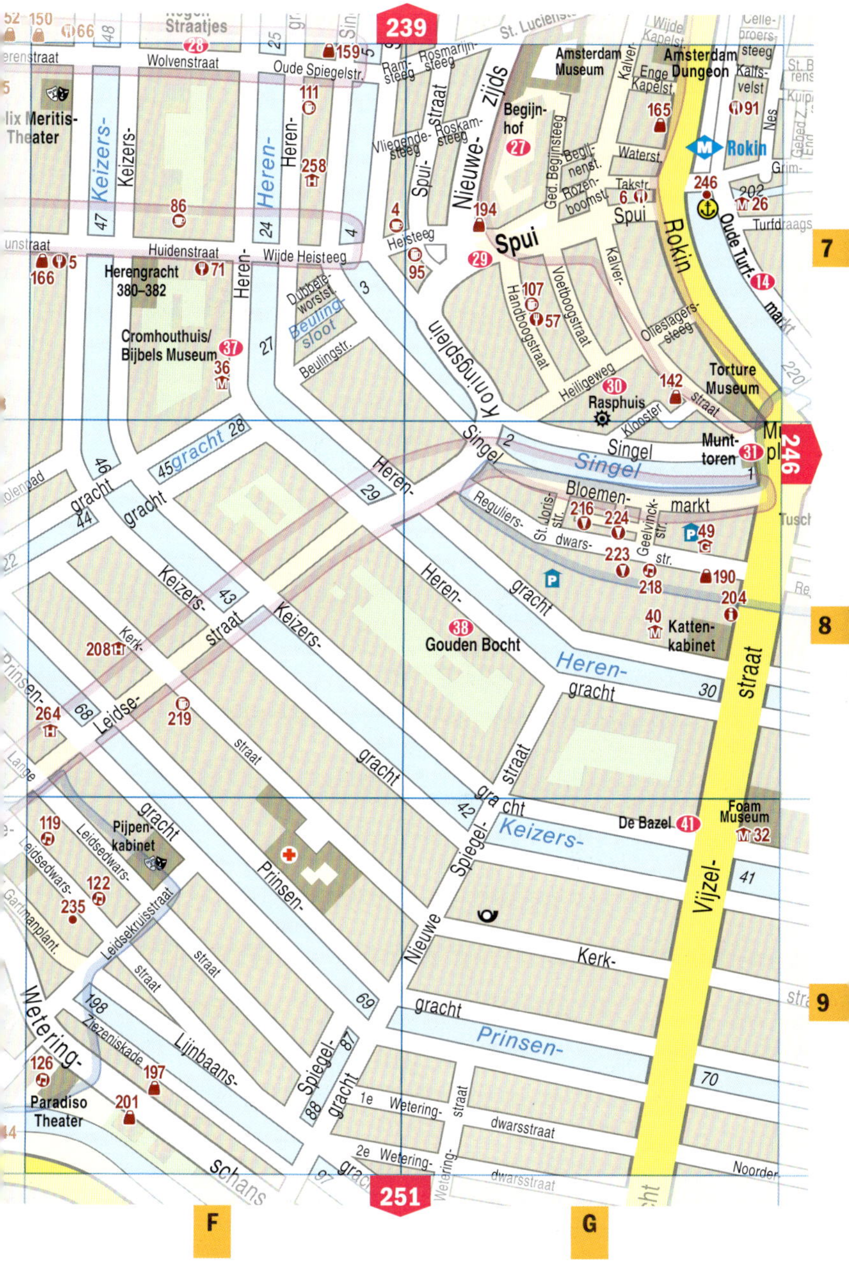
239
246
251
7
8
9
F
G
Straatjes
Wolvenstraat
Oude Spiegelstr.
St. Luciensteeg
Amsterdam Museum
Amsterdam Dungeon
Wijde Kapelst.
Enge Kapelst.
Kalfsvelst
Kalverstr.
Nes
Meritis-Theater
Keizers-
Keizersgracht
Herengracht
Heren-
Spui-
straat
Nieuwezijds
Begijnhof
Ged. Begijnsteeg
Begijnenst.
Rozenboomst.
Waterst.
Takstr.
Spui
Rokin
Oude Turfmarkt
Turfdraagsteeg
Vliegendesteeg
Roskamsteeg
Ramsteeg
Rosmarijnsteeg
Heisteeg
Huidenstraat
Wijde Heisteeg
Herengracht 380–382
Cromhouthuis/ Bijbels Museum
Dubbele-worstst.
Beulingsloot
Beulingstr.
Koningsplein
Handboogstraat
Voetboogstraat
Olieslagerssteeg
Heiligeweg
Rasphuis
Kloosterstraat
Torture Museum
Singel
Munttoren
Bloemenmarkt
Reguliersdwarsstr.
St. Jorisstr.
Geelvinckstr.
Gouden Bocht
Kattenkabinet
Leidsestraat
Kerkstr.
Prinsengracht
Spiegelgracht
Nieuwe Spiegelstraat
De Bazel
Foam Museum
Vijzelstraat
Kerkstraat
Pijpenkabinet
Leidsedwarsstr.
Leidsekruisstraat
Lange Leidsedwarsstr.
Gartmanplant.
Weteringschans
Lijnbaansstraat
Ziezeniskade
1e Weteringdwarsstraat
2e Weteringdwarsstraat
Weteringstraat
Noorder
Paradiso Theater
Rokin

1 cm = 66 m    100 m

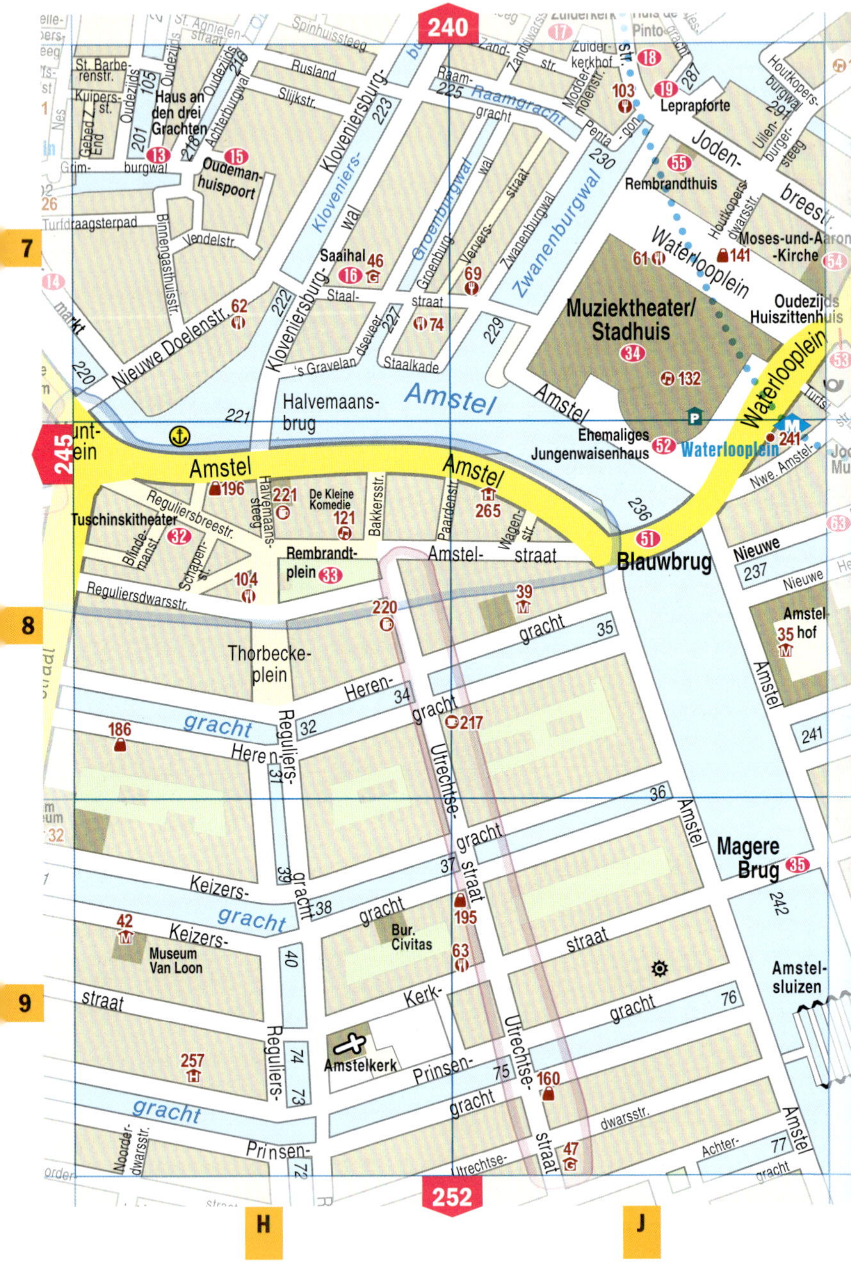
240
245
252
7
8
9
H
J
St. Barbe-renstr.
Kuipers-st.
Oudezijds
Haus an den drei Grachten
Oudezijds Achterburgwal
Grim-burgwal
Oudemanhuispoort
Turfdraagsterpad
Binnengasthuisstr.
Vendelstr.
Rusland
Slijkstr.
Spinhuissteeg
Kloveniersburgwal
Kloveniers-wal
Saaihal
Staal-straat
Groenburgwal
Groenburg-
Verversstraat
Zwanenburgwal
Zwanenburgstraat
Raam-gracht
Raamgracht
Zuiderkerkhof
Moddermolenstr.
Penta-gon
Leprapforte
Joden-breestr.
Rembrandthuis
Houtkopersdwarsstr.
Houtkopersburgwal
Uilenburgersteeg
Waterlooplein
Moses-und-Aaron-Kirche
Oudezijds Huiszittenhuis
Muziektheater/ Stadhuis
Nieuwe Doelenstr.
's Gravelandseveer
Staalkade
Amstel
Halvemaans-brug
Ehemaliges Jungenwaisenhaus
Waterlooplein
Nwe. Amstelstr.
Tuschinskitheater
Reguliersbreestr.
Blindemanst.
Schapenst.
Halvemaanssteeg
De Kleine Komedie
Bakkersstr.
Paardenstr.
Wagenstr.
Amstelstraat
Rembrandtplein
Blauwbrug
Nieuwe Herengracht
Amstelhof
Reguliersdwarsstr.
Thorbecke-plein
Herengracht
Reguliersgracht
Utrechtsestraat
Magere Brug
Keizersgracht
Museum Van Loon
Bur. Civitas
Kerkstraat
Amstelkerk
Prinsengracht
Utrechtsedwarsstr.
Achtergracht
Amstelsluizen
Noorderdwarsstr.

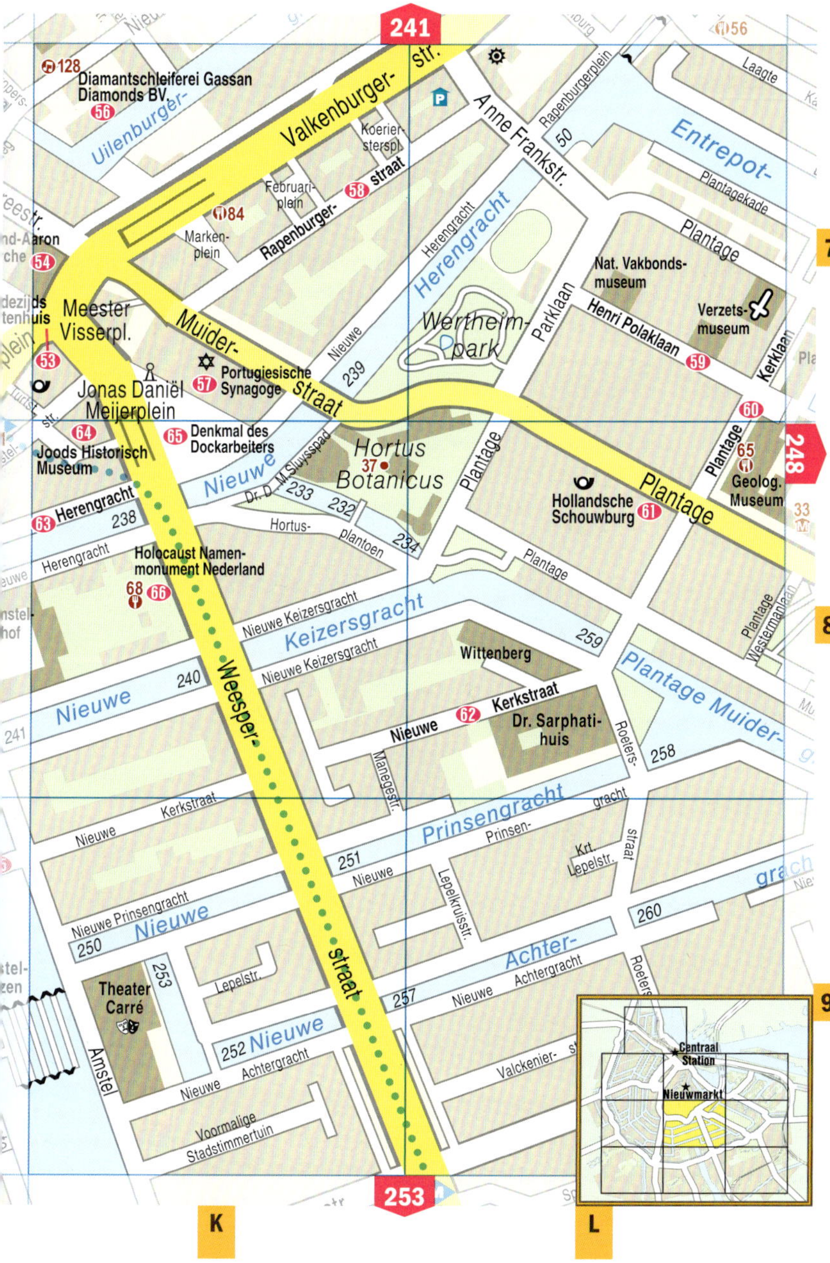
241
248
253
7
8
9
K
L
Diamantschleiferei Gassan Diamonds BV
Valkenburgerstr.
Uilenburger-
Koeriersterspl.
Februariplein
Markenplein
Rapenburgerstraat
Anne Frankstr.
Rapenburgerplein
Entrepot-
Plantagekade
Laagte
Meester Visserpl.
Muiderstraat
Portugiesische Synagoge
Jonas Daniël Meijerplein
Joods Historisch Museum
Denkmal des Dockarbeiters
Herengracht
Nieuwe
Wertheimpark
Parklaan
Nat. Vakbondsmuseum
Henri Polaklaan
Verzetsmuseum
Kerklaan
Hortus Botanicus
Dr. D. M. Sluyspad
Hortusplantoen
Plantage
Hollandsche Schouwburg
Geolog. Museum
Holocaust Namenmonument Nederland
Nieuwe Keizersgracht
Keizersgracht
Weesperstraat
Wittenberg
Nieuwe Kerkstraat
Dr. Sarphatihuis
Plantage Muidergracht
Plantage Westermanlaan
Roeterstraat
Manegestr.
Prinsengracht
Prinsengracht
Nieuwe Prinsengracht
Lepelkruisstr.
Krt. Lepelstr.
Lepelstr.
Achtergracht
Nieuwe Achtergracht
Theater Carré
Amstel
Valckenierstr.
Voormalige Stadstimmertuin
Centraal Station
Nieuwmarkt

1 cm = 66 m 100 m

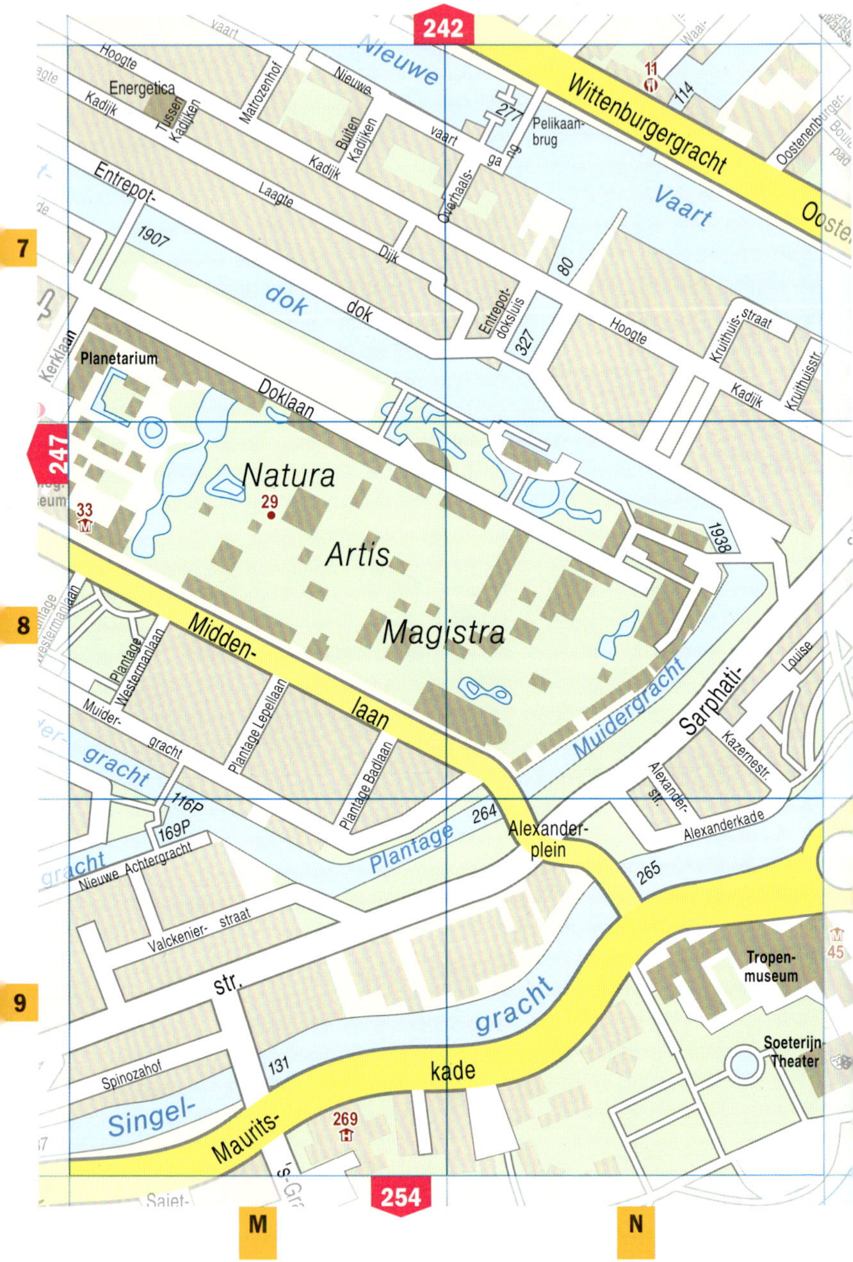

242
247
254
7
8
9
M
N
Hoogte
Kadijk
Energetica
Tussen Kadijken
Matrozenhof
Nieuwe
Nieuwe
vaart
Buiten Kadijken
Kadijk
Laagte
Dijk
Entrepot-
dok
dok
1907
Overhaals-
gang
277
Pelikaan-
brug
Wittenburgergracht
11
114
Vaart
Oostenburger-
80
Entrepot-
doksluis
327
Hoogte
Kruithuis-
straat
Kadijk
Kruithuisstr.
Kerklaan
Planetarium
Doklaan
Natura
Artis
Magistra
29
33
1938
Midden-
laan
Plantage
Westermanlaan
Plantage Lepellaan
Plantage Badlaan
Muider-
gracht
Muidergracht
Sarphati-
Louise
Kazernestr.
Alexander-
str.
116P
169P
264
Alexander-
plein
Alexanderkade
Plantage
gracht
Nieuwe Achtergracht
265
Valckenier-
straat
str.
Tropen-
museum
45
gracht
Soeterijn-
Theater
Spinozahof
131
kade
Singel-
Maurits-
269

243

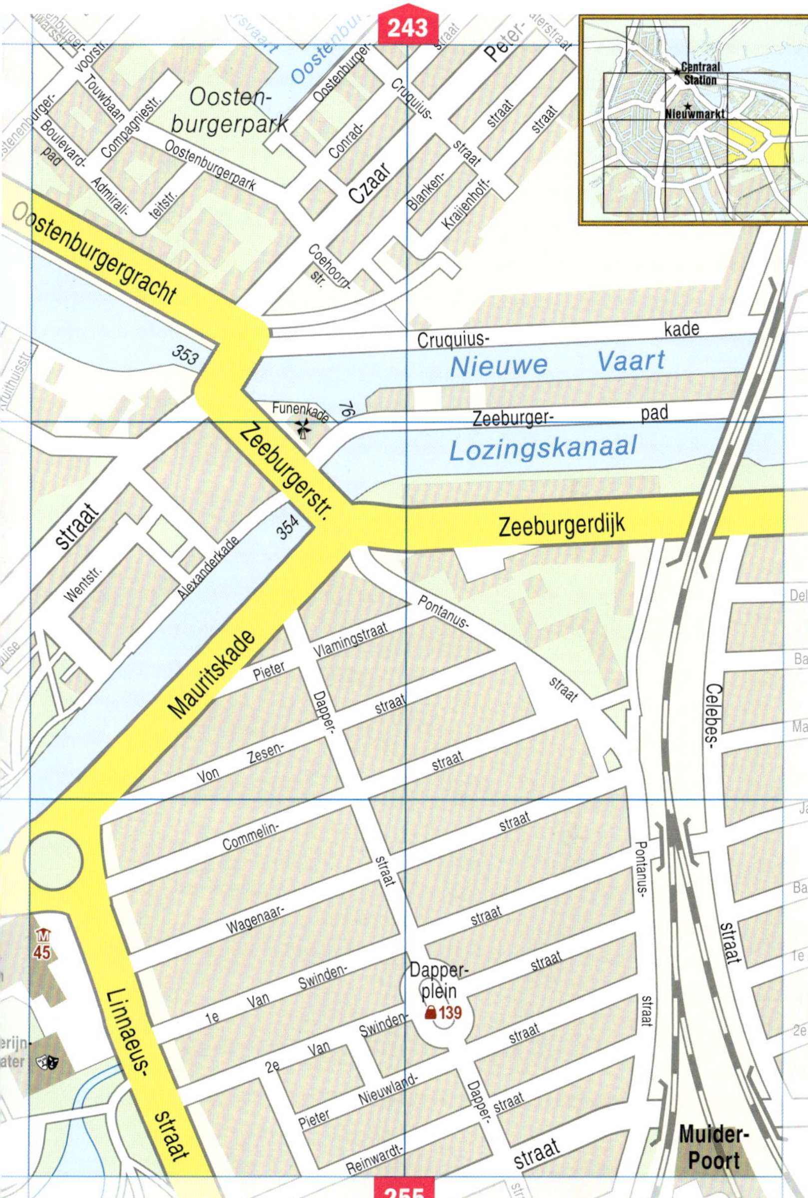


255

7
8
9
O
P

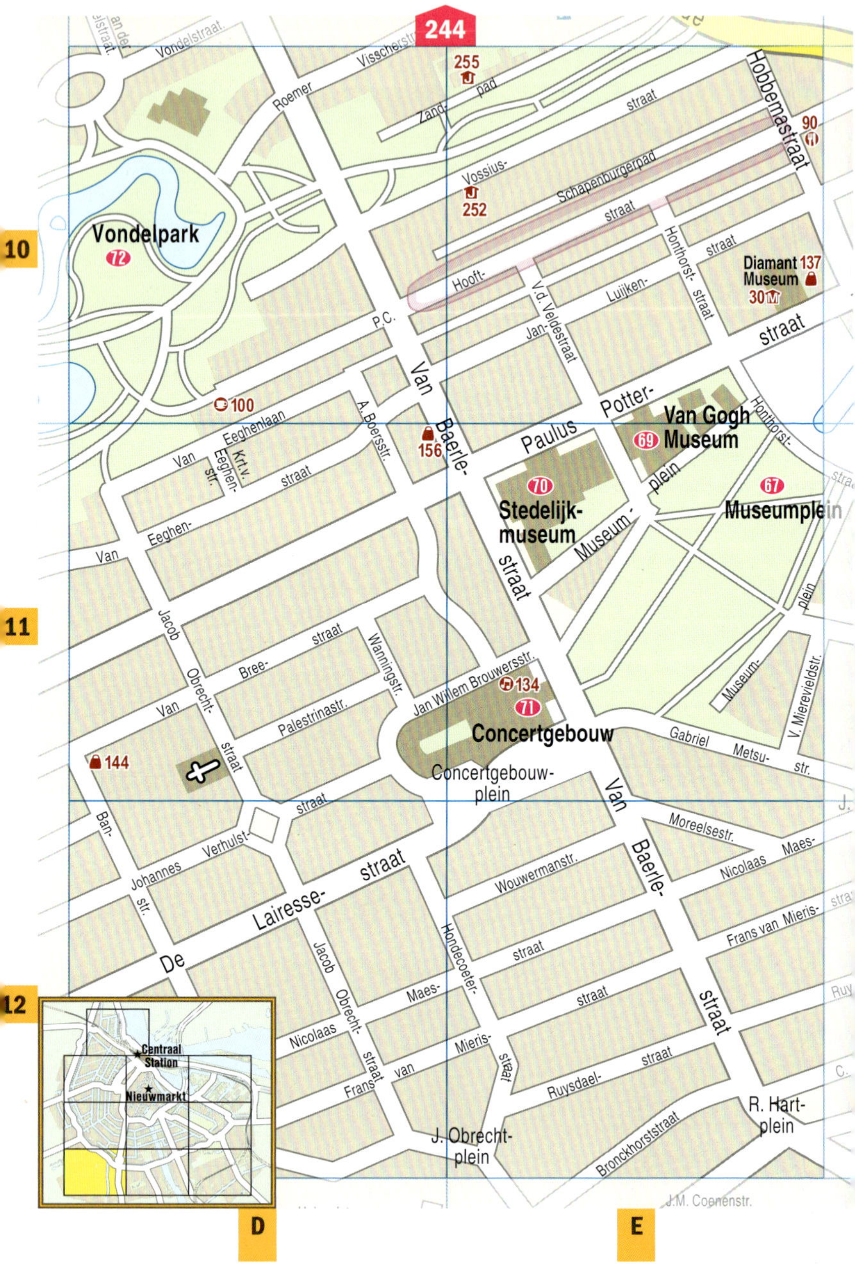
1 cm = 66 m
100 m
244
10
11
12
D
E
Vondelpark
72
Vondelstraat
Roemer
Visscherstr.
255
Zand-
pad
straat
Hobbemastraat
90
Vossius-
252
Schapenburgerpad
straat
Hooft-
P.C.
V.d. Veldestraat
Jan-
Luijken-
Honthorst-
straat
straat
Diamant Museum 137
30
straat
Van
Baerle-
straat
100
Eeghenlaan
A. Boerssstr.
156
Paulus
Potter-
Van Gogh Museum
69
Honthorst-
70
Stedelijk-
museum
Museum-
plein
67
Museumplein
Van
Eeghen-
str.
Krt.v.
Eeghen-
straat
Van
Eeghen-
Jacob
Obrecht-
straat
Bree-
straat
Wanningstr.
Van
Palestrinastr.
Jan Willem Brouwersstr.
134
71
Concertgebouw
Concertgebouw-
plein
144
Museum-
V. Mierevieldstr.
plein
Gabriel
Metsu-
str.
Ban-
Johannes
Verhulst-
str.
straat
De
Lairesse-
straat
Van
Baerle-
straat
Moreelsestr.
Maes-
Nicolaas
Wouwermanstr.
Frans van Mieris-
Jacob
Obrecht-
straat
Hondecoeter-
straat
Maes-
Nicolaas
straat
Frans
van
Mieris-
straat
Ruysdael-
straat
J. Obrecht-
plein
Bronckhorststraat
R. Hart-
plein
J.M. Coenenstr.
Centraal Station
Nieuwmarkt

☐ Liste der Karteneinträge Seite 256

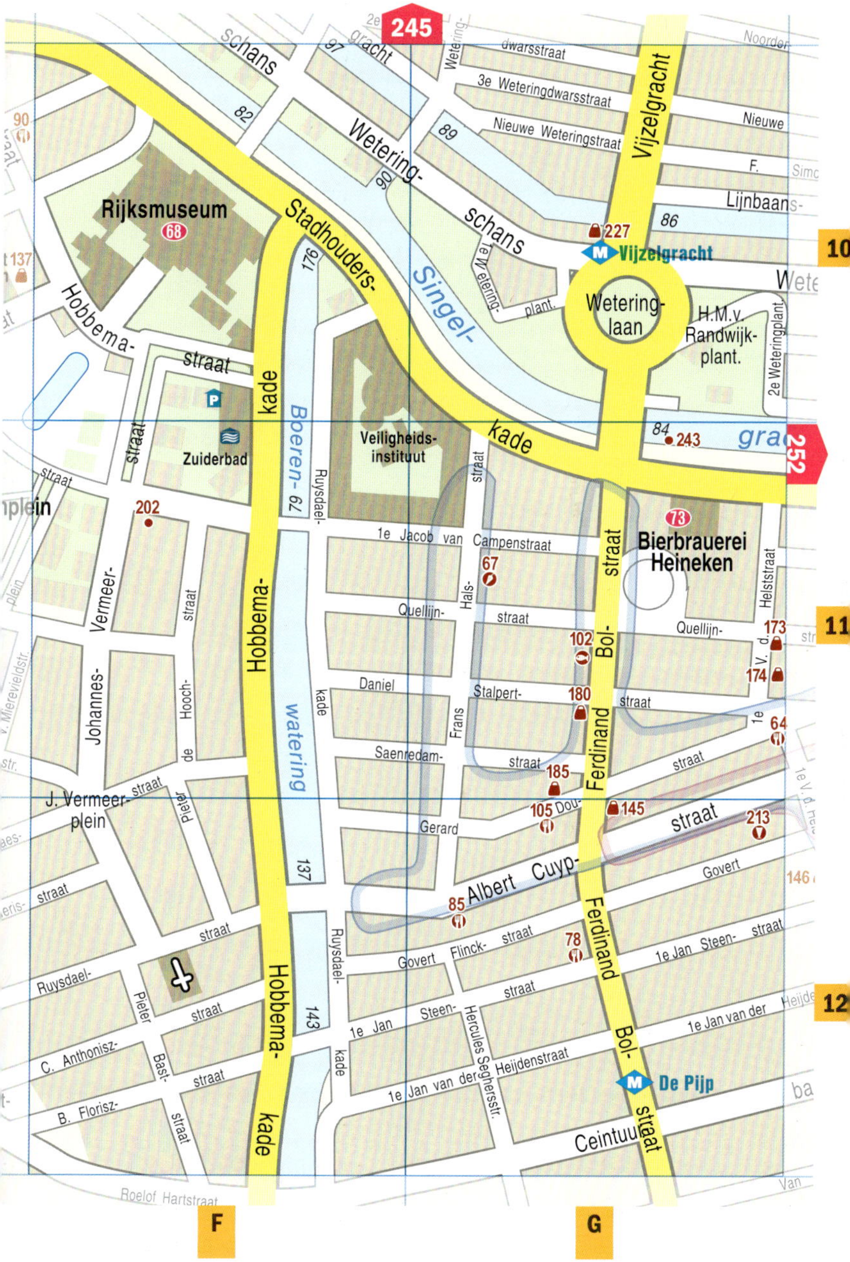

1 cm = 66 m

100 m

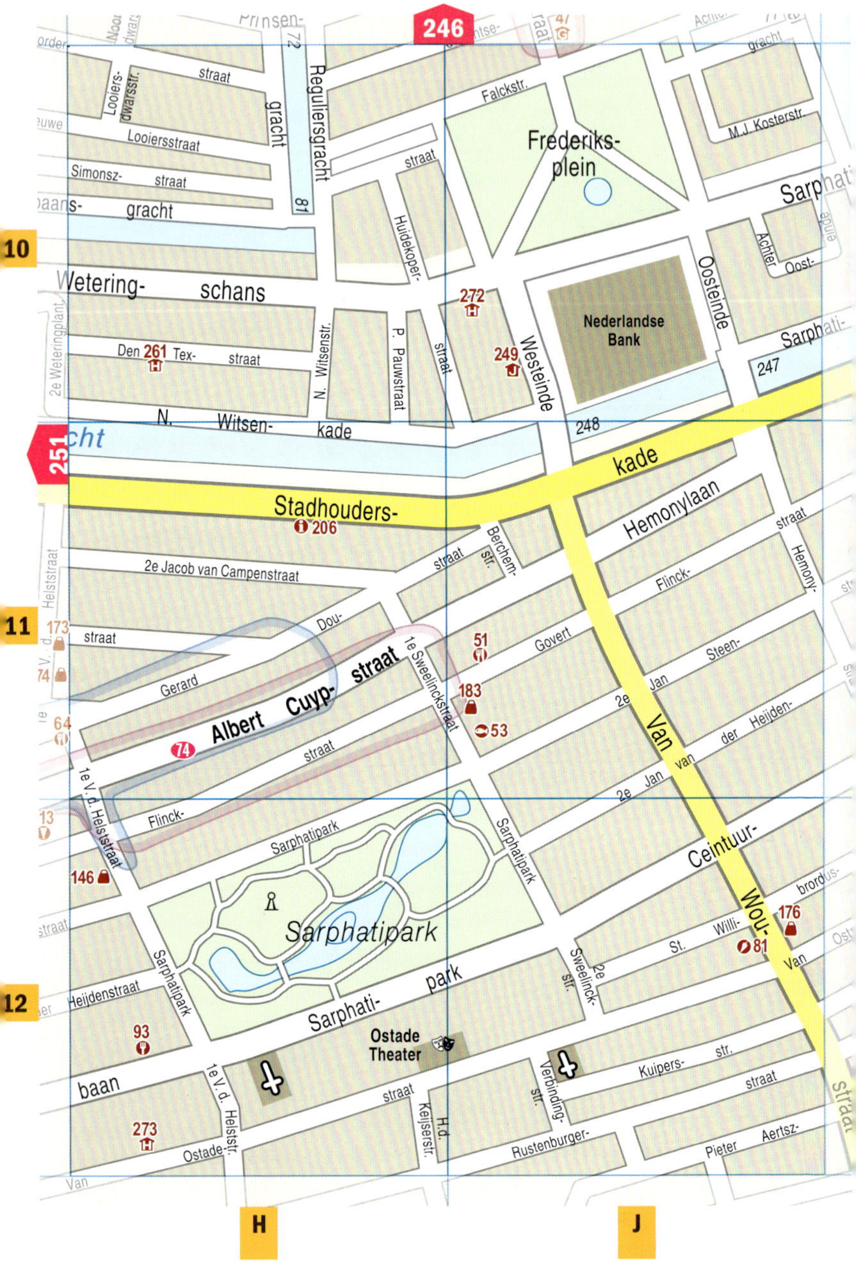
246
251
10
11
12
H
J
Prinsen-
Looiers-dwarsstr.
straat
gracht
Reguliersgracht
72
81
Looiersstraat
Simonsz- straat
gracht
Wetering- schans
Falckstr.
Frederiks-plein
M.J. Kostersstr.
gracht
Sarphati-
Huidekoper-
straat
Achter Oost-
Oosteinde
Nederlandse Bank
272
Westeinde
249
Den 261 Tex- straat
N. Witsenstr.
P. Pauwstraat
straat
2e Weteringplant.
247
248
N. Witsen- kade
Stadhouders- kade
206
Hemonylaan
Berchem-str.
straat
2e Jacob van Campenstraat
Helststraat
Flinck-
Hemony-
straat
173
straat
Dou-
Gerard
Albert Cuyp- straat
1e Sweelinckstraat
51
Govert
Steen-
Jan
2e
183
53
74
64
Van
van
der Heijden-
1e V. d. Helststraat
straat
Flinck-
2e Jan
13
Sarphatipark
Sarphatipark
Ceintuur-
146
Sarphatipark
brordus-
176
Wou-
Willi-
St.
81
Van
Sweelinck-str.
2e
Sarphatipark
Heijdenstraat
Sarphati- park
93
Ostade Theater
Kuipers- str.
baan
1e V. d. Helststr.
Verbinding-str.
straat
straat
straat
H.d. Keijserstr.
273
Ostade-
Rustenburger-
Pieter Aertsz-
Van

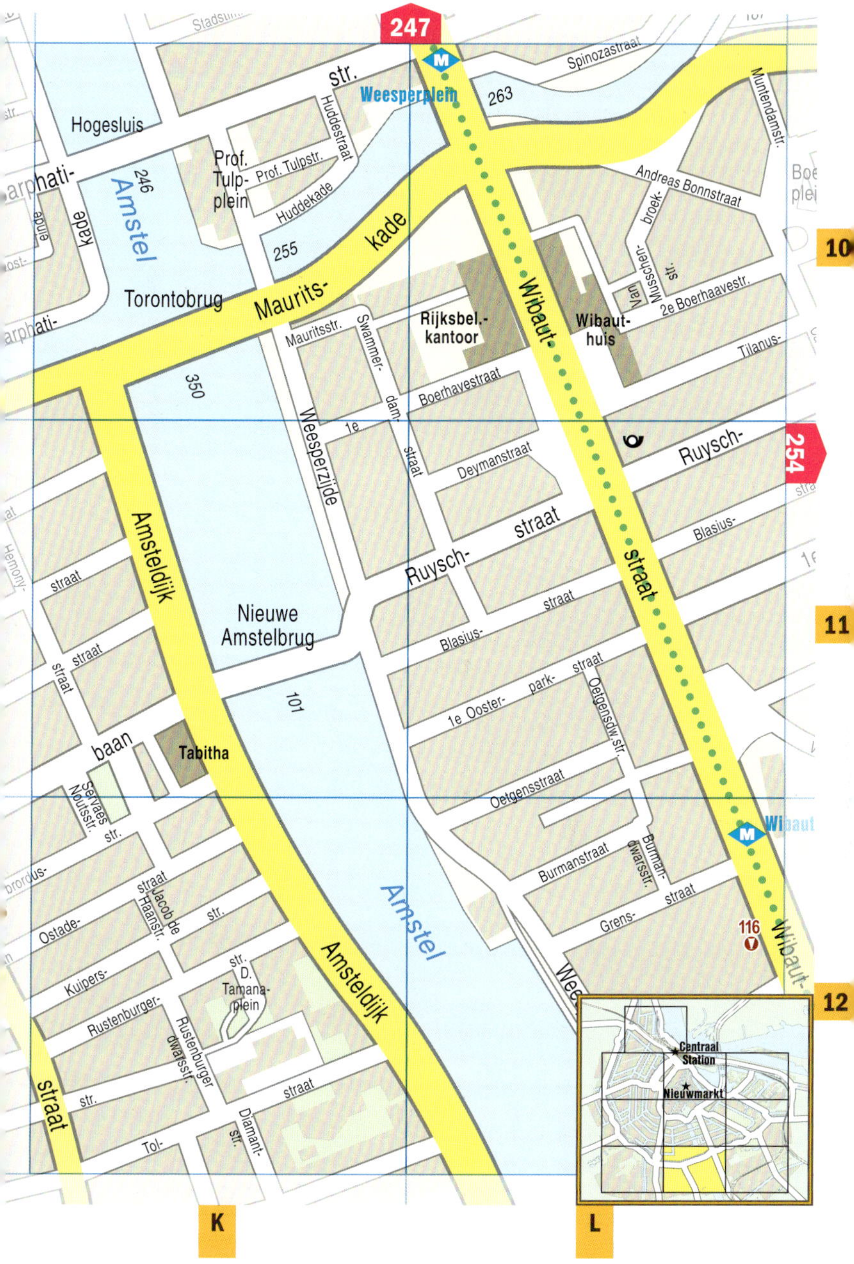
247
Weesperplein
Spinozastraat
263
Muntendamstr.
Hogesluis
str.
Huddestraat
Prof. Tulpplein
Prof. Tulpstr.
Huddekade
246
Amstel
Sarphatikade
255
Mauritskade
Andreas Bonnstraat
Van Musschenbroekstr.
2e Boerhaavestr.
Torontobrug
Mauritsstr.
Swammerdamstraat
Rijksbel.-kantoor
Wibautstraat
Wibauthuis
Tilanusstraat
350
Boerhavestraat
1e
Weesperzijde
Deymanstraat
Ruyschstraat
254
Amsteldijk
Blasiusstraat
Nieuwe Amstelbrug
1e Oosterparkstraat
Oetgensdw.str.
101
baan
Tabitha
Oetgensstraat
Servaes Noutsstr.
Wibaut
Burmanstraat
Burmandwarsstr.
Grensstraat
116
Ostadestraat
Jacob de Haanstr.
Kuipersstr.
D. Tamanaplein
Rustenburgerstr.
Rustenburgerdwarsstr.
straat
Tolstraat
Diamantstr.
Centraal Station
Nieuwmarkt
10
11
12
K
L

1 cm = 66 m 100 m

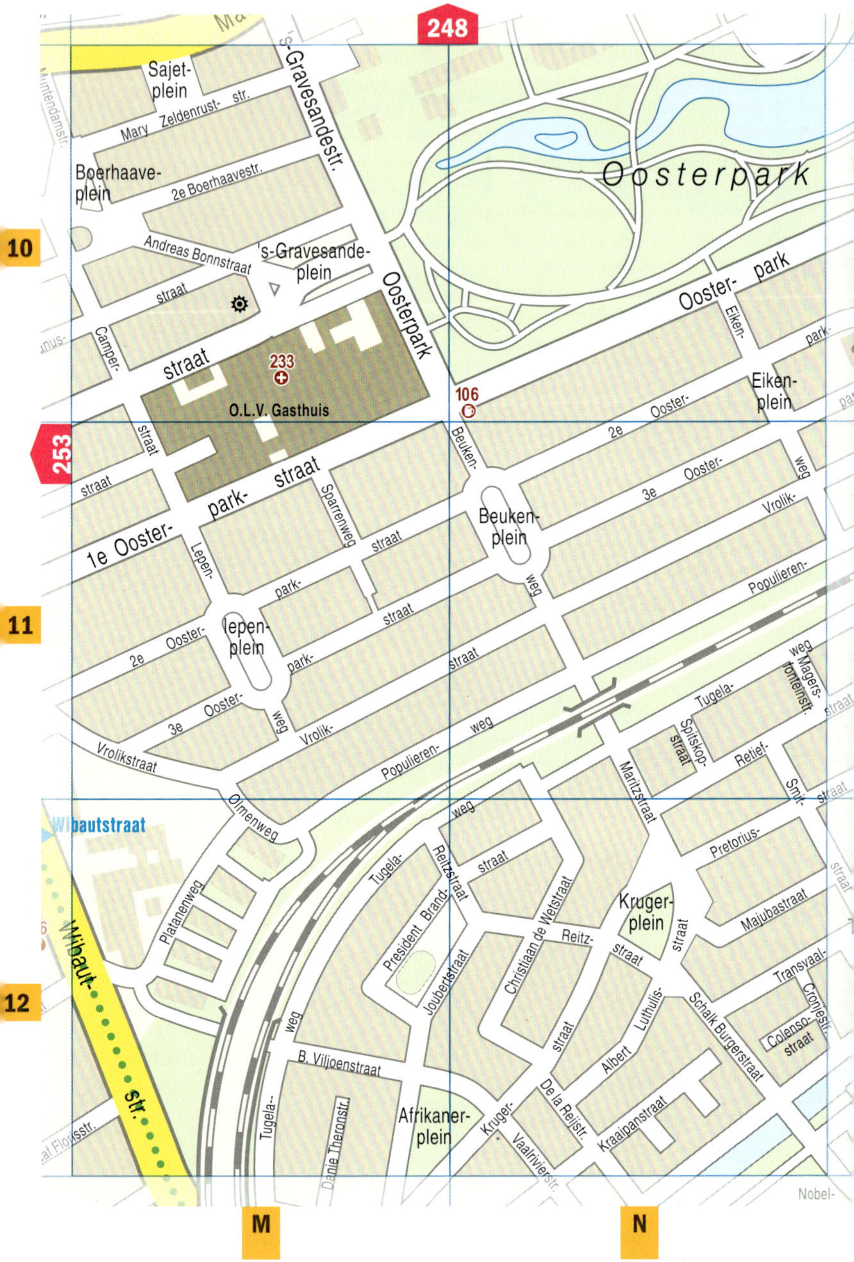
248
253
10
11
12
M
N
Sajet-
plein
Mary Zeldenrust- str.
Muntendamstr.
Boerhaave-
plein
2e Boerhaavestr.
's-Gravesandestr.
Andreas Bonnstraat
's-Gravesande-
plein
straat
Camper-
straat
Oosterpark
233
O.L.V. Gasthuis
106
Oosterpark
Ooster- park
Eiken-
park-
Eiken-
plein
2e Ooster-
Beuken-
straat
straat
1e Ooster- park- straat
Sparrenweg
Beuken-
plein
3e Ooster-
weg
Vrolik-
Populieren-
Lepen-
straat
park-
weg
lepen-
plein
2e Ooster-
park-
straat
straat
3e Ooster-
weg
Vrolik-
weg
Populieren-
Vrolikstraat
Tugela-
weg
Magers-
fonteinstr.
Spitskop-
straat
Maritzstraat
Retief-
Smit-
straat
straat
Olmenweg
Wibautstraat
Platanenweg
Wibaut-
str.
weg
Tugela-
Reitzstraat
straat
Pretorius-
President Brand-
Christiaan de Wetstraat
Kruger-
plein
straat
Majubastraat
straat
Reitz-
straat
Joubertstraat
Transvaal-
Cronjéstr.
Colenso-
straat
Luthulis-
Albert
straat
Schalk Burgerstraat
weg
B. Viljoenstraat
Tugela-
Danie Theronstr.
Afrikaner-
plein
Kruger-
De la Reijstr.
Kraaipanstraat
Vaalrivierstr.
Nobel-

☐ Liste der Karteneinträge Seite 256

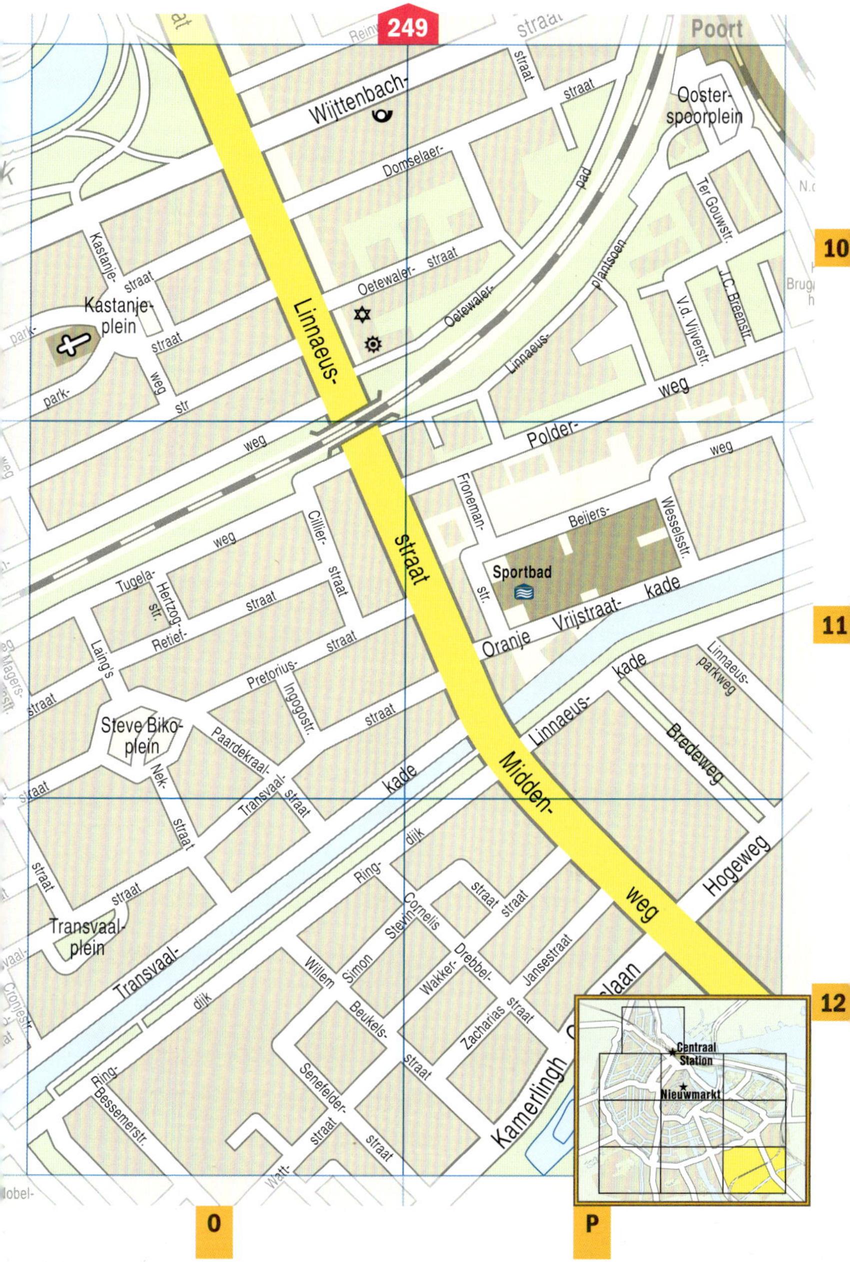

# Liste der Karteneinträge

REDERIJ LOVERS

282am Abb.: bs

Hier nicht aufgeführte Nummern liegen außerhalb der abgebildeten Karten. Ihre Lage kann aber wie die von allen Ortsmarken im Buch mithilfe der kostenlosen Web-App angezeigt werden (s. S. 264).

## Zeichenerklärung

22 Hauptsehenswürdigkeit

- Anlegestelle
- Arzt, Apotheke, Krankenhaus
- Bar, Bistro, Treffpunkt
- Bibliothek
- Café
- Campingplatz
- Denkmal
- Fischrestaurant
- Galerie
- Geschäft, Kaufhaus, Markt
- Hallenbad, Schwimmhalle
- Hotel, Unterkunft
- Imbiss
- Informationsstelle
- Jugendherberge, Hostel
- Kirche
- Kneipe
- Metro
- Museum
- Musikszene, Disco, Club
- Parken
- Pension
- Polizei
- Post
- Restaurant
- Sehenswürdigkeit
- Sonstiges
- Synagoge
- Theater, Zirkus
- vegetarisches Restaurant
- Windmühle

- Shoppingareale
- Gastro- und Nightlife-Areale

- Stadtspaziergang 1 (s. S. 18)
- Stadtspaziergang 2 (s. S. 36)
- Stadtspaziergang 3 (s. S. 64)

# Amsterdam, Blattschnitt

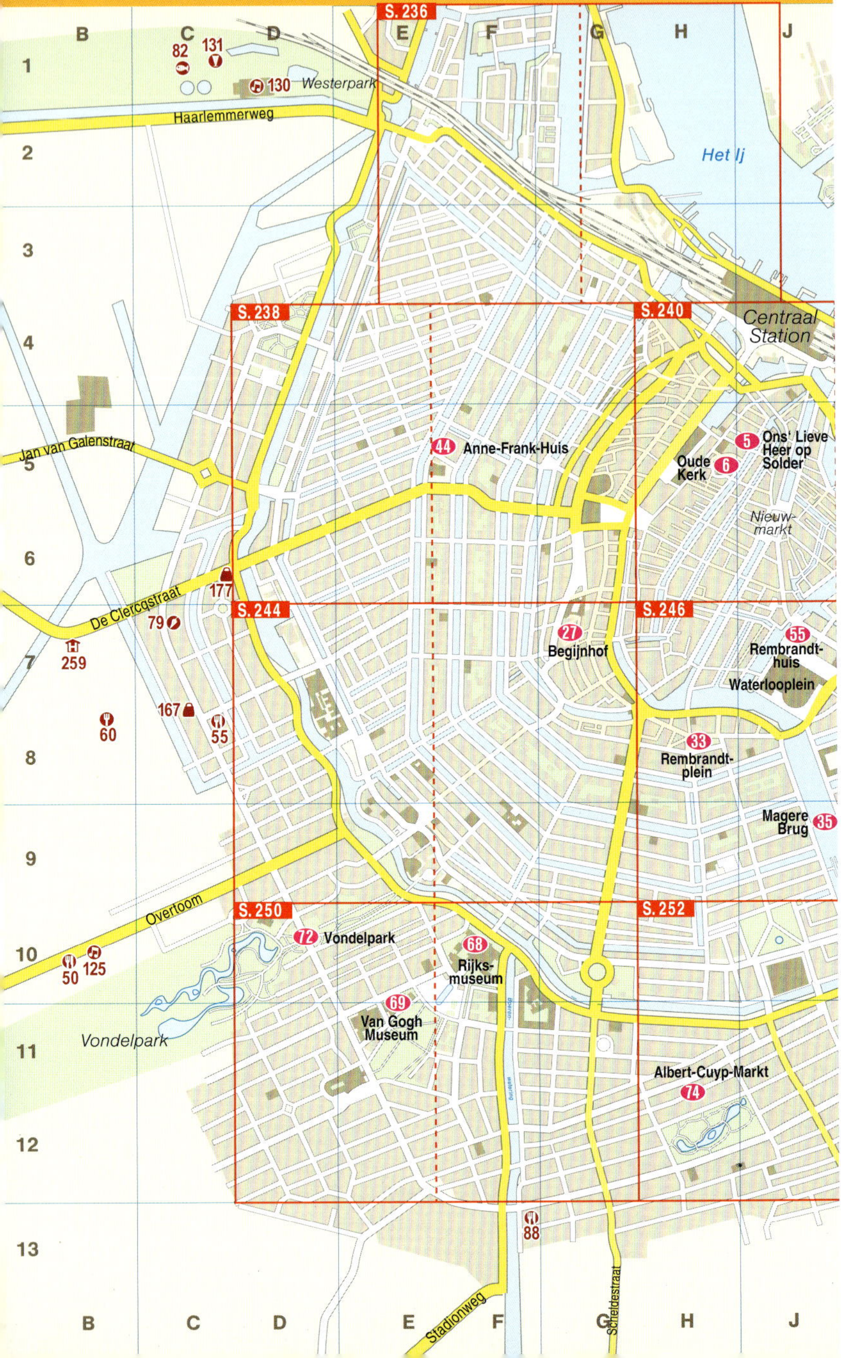

0 500 m
© Reise Know-How 2023
K L M N O P Q R
1 2 3 4 5 6 7 8 9 10 11 12 13
IJtunnel
271
S. 242
IJhaven
54
Dijksgracht
Oosterdok
5
Piet Heintunn
Panamalaan
S. 248
64
Joods Historisch Museum
Botanischer Garten
Zoo
254
Zeeburgerdijk
Insulindeweg
Molukkenstraat
S. 254
Oosterpark
Amstel
Amsteldijk
Rijnstraat
Kruislaan
Hugo de Vrieslaan
Middenweg
Gooiseweg

# Amsterdam mit PC, Smartphone & Co.

QR-Code auf dem Umschlag scannen oder **www.reise-know-how.de/citytrip-plus/amsterdam23** eingeben und die **kostenlose Web-App** aufrufen (Internetverbindung zur Nutzung nötig)!

★**Anzeige der Lage und Satellitenansichten aller** beschriebenen Sehenswürdigkeiten und touristisch wichtigen Orte
★**Routenführung** vom aktuellen Standort zum gewünschten Ziel
★**Exakter Verlauf** der empfohlenen Stadttouren
★**Audiotrainer** der wichtigsten Wörter und Redewendungen
★**Aktuelle Infos** nach Redaktionsschluss

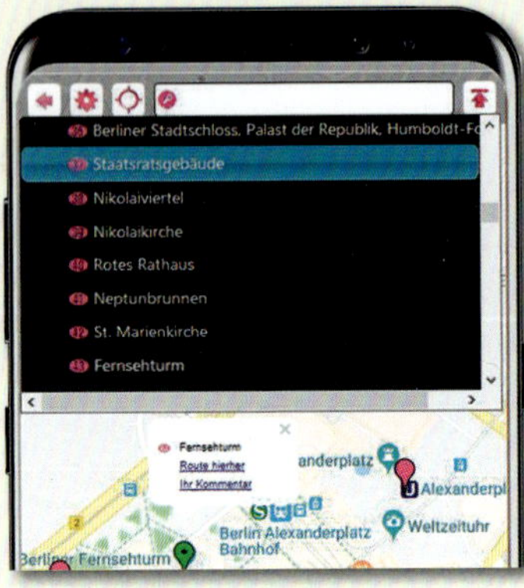


### GPS-Daten zum Download

Die GPS-Daten aller Ortsmarken und Stadttouren stehen auf der Produktseite des Titels auf www.reise-know-how.de zum Download zur Verfügung.

### Stadtplan für mobile Geräte

Um den Stadtplan auf mobilen Geräten nutzen zu können, empfehlen wir die App „Avenza Maps“ der Firma Avenza™. Über die Funktion „Store“ kann die „CityMap Amsterdam PLUS 2023“ kostenlos geladen und dann mit vielen Zusatzfunktionen genutzt werden.

## Unsere App-Empfehlungen zu Amsterdam

› **GVB:** App der Verkehrsbetriebe mit Routenplaner inkl. aktueller Umleitungen. Echtzeitfahrpläne aller Busse, Straßenbahnen, Metros und Fähren (kostenlos für iOS und Android, auch Englisch).
› **Rijksmuseum (Führungen – Sammlung – Tickets),** Entwickler Rijksmuseum Amsterdam: Gute deutschsprachige App mit Ticketkauffunktion, Kommentaren zu ausgesuchten Kunstwerken, 3D-Animationen und Routenempfehlungen für die Ausstellungen (kostenlos für iOS und Android).
› **9292:** Mit dieser App kann man eine Reise von A nach B mit den öffentlichen Verkehrsmitteln in den ganzen Niederlanden planen (kostenlos für Android und iOS, auch Englisch).

---